Ekkehard Hofmann

Klimarecht

Grundlagen, Instrumente, Perspektiven

UVK

Umschlagabbildung: © Petmal · iStock
Autorenfoto: © privat

Bibliografische Information der Deutschen Nationalbibliothek
Die Deutsche Nationalbibliothek verzeichnet diese Publikation in der Deutschen Nationalbibliografie; detaillierte bibliografische Daten sind im Internet über http://dnb.dnb.de abrufbar.

DOI: https://doi.org/10.36198/9783838561103

– Ein Unternehmen der Narr Francke Attempto Verlag GmbH + Co. KG
Dischingerweg 5 · D-72070 Tübingen

Internet: www.narr.de
eMail: info@narr.de

Einbandgestaltung: siegel konzeption | gestaltung
Druck: Elanders Waiblingen GmbH

utb-Nr. 6110
ISBN 978-3-8252-6110-8 (Print)
ISBN 978-3-8385-6110-3 (ePDF)
ISBN 978-3-8463-6110-8 (ePub)

MIX
Papier | Fördert gute Waldnutzung
FSC® C016368
FSC www.fsc.org

utb 6110

Eine Arbeitsgemeinschaft der Verlage

Brill | Schöningh – Fink · Paderborn –
Vandenhoeck & Ruprecht · Göttingen – Böhlau · Wien · Köln
Verlag Barbara Budrich · Opladen · Toronto
facultas · Wien
Walter de Gruyter · Berlin · Boston
Haupt Verlag · Bern
Verlag Julius Klinkhardt · Bad Heilbrunn
Mohr Siebeck · Tübingen
Narr Francke Attempto Verlag – expert verlag · Tübingen
Psychiatrie Verlag · Köln
Psychosozial-Verlag · Gießen
Ernst Reinhardt Verlag · München
transcript Verlag · Bielefeld
Verlag Eugen Ulmer · Stuttgart
UVK Verlag · München
Waxmann · Münster · New York
wbv Publikation · Bielefeld
Wochenschau Verlag · Frankfurt am Main

Prof. Dr. Ekkehard Hofmann lehrt an der Universität Trier Öffentliches Recht, insbesondere Umweltrecht.

Inhalt

Vorwort

Das Recht des Klimawandels in einem knappen Lehrbuch darzustellen, verlangt nach einer Auswahl von Sachfragen, nach Zuspitzungen und Verkürzungen – eine umfassende, enzyklopädische Behandlung des Themas kann es nicht leisten. Was es aber anstrebt, ist eine über das reale Problem informierte Erläuterung des einschlägigen Rechtsrahmens. Auch wenn der anthropogene Klimawandel globale Ursachen hat und nur mit globalen Lösungen beherrscht werden kann und das Werk daher die internationale Ebene stets als erstes in den Blick nimmt, betrachtet das Buch mit Blick auf die ins Auge gefasste Leser:innenschaft vor allem das Recht der Europäischen Union und der Bundesrepublik Deutschland. Ein weiterer wichtiger Grund für diese Perspektive liegt darin, dass der Schwerpunkt der Aufmerksamkeit bei der Suche nach Lösungen ganz eindeutig auf der Umsetzung der klimarechtlichen Ziele und Maßnahmen liegt und liegen muss. Es ist die Umsetzung, an der sich entscheiden wird, ob es der Menschheit noch gelingt, das Schlimmste zu verhindern. Jedes Zehntel Grad Celsius zählt, und zwar sowohl hinsichtlich der Anstrengungen, die Treibhausgasemissionen zu reduzieren und am Ende auf Null zurückzuführen (**Klimaschutz**, *Mitigation*), als auch hinsichtlich der erforderlichen Maßnahmen zur Vorsorge gegen die zu erwartenden Folgen des Klimawandels, die nicht zu verhindern sind (**Klimaanpassung**, *Adaptation*).

Das Buch ist entstanden aus den langjährigen Erfahrungen im Schwerpunktbereich „Umwelt und Infrastruktur" am Fachbereich Rechtswissenschaft der Universität Trier. Die für den Schwerpunkt zentralen Vorlesungen „Recht des Klimawandels" und „Infrastrukturrecht" waren und sind Ausgangspunkt und Maßstab für die vor Ihnen liegende Darstellung des Klimarechts.

Ich danke dem Verlag, ganz besonders Herrn Rainer Berger, für die Initiative und Bereitschaft, das Projekt geduldig zu unterstützen – Zeit ist ein Gelingensfaktor, und das hat bei dem Thema des Klimarechts einen deutlichen Bezug zum Inhalt. Dass das Buch nun erscheinen kann, habe ich meinem Team an der Universität Trier zu verdanken. Besonderen Dank schulde ich Laura Segieth, Angelina Kohnz, Emelie Herrmann, Eric Köppinger, Annalena Feltes, Sarah Ruppenthal und Benjamin Gwiasda, die mir mit unermüdlichem Einsatz zur Seite gestanden haben.

Sollten Sie Verbesserungsvorschläge machen wollen oder uns auf Fehler hinweisen, melden Sie sich bitte (hofmann@uni-trier.de).

Trier, im Dezember 2025
Ekkehard Hofmann

A. Einleitung und Gang der Darstellung

Dass die Erderwärmung kein rein natürliches Phänomen ist, sondern menschliche Ursachen hat, bestreitet in der Fachwelt niemand mehr. Strategien der Abwiegelung finden sich aber in der öffentlichen Diskussion immer noch – es werde nicht so schlimm kommen, die Erde habe so etwas schon öfter erlebt, die beobachtete Erwärmung habe nichts mit der Verbrennung fossiler Brennstoffe zu tun. Um hier eine faktenbasierte Diskussion auch über die Erfolgschancen und die Funktionsweise der rechtlichen Instrumente zu ermöglichen, müssen zunächst die **naturwissenschaftlichen Grundlagen** beleuchtet werden (→ B.). Der Abschnitt blickt auch auf die zu erwartenden weiteren Entwicklungen und die bisherigen Erfolge bei der Dekarbonisierung der Weltwirtschaft. Diese sind zu messen an den politischen wie rechtlich verbindlichen Zielen auf allen Ebenen: von der Klimarahmenkonvention der Vereinten Nationen und dem Pariser Übereinkommen über das Europäische Klimagesetz bis hin zum Recht der Bundesrepublik Deutschland in Bund und Ländern (→ C.). Dabei sind auch Teilziele zu betrachten, die dem Hauptziel der Verringerung der THG-Emissionen dienen, etwa die Erhöhung des Anteils des Stroms aus erneuerbaren Quellen oder die Erhöhung der Energieeffizienz.

Der Hauptteil des Buchs ist den Instrumenten gewidmet, mit denen die Klimaschutzziele erreicht werden sollen (→ D.). Auch insoweit gehört das erste Augenmerk dem Völkerrecht und damit der internationalen Perspektive. Die eigentlichen Schwierigkeiten liegen aber bei der Ausgestaltung, Konkretisierung und **Anwendung der Instrumente** – und diese zeigen sich vor allem auf europarechtlicher wie nationalstaatlicher Ebene. Die Sachthemen reichen dabei insbesondere vom Europäischen Emissionshandel über den Bau von Anlagen zur Erzeugung von Strom, den Verkehrs- wie den Gebäudesektor und die Landwirtschaft. Das **Planungsrecht der Energiewende** hat sich als rechtlich besonders umstrittenes Feld erwiesen (→ E.). Auch die Rolle der Gerichte ist in den Fokus geraten (→ F.). Ein besonderes Kennzeichen des Rechtsgebiets ist die erforderliche Transformation der Energieerzeugung und -verteilung und damit der staatlich gesteuerte technologische Übergang von einer Technologie zu einer anderen – der Atomausstieg ist dafür das beste Beispiel (→ G.). Das Buch schließt mit Grundzügen der **Klimaanpassung** (→ H.).

B. Klimawandel – die naturwissenschaftliche Faktenlage

In der Antike beschrieb das Wort „Klima“ (griechisch κλίμα) die „Neigung“ der Sonneneinstrahlung abhängig von dem Winkel, in dem die Sonnenstrahlen auf die Erdoberfläche treffen.[1] Damals war eine statische, maßgeblich vom Zenitstand der Sonne abhängige Differenzierung zwischen drei verschiedenen Klimazonen vorherrschend, die von den Erkenntnissen der modernen Klimatologie überholt worden ist.[2] Für das Klima existiert heutzutage keine einheitliche Definition in den Naturwissenschaften. Es lässt sich aber festhalten, dass im Zusammenhang der globalen Erderwärmung zunächst das terrestrische Klima die globale statistische Beschreibung der relevanten Klimaelemente meint (a), die für eine nicht zu kleine zeitliche Größenordnung (b) die Gegebenheiten und Variationen der Erdatmosphäre (c) hinreichend ausführlich charakterisiert.[3]

Allein eine Beschreibung des aktuellen Zustands „des Klimas“ genügt jedoch nicht, blickt man auf die Brisanz der Entwicklung in den vergangenen Jahrzehnten, und darauf, was in den nächsten zu erwarten ist. Im Zentrum steht nicht allein die möglichst akkurate Sammlung von Daten zur Analyse, sondern die Erklärung der Entstehung der beobachteten Phänomene und ihrer Veränderungen über längere Zeiträume. Klimaforschung muss daher nicht nur erklären, wie unsere Atmosphäre entstanden ist, sondern auch, welche physikochemischen Prozesse ihr zu Grunde liegen und welche internen wie externen Einflussfaktoren existieren. So sollte die Betrachtung „des Klimas“ neben der Atmosphäre auch die Ozeane, die Hydrosphäre, die Kryosphäre, die Geosphäre und die Biosphäre als Klimasystem einschließen.[4]

Die heutige Zusammensetzung der Atmosphäre ist das Ergebnis erdgeschichtlicher Entwicklungen, die von im Universum vermutlich einzigartigen Bedingungen abhängig waren und sind. Die Atmosphäre besteht heute

---

1 *P. Hupfer und W. Kuttler*, Witterung und Klima: Eine Einführung in die Meteorologie und Klimatologie, 2006; *C.-D. Schönwiese*, Klimatologie, 2024, S. 11 mwN (Parmenides von Elea und Hippokrates).

2 *C.-D. Schönwiese*, Klimatologie, 2024, S. 11.

3 *C.-D. Schönwiese*, Klimatologie, 2024, S. 56.

4 *C.-D. Schönwiese*, Klimatologie, 2024, S. 53.

zu 78 % aus Stickstoff (N_2), zu 21 % aus Sauerstoff (O_2), zu 0,9 % aus Argon (Ar) und zu 0,04 % aus Kohlendioxid (CO_2). Unmittelbar nach Entstehung der Erde vor 4,6 Milliarden Jahren hatte sich eine Uratmosphäre gebildet, deren leichtere Bestandteile wie Wasserstoff und Helium wegen der geringen Größe und dem geringeren Gravitationsfeld der Erde im Laufe von ungefähr 600 Millionen Jahren in den Weltraum entwichen sind. Noch viel wichtiger als das Gravitationsfeld (und die Stärke der Gravitation) war aber der optimale Abstand der Sonne zur Erde.

I. Die Temperatur der Erde: kosmische Entstehung, menschliche Einflüsse

Während die Venus mit einem Abstand zur Sonne von 108,2 Millionen Kilometern eine Durchschnittsoberflächentemperatur von 465 Grad Celsius und der Mars mit einem Abstand zur Sonne von 227,9 Millionen Kilometern eine Durchschnittstemperatur von -50 Grad Celsius hat, beträgt die Entfernung der Erde 149,6 Millionen Kilometer. Die Erde hat (heute) eine Durchschnittstemperatur von 14,5 Grad Celsius, was die Existenz von Wasser (H_2O) in flüssiger Form erlaubt. Wasser in diesem Aggregatzustand ist – soweit wir wissen – eine notwendige Voraussetzung für die Entwicklung von Leben.

In der Uratmosphäre aber war die Durchschnittstemperatur 33 Grad Celsius kühler, also rund -20 Grad Celsius. H_2O in Eisform konnte unter bestimmten Bedingungen schmelzen und sogar kondensieren, so dass sich ab 3,2 Milliarden Jahren in den Beckenlagen der Erdoberfläche die Ozeane bildeten.[5] Die Ozeane banden die Gase, insbesondere auch Kohlendioxid, so dass dessen Anteil in der Atmosphäre allmählich im Laufe von Millionen Jahren sank. Mit der Entstehung von Leben in den Ozeanen und an Land bildeten sich organische Substanzen und Sauerstoff. Weitere Prozesse einschließlich der Auswirkungen der UV-Strahlung, des Vulkanismus und des natürlichen **Treibhauseffekts** führten dann zur eingangs genannten heutigen Zusammensetzung der Atmosphäre und zur heutigen Durchschnittstemperatur von 14,5 Grad Celsius.[6]

Von zentraler Bedeutung hierfür ist der natürliche **Treibhauseffekt**. Seine Entdeckung geht auf die Erkenntnisse einer ganzen Reihe von Klima-

---

5 *C.-D. Schönwiese*, Klimatologie, 2024, S. 32.
6 *S. Brönnimann*, Klimatologie, 2024, S. 13.

wissenschaftler:innen zurück und bezeichnet die Wirkung verschiedener Gase in der Atmosphäre. Die Gase lassen (kurzwellige) Sonnenstrahlen zum einen ungehindert bis auf die Erdoberfläche passieren, was zu einer Erwärmung der Oberfläche führt. Zum anderen blockieren die Gase die reflektierte terrestrische (langwellige) Wärmestrahlung auf ihrem Weg zurück ins Weltall.[7] Diese Gase sind auf der Erde vor allem H_2O und CO_2. Dadurch ergibt sich eine Nettoerwärmung, die zur genannten Durchschnittstemperatur führt, die die Existenz von H_2O in allen drei Aggregatzuständen zulässt. Nur H_2O in flüssiger Form – Wasser – erlaubt die Entwicklung von pflanzlichem und tierischem Leben.

Der so vor rund 400 Millionen Jahren entstandene klimatische Zustand mit einem hohen Sauerstoffanteil[8] ist natürlichen Schwankungen unterworfen, der sich in Grenzen auch heute noch rekonstruieren lässt.[9] Dabei kann man bei Klimaveränderungen je nach Ursache und Zeithorizont unterscheiden zwischen Erscheinungsformen wie Trend, Sprung, Wende oder Schwankung.[10] Im Zusammenhang mit dem Klimarecht ist allein die Schwankung von Bedeutung. Lange war selbst in der modernen Klimatologie umstritten, ob der schon seit Jahrzehnten beobachtete Anstieg der Temperaturen auf der Erde auf natürliche Phänomene zurückzuführen sei, oder ob anthropogene Ursachen die eigentlichen Treiber hinter der Erderwärmung darstellen.

1. Wirkungsweise und Bedeutung: der anthropogene Treibhauseffekt

Erste Hinweise auf anthropogene Einflüsse auf das Klima hatten bereits die Arbeiten von Fourier, Eunice Foote, Tyndall und Arrhenius gegeben.[11] Der im Auftrag des **Club of Rome** 1972 erarbeitete Bericht über die Grenzen des Wachstums enthielt schon ziemlich deutliche Warnungen über

---

7 *S. Brönnimann*, Klimatologie, 2018, S. 85 f.; *C.-D. Schönwiese*, Klimatologie, 2024, S. 33, 116 ff.; 346 ff.

8 *C.-D. Schönwiese*, Klimatologie, 2024, S. 32.

9 *C.-D. Schönwiese*, Klimatologie, 2024, S. 280 ff. – Klimageschichte.

10 *C.-D. Schönwiese*, Klimatologie, 2024, S. 282.

11 Nachweise bei *C.-D. Schönwiese*, Klimatologie, 2024, S. 346; *E.-N. Foote*, The American Journal of Science and Arts, 1856, S. 383; *J. Tyndall*, Philosophical Magazine and Journal of Science, 1861, S. 169–194, S. 273–285; *Arrhenius*, Philosophical Magazine, 1896, S. 237–276; *J.-B.-J. Fourier*, Théorie analytique de la chaleur, Paris, 1822, S. iij.

die Zunahme der Kohlendioxid-Konzentration in der Atmosphäre.[12] Es hat also Jahrzehnte, wenn nicht Jahrhunderte gedauert, bis sich die Erkenntnis durchgesetzt hat, dass die Zunahme der Erderwärmung alarmierend und auf menschliche Handlungen zurückzuführen ist. Mittlerweile ist in der Klimawissenschaft aber breiter Konsens, dass für die Zunahme der Temperatur global der gestiegene Anteil von Treibhausgasen (kurz: THG) wie Kohlendioxid, Methan und Lachgas verantwortlich ist.[13] Keine andere Erklärung ist mit den Erkenntnissen über das globale Klima in Erdgeschichte und den vergangenen Jahrhunderten so konsistent mit der Zunahme der globalen Durchschnittstemperatur in den vergangenen Jahrzehnten wie diese. Der Anstieg der genannten Gase geht auf menschliche Aktivitäten zurück, vor allem auf die **Verbrennung fossiler Treibstoffe** wie Erdöl und Erdgas, aber auch durch die intensive Landwirtschaft, die erhebliche Methan- und Lachgas-Emissionen mit sich bringt.[14] Zum Teil sind diese Gase deutlich **klimawirksamer** als Kohlendioxid.[15] Eine Tonne Methan hat dieselbe Treibhausgaswirkung wie 28 Tonnen Kohlendioxid.[16] Lachgas (Distickstoffoxid, N_2O) ist 265mal so klimawirksam wie Kohlendioxid.[17] Zur Erhöhung der Vergleichbarkeit hat es sich eingebürgert, in CO_2-Äquivalenten zu rechnen. Dennoch ist Kohlendioxid von seinen Wirkungen her immer noch das bedeutendste Treibhausgas (→ Abbildung 1).[18]

---

12 *D. Meadows/D. Meadows/J. Randers/W. Behrens*, Limits to Growth, 1972, S. 186; *Meadows et al.*: Die Grenzen des Wachstaums, 1972, S. 175.

13 *IPCC*, Climate Change 2023: Synthesis Report, 2023, S. 4 f., F SPM. 3, S. 11.; *N. Schmidt-Ahrendts/V. Schneider*, NJW 2022, S. 3456–3536; *J. Cook/N. Oreskes/P. Doran/ u. a.*, Environmental Research Letters, Band 11, Nr. 4, 2016, S. 48002 ff.

14 *S. Brönnimann*, Klimatologie, 2018, S. 292; *C.-D. Schönwiese*, 2024, S. 351 ff.; *IPCC*, AR5 Climate Change 2013, S. 13 ff.

15 S. *Brönnimann*, Klimatologie, 2024, S. 306 ff.

16 *M. Saunois/A. Stavert/B. Poulter/u. a.*, Earth System Science Data 2020, S. 1561–1623.

17 *IPCC*, Climate Change 2013: The Physical Science Basis, 2013.

18 Vgl. auch *K. Schüppel*, Klimawandel, 2020, S. 12.

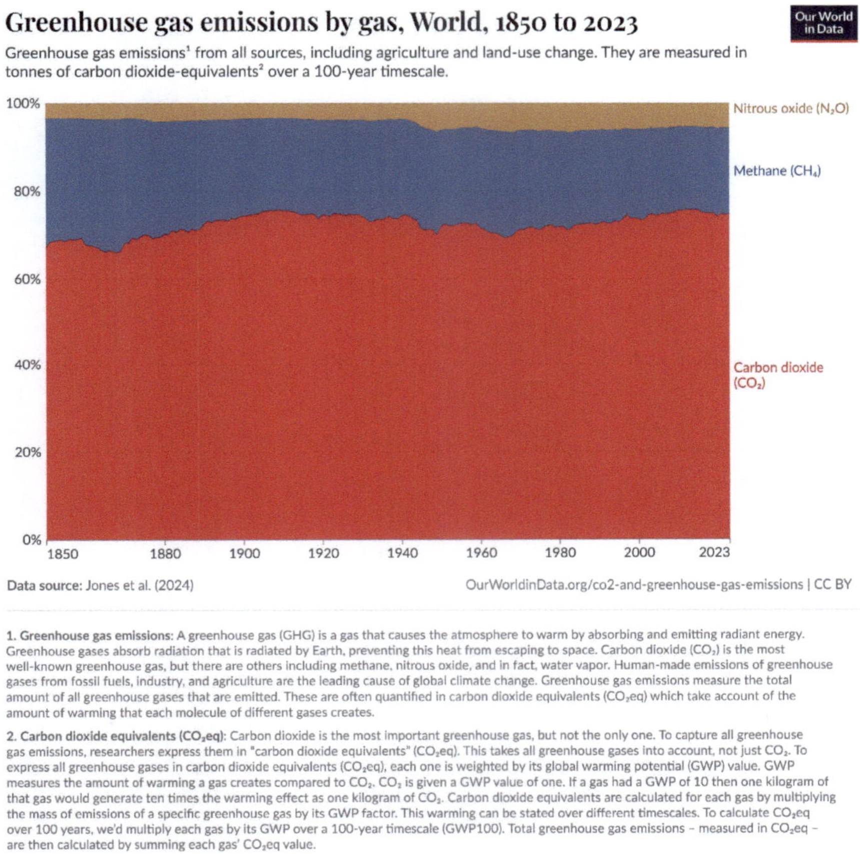

Abbildung 1: Treibhausgasemissionen 1850–2023 | Beleg 1

Die seit vorindustrieller Zeit rasant steigende **CO_2-Konzentration** von 280 ppm im Jahre 1880 auf über 410 ppm im Jahre 2021[19] droht sich fortzusetzen und wird das Weltklima in diesem und den folgenden Jahrhunderten entscheidend prägen (→ Abbildung 2).

19 *A. Metya/A. Datye/S. Chakraborty/Y. Tiwari/u. a.*, Nature Scientific Reports 2021, S. 2931.

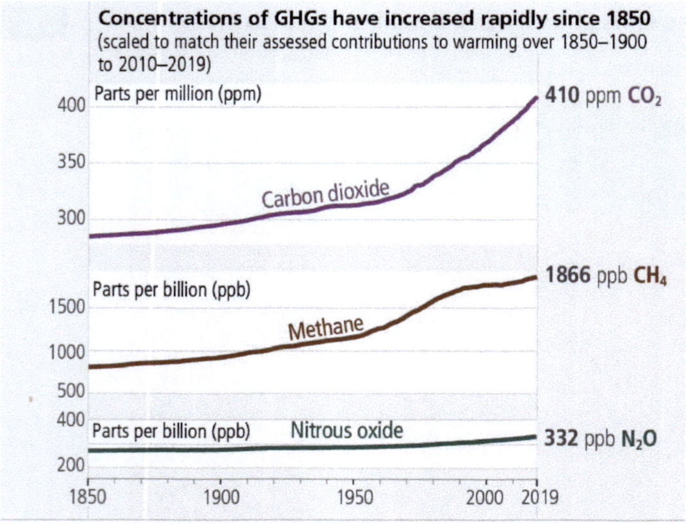

Abbildung 2: Anstieg Treibhausgasemissionen seit 1850 | Beleg 2

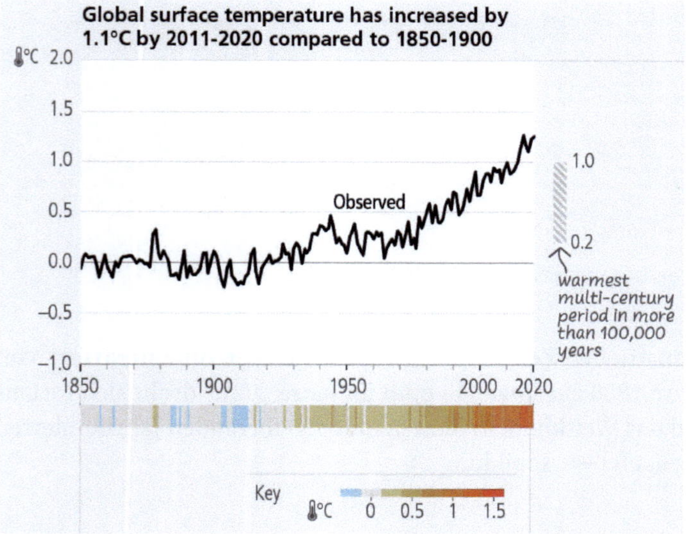

Abbildung 3: Globale Oberflächentemperatur im Vergleich | Beleg 3

Der in → Abbildung 3 dargestellte Anstieg der Temperaturen in den letzten 170 Jahren wird, ginge er ungebremst weiter, zu erheblichen und ganz überwiegend nachteiligen Änderungen des Wettergeschehens führen, insbesondere:[20]

- zur **Zunahme von Niederschlägen** in den inneren Tropen,
- zur **Abnahme von Niederschlägen** in den äußeren Tropen, den Subtropen und im Mittelmeerraum als Dürreereignisse,
- zum **Rückgang des Meereises** und damit zum Anstieg des Meeresspiegels (Bedrohung küstennaher Länder und Siedlungen),
- zur **Zunahme von Extremwetterereignissen** wie Stürmen und Hochwasser, die Gefährdung der Trinkwasserversorgung wegen der Gletscherschmelze und die Erhöhung der Wahrscheinlichkeit und Intensität von Waldbränden,
- zur **Versauerung der Meere** und damit zur Bedrohung der Welternährung.

Diese Veränderungen sind bereits jetzt – bei einer, gegenüber vorindustrieller Zeit um 1,07 Grad Celsius erhöhten Durchschnittstemperatur[21] – in Ansätzen zu beobachten. Man denke nur an die Überschwemmungen im Ahrtal 2021 oder in Griechenland 2023. In welchem Umfang, mit welcher Wahrscheinlichkeit, bei welcher Erderwärmung, sich die genannten Folgen verschärfen werden, ist Gegenstand einer intensiven Diskussion um verschiedene Szenarien, auf die nachstehend noch eingegangen wird (→ B. II. Prognosen und Handlungsansätze). Gesicherte Erkenntnis ist jedoch, dies sei vorgreiflich gesagt, dass der Zusammenhang zwischen THG-Konzentration und Anstieg der Atmosphärentemperaturen weitestgehend linear erfolgt. Die Begrenzung des Temperaturanstieges um 1,5 Grad Celsius oder höchstens 2 Grad Celsius wird jedoch schwieriger, je später durchgreifend wirksame Maßnahmen ergriffen werden (→ Abbildung 8). Folglich kommt es hierfür auf eine schnelle Senkung der THG-Emissionen in globalem Maßstab an.

20 *S. Brönnimann*, Klimatologie, 2018, S. 307 ff.; *IPCC*, Climate Change 2023: Synthesis Report, 2023, S. 48, Abb. a); *IPCC*, Global Warming of 1.5 °C, 2019, S. 55, 1.1.2.

21 Schätzwert im Sinne eines „best estimate" im Vergleich von 1850–1900 und 2011 bis 2020, *IPCC*, Climate Change 2023: Synthesis Report, 2023, S. 42.

2. Die Sektoren und Regionen: Ursachen des anthropogenen Klimawandels

Angesichts dieser besorgniserregenden Ausgangslage ist die Analyse der Entstehungsprozesse von Treibhausgasen von fundamentaler Bedeutung. Zentraler Treiber der „Produktion" von Treibhausgasen ist das moderne Leben von uns Menschen (das Anthropozän). Darin eingeschlossen ist die Verbrennung von fossilen Treibstoffen wie Erdgas, Erdöl und anderen kohlenstoffhaltigen Substanzen und Gemischen. Verbrennungsprozesse werden in verschiedenen Sektoren zur Erzeugung von Wärme im Zusammenhang mit **Industrieprozessen**, von Elektrizität, für die Heizung von **Gebäuden**, aber auch als Treibstoff im **Transportwesen** eingesetzt – sei es zu Land, zu Wasser oder in der Luft.[22]

In der **Landwirtschaft** wird zwar auch Dieseltreibstoff für den Betrieb von Traktoren und Heizöl zum Beheizen von Gebäuden verwendet. Die spezifische Eigenheit in den landwirtschaftlichen Tätigkeiten in Bezug auf Treibhausgase liegt aber vor allem in der Viehhaltung (Methan) und im Düngemitteleinsatz. Dabei lassen Verdauungsvorgänge von Rindern zum Beispiel Methan entstehen, und die Düngemittel setzen Stickoxide frei. Beide sind **hochwirksame Treibhausgase**. Die prozentuale Verteilung der THG auf die unterschiedlichen Sektoren stellt → Abbildung 4 dar.

---

22 Einen Überblick über die THG-Emissionen in der EU gibt auch das UBA, *Umweltbundesamt*, Treibhausgas-Emissionen in der Europäischen Union, 8.10.2025, https://www.umweltbundesamt.de/daten/klima/treibhausgas-emissionen-in-der-europaeischen-union (14.11.2025).

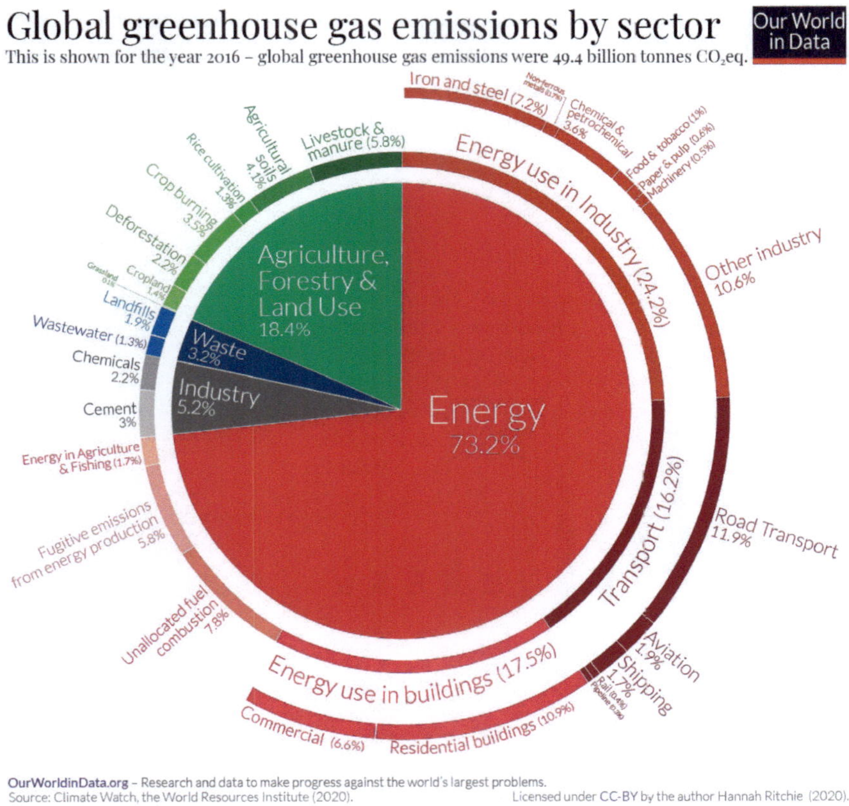

Abbildung 4: Globale Treibhausgasemissionen nach Sektoren | Beleg 4

Blickt man auf die regionale Verteilung der Verursachung der Treibhausgase, so lässt sich erkennen, dass aktuell die westlichen Industriestaaten für den größten Teil der Treibhausgasemissionen verantwortlich sind, dicht gefolgt von China und Indien. Diese historisch gewachsene Verteilung der Länder als Emittenten würde sich nicht ändern, selbst wenn man die historischen Emissionen ausblenden würde, die sich noch immer in der Atmosphäre befinden. Dieser Befund ist von doppelter Bedeutung: Er unterstreicht, dass relevante Fortschritte bei der Reduktion von Treibhausgasen nur global, also unter Einbeziehung großer Emittenten wie den USA, China und Indien erreicht werden können. Darüber hinaus weist er darauf hin, dass die Verantwortung für die Lösung des Problems bei allen Emittenten liegt, besonders aber bei den Ländern, auf die der Großteil der Emissionen auch historisch aufsummiert zurückgeht,[23] also beim industrialisierten Westen. Die Pro-Kopf-Betrachtung ergibt dasselbe Bild.[24] Beide Zusammenhänge treffen im vorhandenen rechtlichen Rahmen für den Klimaschutz und im Streit über seine Fortentwicklung notwendigerweise aufeinander.

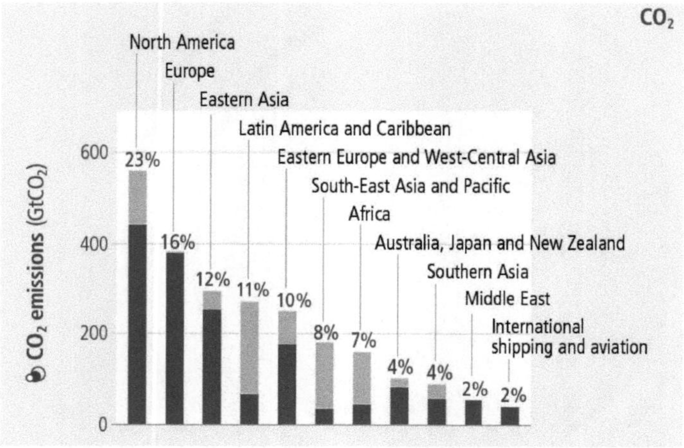

Abbildung 5: Kumulierte anthropogene Netto-CO_2-Emissionen pro Region (1850–2019) | Beleg 5

23 *IPCC*: Climate Change 2023: Synthesis Report, 2023, S. 45, Abb. a).
24 *IPCC*: Climate Change 2023: Synthesis Report, 2023, S. 45, Abb. b).

Greenhouse gas emissions

Greenhouse gas emissions[1] include carbon dioxide, methane and nitrous oxide from all sources, including land-use change. They are measured in tonnes of carbon dioxide-equivalents[2] over a 100-year timescale.

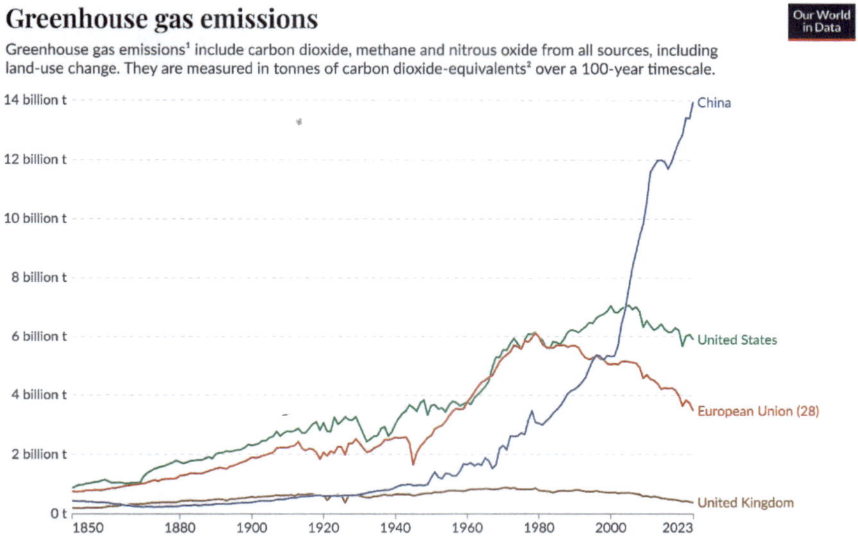

Data source: Jones et al. (2024) OurWorldinData.org/co2-and-greenhouse-gas-emissions | CC BY

Note: Land-use change emissions can be negative.

1. **Greenhouse gas emissions:** A greenhouse gas (GHG) is a gas that causes the atmosphere to warm by absorbing and emitting radiant energy. Greenhouse gases absorb radiation that is radiated by Earth, preventing this heat from escaping to space. Carbon dioxide (CO_2) is the most well-known greenhouse gas, but there are others including methane, nitrous oxide, and in fact, water vapor. Human-made emissions of greenhouse gases from fossil fuels, industry, and agriculture are the leading cause of global climate change. Greenhouse gas emissions measure the total amount of all greenhouse gases that are emitted. These are often quantified in carbon dioxide equivalents (CO_2eq) which take account of the amount of warming that each molecule of different gases creates.

2. **Carbon dioxide equivalents (CO_2eq):** Carbon dioxide is the most important greenhouse gas, but not the only one. To capture all greenhouse gas emissions, researchers express them in "carbon dioxide equivalents" (CO_2eq). This takes all greenhouse gases into account, not just CO_2. To express all greenhouse gases in carbon dioxide equivalents (CO_2eq), each one is weighted by its global warming potential (GWP) value. GWP measures the amount of warming a gas creates compared to CO_2. CO_2 is given a GWP value of one. If a gas had a GWP of 10 then one kilogram of that gas would generate ten times the warming effect as one kilogram of CO_2. Carbon dioxide equivalents are calculated for each gas by multiplying the mass of emissions of a specific greenhouse gas by its GWP factor. This warming can be stated over different timescales. To calculate CO_2eq over 100 years, we'd multiply each gas by its GWP over a 100-year timescale (GWP100). Total greenhouse gas emissions – measured in CO_2eq – are then calculated by summing each gas' CO_2eq value.

Abbildung 6: Treibhausgasemissionen im Vergleich (EU, UK, US, CN) | Beleg 6

Die gegenwärtige Lage lässt sich mit den vorstehenden Ausführungen grob folgendermaßen zusammenfassen:

Wissen | Gäbe es den **natürlichen Treibhauseffekt** nicht, hätte die Erde kein Klima, mit dem Leben möglich wäre. Durch außergewöhnliche kosmische Zufälle – das richtige Maß an Schwerkraft und der Abstand zur Sonne – konnte sich eine Atmosphäre entwickeln, in der es H_2O in flüssiger Form geben kann, was eine Voraussetzung für die Entwicklung von pflanzlichem und tierischem Leben ist. Sorgen bereitet hingegen **der anthropogene Treibhauseffekt**, der auf menschliche Handlungen seit der **industriellen Revolution** im 19. Jahrhundert zurückgeht und das Klima auf der Erde schon nachhaltig und nachteilig beeinflusst hat. Der Januar 2025 war laut Copernicus der weltweit wärmste seit Beginn der Wetteraufzeichnungen.[25] Wie sich dies in Zukunft entwickelt, hängt von den Maßnahmen ab, die die Menschheit ergreift, um die Erzeugung weiterer Treibhausgase zu reduzieren.

II. Prognosen und Handlungsansätze

Das **International Panel on Climate Change** (IPCC) modelliert und errechnet in ihren jährlichen Berichten verschiedene Szenarien von möglichen Klimaentwicklungen basierend auf den bereits ergriffenen Maßnahmen und den möglichen Maßnahmen, die die Länder noch ergreifen könnten. Nimmt man die international bereits ergriffenen Maßnahmen zum Maßstab und schriebe sie unverändert fort, so würde ein weiteres Ansteigen der THG-Emissionen verhindert, aber keine Reduzierung erreicht. Auf dieser Grundlage lässt sich eine Zunahme der globalen Durchschnittstemperaturen von **2,2 bis 3,5 Grad Celsius bis zum Jahr 2100** errechnen, was höchstwahrscheinlich mit katastrophalen Klimaänderungen einhergehen würde. Erforderlich ist zur Eindämmung eines solchen Szenarios die Reduzierung der Erderwärmung um nicht mehr als 2 Grad Celsius gegenüber dem vorindustriellen Niveau, besser noch um nicht mehr als 1,5 Grad Celsius. Das aber verlangt radikale und rasch wirksame Schritte zur Reduzierung der THG-Emissionen (→ Abbildung 7).

Das gilt auch und besonders deshalb, weil die Erderwärmung aller Voraussicht nach auf **Kipppunkte** stoßen wird, die die Folgen des Klimawandels drastisch verschärfen können und dabei zum Teil irreversibel sein dürften. Wie dem **Global Tipping Points** Report (2023) zu entnehmen ist,[26] sind insgesamt 25 verschiedene Kipppunkte zu erkennen, die die Dringlichkeit THG-reduzierender Maßnahmen unterstreichen.

---

25 Copernicus, January 2025 was the warmest on record globally, despite an emerging La Niña, 6.2.2025, https://climate.copernicus.eu/copernicus-january-2025-was-warmest-record-globally-despite-emerging-la-nina (12.12.2025).

26 *T. Lenton/D. Armstrong McKay/S. Loriani/J. Abrams/ J. Donges/u. a.*, The Global Tipping Points Report 2023, 2023.

Diese schließt den Zusammenbruch der Eisdecke in Grönland über das Verschwinden von Permafrostböden genauso ein wie die Zerstörung der Korallenriffe.[27]

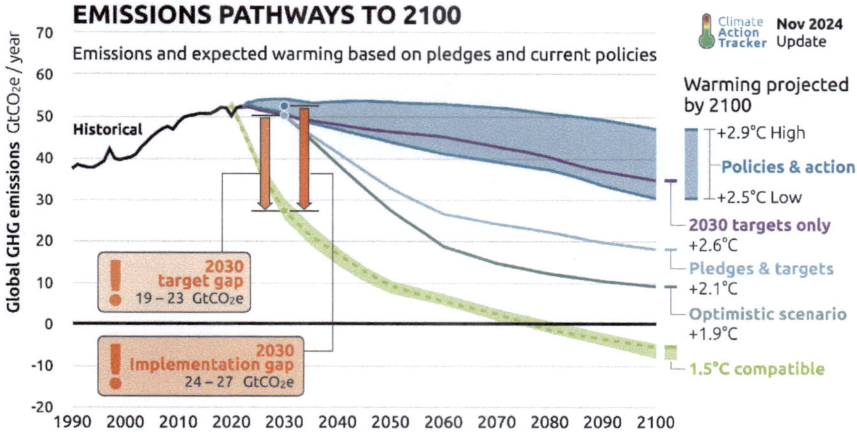

Abbildung 7: Begrenzung der Erwärmung | Beleg 7

Für die Vermeidung derartiger Entwicklungen muss die Reduzierung der THG-Emissionen auf das sogenannte „Netto-Null" erreicht werden. Das Netto-Null beinhaltet den vollständigen Ausgleich der THG-Emissionen durch Entnahme von Treibhausgasen aus der Atmosphäre. Um dieses Ziel zu erreichen, ist im Hinblick auf mögliche Handlungsansätze eine genauere Betrachtung der hierfür in Blick zu nehmenden Sektoren hilfreich. Der größte Anteil an THG-Emissionen entsteht im **Energiesektor** mit rund 73 % aller Treibhausgasemissionen, der im Wesentlichen den Energieverbrauch in der Industrie, im Verkehr und in der Gebäudeheizung einschließt (→ Abbildung 4). Der **Landwirtschaftsbereich** ist für weitere 18,4 % verantwortlich. Der verbleibende Rest von rund 8 % verteilt sich auf Produktionsprozesse in der **Industrie** bei der Herstellung von Chemikalien und Zement sowie auf die **Abfallentsorgung** an Land wie Abwasser.

---

27 *T. Lenton/D. Armstrong McKay/S. Loriani/J. Abrams/J. Donges/u. a.*, The Global Tipping Points Report 2023, 2023.

Damit wird deutlich, dass die erforderliche Rückführung der THG-Emissionen auf ein Netto-Null eine **Querschnittsaufgabe** darstellt, die sich über vielfältigste Regelungsbereiche (Sektoren) erstreckt und die nur in globaler Kooperation zu bewältigen ist.[28]

III. Zielsetzungen und bisherige Erfolge

1. Zielsetzungen: Begrenzung der Erderwärmung

Die Forderung nach rascher Rückführung der THG-Emissionen auf ein Netto-Null ergibt sich aus den Erkenntnissen der Klimaforschung. Die durchschnittliche Temperatur der Atmosphäre hängt von der in der Atmosphäre vorfindlichen Menge an Kohlendioxid und den anderen Treibhausgasen ab. Will man die Erderwärmung auf nicht mehr als 1,5 Grad Celsius über dem vorindustriellen Mittel begrenzen, so dürfen sich nicht mehr als 600 Gt Kohlendioxid-Äquivalente in der Atmosphäre befinden, für 2 Grad Celsius nicht mehr als 800 Gt. Wie → Abbildung 8 anschaulich darstellt, ist die Menge an Treibhausgasen, in der Grafik als die Fläche unter den verschiedenen Verlaufskurven zu erkennen, bei jedem Szenario der Rückführung auf Null gleich groß – entweder 600 Gt oder 800 Gt. Was sie auch zeigt, ist, dass jedes Jahr, mit dem später mit durchgreifenden Maßnahmen begonnen wird, die Kurve der Rückführung steiler werden lässt, um das Limit nicht zu reißen. Je steiler aber die Kurve sein muss, desto schwieriger (und unwahrscheinlicher) wird es, entsprechend drastische Reduzierungsmaßnahmen umzusetzen. Oder anders ausgedrückt:

> Je später mit der Reduzierung begonnen wird, desto weniger Zeit steht zur Verfügung, um **Netto-Null** zu erreichen.

28 Vgl. *H. Schmidt/V. Eyring/M. Latif/J. Marotzke/D. Rechid/R. Sausen,* in: Brasseur, Jacob, Schuck-Zöller, Klimawandel in Deutschland, 2023, S. 8 ff.

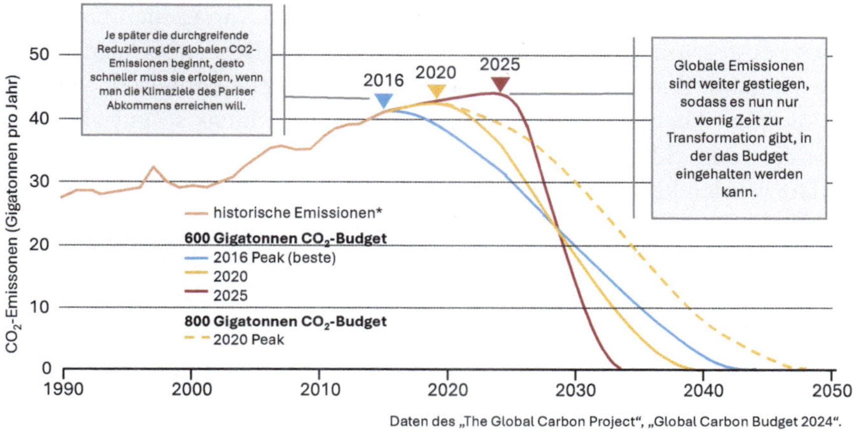

Abbildung 8: Carbon Crunch | Beleg 8

Dieser als *Carbon Crunch* bezeichnete Zusammenhang besteht nur, weil es Konsens in der internationalen Klimawissenschaft ist, dass eine Erderwärmung von mehr als 1,5 Grad Celsius oder gar 2 Grad Celsius katastrophale Auswirkungen auf das globale Klima hätte. Diese Einschätzung beruht zum einen darauf, dass sich natürliche Schwankungen aus der Erdgeschichte rekonstruieren lassen – von Heißzeiten und Kälteperioden -, welche aber nie über eine Abweichung von mehr als 2 Grad Celsius hinausgingen.

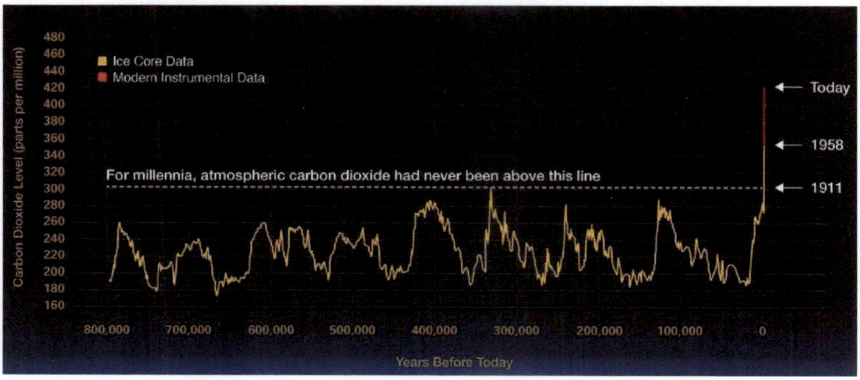

Abbildung 9: Kohlendioxidgehalt im zeitlichen Verlauf | Beleg 9

So lässt sich vermuten, dass sich das Weltklima bei Variationen unterhalb eines Betrags von 2 Grad Celsius auch wieder natürlicherweise dem Mittel nähern kann. Zum anderen sind mittlerweile Modelle entwickelt worden, die die physikochemischen Zusammenhänge des Klimas so gut abbilden, dass die Entwicklung der vergangenen hundert Jahre nachvollzogen und erklärt werden kann, und die Prognosen über die weitere Entwicklung der Erderwärmung gestatten. Die Voraussagen beziehen sich mittlerweile auch auf die **Kipppunkte** für das Klima, die irreversible Veränderungen mit sich bringen und die Erderwärmung drastisch verschärfen können.[29]

Wissen | Der jeweiligen Erderwärmung korrespondieren dann Konsequenzen für die Wahrscheinlichkeit erheblicher nachteiliger Folgeerscheinungen: die Häufigkeit von Stürmen und Hochwasserereignissen, die zu erwartenden Dürreperioden, die Versauerung der Ozeane und das Ansteigen des Meeresspiegels. Diese klimatischen Veränderungen lassen hinsichtlich ihrer gesellschaftlichen Folgen insbesondere erwarten, dass Hungersnöte mitsamt den sie verursachenden Migrationsbewegungen wahrscheinlicher werden, dass Auseinandersetzungen auch kriegerischer Natur um natürliche Ressourcen häufiger geführt werden, und bestimmte Gegenden unbewohnbar werden.

Neben diesen rein klimabezogenen Herausforderungen ist die Erde auch in anderen Hinsichten fragil und bedroht, wie die Diskussion um die **planetaren Grenzen** hervorgehoben hat. Der Ansatz nimmt alle natürlichen Vorgänge in den Blick, die für das menschliche Leben von Bedeutung sind, vom Klima über die Biodiversität bis zum Stickstoff- und Phosphorzyklus.[30] Sechs der zehn Bereiche der *Planetary Boundaries* beurteilen die Forscher:innen inzwischen als kritisch, allen voran den Klimawandel und die Rate, in der die Biodiversität vor allem in Form des Artensterbens bedroht ist.

29 *T. Lenton/D. Armstrong McKay/S. Loriani/J. Abrams/J. Donges/u. a.*, The Global Tipping Points Report 2023, 2023, S. 10; *UBA*, Kipp-Punkte im Klimasystem, S. 4.

30 *W. Steffen et al.*, Science 2015, S. 736 ff.; *K. Richardson/W. Steffen et al.*, SCIENCE ADVANCES, 2023.

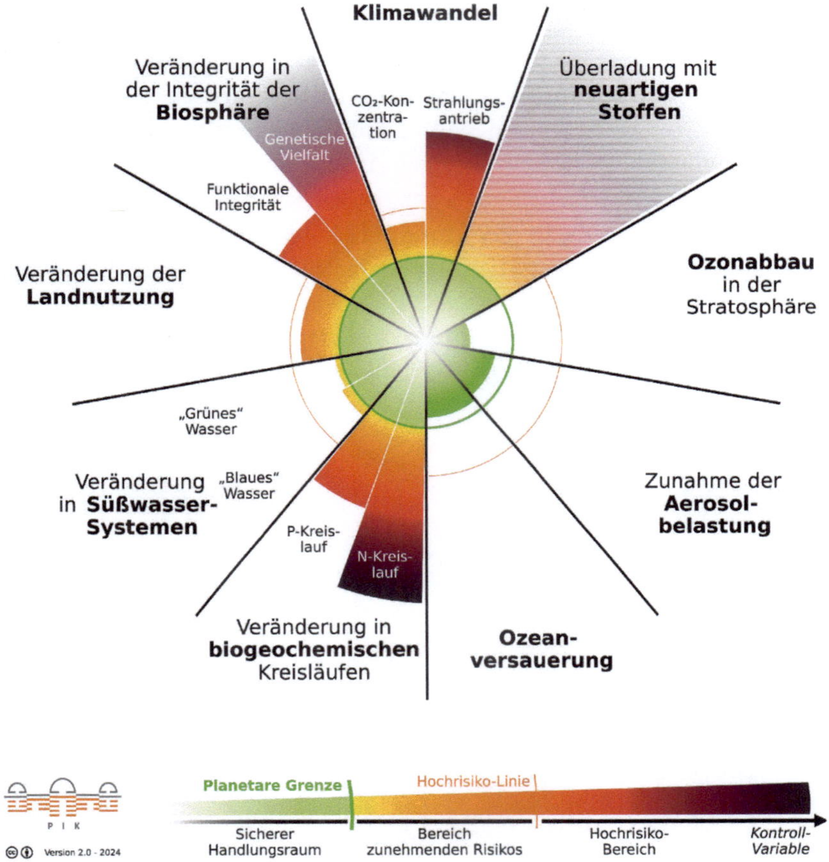

Abbildung 10: Planetare Grenzen | Beleg 10

Gerade dann, wenn es um Konflikte beim Schutz verschiedener Umweltgüter geht – etwa bei der Inanspruchnahme von für den Naturschutz wichtigen Flächen für Standorte von Anlagen für erneuerbarer Energien –, gilt es diesen Zusammenhang im Auge zu behalten und in einen Ausgleich zu bringen.[31]

31 *E. Hofmann*, EurUP 3/2022, S. 280 ff.; *E. Hofmann*, NuR 2021, S. 217; *J. Stock*, in: Ernst/Zinkahn/Bielenberg/Krautzberger (Hrsg.), BauGB, § 214; *O. Hendrickseche*, NVwZ 2023, S. 965.

2. Bisherige Erfolge

Um die umrissenen Folgen des Klimawandels zu verhindern oder zumindest zu begrenzen, sind seit der Verabschiedung der **Klimarahmenkonvention** im Jahr 1994 von vielen Staaten Maßnahmen beschlossen und zum Teil auch umgesetzt worden. Dass die bisherigen Anstrengungen nicht genügen, um auch nur das 2-Grad-Ziel zu erreichen, ist schon erwähnt worden (s. Darstellung im AR6 über die implementierten Maßnahmen, hier → Abbildung 7). Ohne eine drastische Verschärfung der Instrumente und ihrer Umsetzung ist es sehr wahrscheinlich, dass die Erderwärmung auf 2,2 bis 3,5 Grad Celsius steigen wird.[32] Wie weit verschiedene Staaten vom Erreichen der Pariser Ziele entfernt sind, zeigt → Abbildung 11.

Abbildung 11: Climate Action Tracker | Beleg 11

32 *IPCC*, Climate Change 2023: Synthesis Report, 2023, S. 57.

Wissen | Mit *insufficient* („ungenügend") bezeichnet der *Climate Action Tracker* einen Zustand der Klimapolitik eines Landes, der substanzieller Anstrengungen bedarf, um konsistent mit dem 1,5-Grad-Ziel des **Pariser Übereinkommens** zu werden.[33] Die Entwicklungen in der EU verlaufen recht unterschiedlich: während Luxemburg im Jahr 2022 schon 40,76 % seiner THG-Emissionen gegenüber dem Jahr 1990 eingespart hatte und Rumänien 72, 55 %, sind es bei Polen lediglich 20,92 % und bei der Tschechischen Republik 37,10 %.[34] Insgesamt liegt die EU-27 bei 32,51 %.[35] Das wird vom *Climate Action Tracker* als „ungenügend" bewertet.

Es darf aber auch nicht verkannt werden, dass durchaus Schritte eingeleitet wurden, die in die richtige Richtung zeigen: in der EU und Großbritannien ist im Jahr 2023 der Zuwachs an installierter Leistung durch **Offshore-Windenergieanlagen** gegenüber 2022 um 40 % gestiegen, weitere Zuwächse werden prognostiziert;[36] die **Solarkapazität** Chinas ist im Jahr 2023 auf 228 GW gestiegen, mehr als alle anderen Länder zusammen; die energiepolitischen Ziele sind verschärft worden, wonach die Kapazitäten der erneuerbaren Energien bis 2030 verdreifacht und Klimaneutralität im Jahr 2060

33 *Climate Action Tracker*, CAT rating methodology, https://climateactiontracker.org/methodology/cat-rating-methodology/ (10.3.2025).

34 *European Environment Agency*, Climate and Energy in the EU, https://climate-energy.eea.europa.eu/topics/climate-change-mitigation/greenhouse-gas-emissions-inventory/intro (24.3.2025).

35 *European Environment Agency*, Climate and Energy in the EU, https://climate-energy.eea.europa.eu/topics/climate-change-mitigation/greenhouse-gas-emissions-inventory/intro (24.3.2025).

36 *P. Akoto*, Europas Offshore-Windkraftausbau gewinnt an Tempo, energate messenger, 19.1.2024, https://www.energate-messenger.ch/news/240328/europas-offshore-windkraftausbau-gewinnt-an-tempo (1.2.2024); *I. Matthes*, EU-Rekord beim Ausbau der Windenergie, neue energie, 12.1.2024, https://www.neueenergie.net/artikel/wissen/energie/eu-rekord-beim-ausbau-der-windenergie (22.1.2024).

erreicht werden soll;[37] China hat ein nationales **Emissionshandelssystem** eingeführt, das den Nukleus für ein umfassendes System bilden könnte.[38]

In den USA hat der *Inflation Reduction Act* ein milliardenschweres Programm zur Förderung von Investitionen in erneuerbare Energien aufgelegt; bereits jetzt geht ein Drittel der Stromproduktion in den USA auf das Konto erneuerbarer Energien.[39] Die Anzahl der verkauften Elektroautos ist deutlich gestiegen.[40]

In Deutschland steigt der Anteil der **erneuerbaren Energie** an der Stromerzeugung weiter und lag im Jahr 2022 bei 46,2 %.[41] Weniger erfreulich ist die Lage allerdings im Verkehrssektor und bei den Gebäuden.

Global betrachtet gibt es jedoch weitere ermutigende Signale: Die spezifischen Kosten der Technologie für die Erzeugung erneuerbarer Energie sind so weit gefallen, dass sie unterhalb der Kosten für fossile Energieträger liegen und damit marktfähig geworden sind;[42] die Finanzflüsse der Mittel zur Finanzierung von Klimaschutz- und Anpassungsmaßnahmen sind deutlich gestiegen;[43] der Rechtsrahmen für klimabezogene Maßnahmen ist erheblich ausgebaut worden, so dass sich viele Staaten verpflichtet haben, bis zur

---

37 *L. Beigel*, Welche Fortschritte China, die USA und andere Länder beim Klimaschutz machen, 17.12.2023, https://www.rnd.de/wissen/klimapolitik-im-fokus-china-usa-und-andere-laender-auf-dem-weg-zum-wandel-GGCVQYAMHZEH5P6VT6PTRQYKII.html (01.02.2024); *Global Energy Monitor*, A race to the top: China 2023, 2023, https://globalenergymonitor.org/wp-content/uploads/2023/06/GEM-RTTT-China-2023-report-English-1.pdf (20.1.2024).

38 *C. Kardish*/*M. Duan*/*Y. Tao*/*L. Li*/*M.Hellmich*, The EU carbon border adjustment mechanism (CBAM) and China: unpacking options on policy design, potential responses, and possible impacts. In: adelphi, 2021, https://climatecooperation.cn/wp-content/uploads/2021/08/The-EU-carbon-border-adjustment-mechanism-CBAM-and-China-5.pdf, S. 14 f. (20.3.2025).

39 Sustainable Energy in America 2025 Factbook, The Business Council for Sustainable Energy, 2023, https://bcse.org/market-trends/ (20.1.2024).

40 *P. Slowik*/ *A. Isenstadt*, U.S. electric vehicle sales soar into '24. In: icct20, 26.1.2024, https://theicct.org/us-ev-sales-soar-into-24-jan24/ (1.2.2024); *M. Abboud*, U.S. share of electric and hybrid vehicle sales reached a record in the third quarter. In: eia, 4.12.2024, https://www.eia.gov/todayinenergy/detail.php?id=63904 (9.1.2025).

41 *L. Beigel*, Welche Fortschritte China, die USA und andere Länder beim Klimaschutz machen. In: RedaktionsNetzwerkDeutschland, 17.12.2023, https://www.rnd.de/wissen/klimapolitik-im-fokus-china-usa-und-andere-laender-auf-dem-weg-zum-wandel-GGCVQYAMHZEH5P6VT6PTRQYKII.html (1.2.2024).

42 *IPCC*, Climate Change 2023: Synthesis Report, 2023, S. 53 f.

43 *IPCC*, Climate Change 2023: Synthesis Report, 2023, S. 53.

Mitte des Jahrhunderts Netto-Null Treibhausgasemissionen zu erreichen;[44] die Kohlenstoffintensität der Energieerzeugung ist geringer geworden.[45]

Des Weiteren ist die **Klimaanpassung** in verschiedener Hinsicht vorangekommen.[46] Das schließt auch die entsprechenden Planungsprozesse ein, die Entwicklung von Entscheidungsunterstützungssystemen, den besseren Schutz vor Hochwasser und die Umstellung der Landwirtschaft. In Deutschland ist hierfür das Klimaanpassungsgesetz des Bundes maßgeblich, das nachstehend noch erläutert wird (→ G. III.).

IV. Das Wichtigste im Überblick zur naturwissenschaftlichen Faktenlage

Die in diesem Kapitel dargestellte naturwissenschaftliche Faktenlage lässt sich kurz so zusammenfassen:

> Es hat zwar Jahrzehnte gedauert, bis sich die entsprechenden wissenschaftlichen Erkenntnisse über die menschlichen Einflüsse auf das Weltklima auf breiter Front durchgesetzt haben. Doch spätestens mit dem **Pariser Übereinkommen** aus dem Jahre 2015 herrscht weltweit Einigkeit über die Notwendigkeit, die anthropogenen Treibhausgase innerhalb weniger Jahrzehnte – bis Mitte des Jahrhunderts – auf Null zurückzuführen. Der Umbau der Energieerzeugung, der Verzicht auf fossile Treibstoffe bei der Gebäudeheizung und im Verkehrsbereich erfordern jedoch global drastische Schritte, die derzeit nicht schnell genug vorankommen. Es gibt mit anderen Worten **kein Erkenntnisproblem** mehr, auch **kein Zielproblem**, sondern ein **Umsetzungsproblem**. Für die Umsetzung aber ist der rechtliche Rahmen von herausragender Bedeutung. Dieses Buch will die rechtlichen Ziele und ihre Umsetzung erläutern.

44 *IPCC*, Climate Change 2023: Synthesis Report, 2023, S. 52; 59.
45 *IPCC*, Climate Change 2023: Synthesis Report, 2023, S. 53.
46 *IPCC*, Climate Change 2023: Synthesis Report, 2023, S. 55.

C. Ziele des Klimaschutzrechts

I. Völkerrecht: Pariser Übereinkommen

1. Völkerrechtliche Grundlagen

Da die Erderwärmung in ihrer Entstehung und Bekämpfung ein **globales** Thema ist, kann es nicht verwundern, wenn auch die Lösungen nur international gefunden werden können.[47] Das heißt im Grundsatz, dass **Vereinbarungen zwischen Staaten** getroffen werden (müssen), um **gemeinsame Ziele und Vorgehensweisen** zu verabreden. Es ist daher hilfreich, sich zunächst die **Grundprinzipien des Völkerrechts** vor Augen zu führen (→ C. I. 2.), bevor dann im nächsten Schritt die wesentlichen Pfeiler des **Klimavölkerrechts** betrachtet werden (→ C. II.).

2. Grundprinzipien des Völkerrechts

Das Völkerrecht kennt verschiedene Rechtsquellen, die in Art. 38 des Statuts des Internationalen Gerichtshofs aufgeführt sind:

> Das Vertragsrecht, das Gewohnheitsrecht, die allgemeinen Rechtsgrundsätze, die von zivilisierten Staaten anerkannt werden, und schließlich hilfsweise justizielle Entscheidungen sowie die Lehren höchst anerkannter Rechtswissenschaftler:innen.[48]

Von den genannten dürfte das **Vertragsrecht** eindeutig das wirkmächtigste sein, wenngleich es keine abstrakte und kategorisch geltende Rangfolge unter den Rechtsquellen gibt. Dennoch kommt internationalen Abkommen eine zentrale Rolle zu: Vielfältige Vereinbarungen prägen das Umweltvölkerrecht, und das gilt auch für den Bereich des Klimarechts. Wesentliche Eigenheiten des Vertragsrechts gelten daher auch für internationale Abkom-

---

47 So ebenfalls in aller Deutlichkeit *J. Franke*/*R.Verheyen*, in: Koch/Hofmann/Reese (Hrsg.), Handbuch Umweltrecht, § 11 Rn. 10 a.E.

48 IGH Statut, Art. 38.; *W. Durner*, in: Landmann/Rohmer (Hrsg.), Umweltrecht, 1. Umweltvölkerrecht Rn. 17; A. von Ungern-Sternberg, Jura 2010, S. 841 (842); *Gallner*, in: Franzen/Gallner/Oetker (Hrsg.), EuArbRK, Richtlinie 2003/88/EG, Art. 1 Rn. 31; *T. Markus*, ZaöRV 2020, S. 673.

men zum Schutz vor der Erderwärmung: es kann niemand verpflichtet werden, mitzumachen – es herrscht **Vertragsfreiheit**. Sind einmal Verträge geschlossen, so fordern sie Beachtung – **pacta sunt servanda**. Anders aber als vielleicht im innerstaatlichen Bereich existiert keine zentrale Institution, die vertragliche Pflichten im Streitfall durchsetzt. Ob ein Gericht solche Befugnisse hat, wie weit diese reichen, ob sie im Einzelfall implementiert werden können – das hängt alles von den Einzelheiten der jeweiligen Vereinbarung und dem Willen der Vertragsparteien ab, einmal geschlossene Abkommen auch zu respektieren.

Diese Schwächen des Völkerrechts lassen sich leicht als Unvollkommenheiten kritisieren. Damit macht man es sich aber zu einfach. Auch wenn das Völkervertragsrecht unter erheblichen **Durchsetzungsmängeln** leidet, wäre die Alternative – der Verzicht auf entsprechende Regelungen – ein Zustand der Rechtlosigkeit. In einem solchen Zustand könnten sich die Stärkeren (Staaten) nicht aufgrund von Absprachen und damit aufgrund ihrer Einwilligung aus Gründen der Einsicht und/oder um ihres eigenen Vorteils willen an Regeln binden, sondern aufgrund ihrer militärischen, wirtschaftlichen oder politischen Stärken gegenüber den Schwächeren durchsetzen, ohne auf rechtsverbindliche Vereinbarungen Rücksicht nehmen zu müssen. Gerade bei so offensichtlich nur mit Hilfe internationaler Kooperation zu lösender Themen wie dem des Klimaschutzes sind völkerrechtliche Verträge notwendige Voraussetzung für effektive internationale Zusammenarbeit. Sei es bei der Formulierung globaler Ziele, die Unterstützung wirtschaftlich schwächerer Länder durch die reicheren, bei der energiewirtschaftlichen Transformation, oder Vereinbarungen über Technologietransfer. Das Klimavölkerrecht ist jedenfalls nach einer größeren Zahl von generationellen Entwicklungen zu einem ausgefeilten Rechtsrahmen für das **Klimatransformationsrecht** geworden. Das soll das folgende Kapitel zeigen:

3. Das Klimavölkerrecht: von Rio nach Paris

Nach dem zweiten Weltkrieg wurden zunächst umweltrechtliche Einzelfragen durch Abkommen geregelt – Walfang, Verbot des Handels mit exotischen Tieren, Schutz vor troposphärischem Ozon –, bevor dann 1992 auf der **Konferenz in Rio de Janeiro** eine umfassende umweltvölkerrechtliche Deklaration verabschiedet wurde, die zur Entwicklung der **Klimarahmenkonvention** der Vereinten Nationen führte (United Nations Framework

Convention on Climate Change, UNFCCC).[49] Sie war die Grundlage für die allmähliche Entwicklung eines Systems zum globalen Schutz des Klimas, die auf den **Vertragsstaatenkonferenzen** ausgehandelt wurden (Conferences of the Parties, COPs). Ein Meilenstein des Rechtsrahmens war sicher das **Kyoto-Protokoll**, verhandelt und beschlossen in Kyoto im Jahre 1997 und in Kraft getreten 2005.[50] Kern des Protokolls war die Vereinbarung der Vertragsstaaten, die nationalen THG-Emissionen um eine numerisch benannte Menge innerhalb eines bestimmten Zeitraums zu reduzieren. In der ersten Verpflichtungsperiode von 2008 bis 2012 gelang es den 36 Unterzeichnern, die Reduktionsziele zu erreichen. Das war nicht nur ein großer praktischer Erfolg, sondern auch vom Konzept her schlüssig, transparent und zielführend, selbst wenn es an durchgreifenden Sanktionen für den Fall der Zielverfehlung mangelte. Die Ziele waren unterschiedlich anspruchsvoll, um den wirtschaftlichen wie politischen Gegebenheiten in den Staaten Rechnung zu tragen. So verpflichteten sich einige Mitgliedstaaten der Europäischen Union, darunter die Bundesrepublik Deutschland, ihre Treibhausgasemissionen bis zum Jahr 2020 gegenüber dem Basisjahr 1990 um 27 % zu verringern, während anderen Staaten sogar zugestanden wurde, über die Emissionsmengen des Basisjahres hinaus Treibhausgase zu emittieren. Im Jahre 2012 wurde eine zweite Verpflichtungsperiode beschlossen, die auf das Jahr 2020 zielte („Kyoto II").

Das Kyoto-Protokoll litt allerdings darunter, dass große Emittenten wie China und die USA es nicht unterzeichnet hatten. Diese müssen aber für eine globale Lösung der Erderwärmungsproblematik einbezogen werden. In den Verhandlungen um die Fortsetzung des Kyoto-Protokolls wurde deutlich, dass die Einbindung dieser Staaten nur dann möglich war, wenn den Vertragsparteien größere Spielräume bei der Setzung eigener Ziele und den Zeitplänen zu ihrer Erreichung eingeräumt werden. Das Ergebnis war das Pariser Übereinkommen (PA).

Wissen | Das 2015 ausgehandelte Pariser Übereinkommen ist am 12.12.2015 verabschiedet worden und im Jahre 2020 in Kraft getreten, nachdem die Bedingungen von Art. 21 (1) PA erfüllt worden sind, dass mindestens 55 Parteien, die mindestens 55 % aller globalen Treibhaus-

49 Instruktiv *C. Kreuter-Kirchhof*, in: Rodi (Hrsg.), Handbuch Klimaschutzrechts, § 2.
50 Gesetz vom 27.4.2002 (BGBl. II S. 966).

gase repräsentieren, das Abkommen unterzeichnet haben müssen. Es fußt auf drei wesentlichen Säulen:[51]

Die erste besteht in der numerischen Fixierung des Ziels, gemeinsam die Erderwärmung auf nicht mehr als 2 Grad Celsius über dem vorindustriellen Niveau ansteigen zu lassen, möglichst auf nicht mehr als 1,5 Grad Celsius.[52] Die zweite liegt in der Bestimmung des Instruments, mit dem jeder Vertragsstaat seinen Zielerreichungspfad entwickelt und verfolgt. Die dritte Säule liegt in der Ertüchtigung der Klimaanpassung durch die Mechanismen des Warschauer Abkommens über Verluste und Schäden (Art. 8).[53]

Das Pariser Übereinkommen enthält auch Ziele im Bereich der **Klimaanpassung** (*Adaptation*). Insbesondere mit Art. 7 PA wurden Ziele vereinbart, die Fähigkeiten der Vertragsparteien zur Klimaanpassung zu verbessern (Art. 7 Abs. 1 PA), etwa durch verstärkte Kooperationen nach dem **Cancun-Rahmen** (Art. 7 Abs. 7 PA). Die in Art. 7 PA festgelegten Ziele bleiben wegen des Verzichts auf numerische Indikatoren im Ungefähren und sind auf das Engagement der Vertragsparteien bei der Umsetzung besonders angewiesen. Immerhin bezieht die **Monitoringverpflichtung** aus Art. 14 PA auch die Klimaanpassung ein (Art. 14 Abs. 1 PA).

II. EU-Recht

1. Die Klimaschutzziele der EU: European Green Deal und Europäisches Klimagesetz

Um die Vorgaben des Pariser Übereinkommens umzusetzen, hat sich die EU aufbauend auf einer Kommissionsmitteilung über ein als *Green Deal* bezeichnetes Globalkonzept[54] mit dem so genannten „Europäischen Klima-

51 BGBl. 2016 II, S. 1082.

52 Art. 2 (1) a PA.

53 Art. 3 PA.

54 *EU-Kommission*, Mitteilung der Kommission an das Europäische Parlament, den Europäischen Rat, den Rat, den Europäischen Wirtschafts- und Sozialausschuss und den Ausschuss der Regionen, Der europäische Grüne Deal, COM (2019) 640 final; s. auch vertiefend *R. Verheyen/J. Franke*, in: Koch/Hofmann/Reese (Hrsg.), Handbuch Umweltrecht, § 11 Klimaschutzrecht, Rn. 26 ff.

gesetz" ambitionierte Ziele gesetzt.[55] Die Verordnung VO (EU) 2021/1119 (Europäisches Klimagesetz) des Europäischen Parlaments und des Rates vom 30.6.2021 verpflichtet die EU auf **Erreichung der Klimaneutralität bis zum Jahr 2050** (Art. 2 Abs. 1 Europäisches Klimagesetz) und als Zwischenschritt auf eine Reduzierung i. H. v. 55 % bis zum Jahr 2030 gegenüber dem Stand von 1990 (Art. 4 Abs. 1 Europäisches Klimagesetz). Nach Art. 7 Abs. 1 lit. a EU-Klimagesetz bewertet die die **EU-Kommission** die von den EU-Mitgliedsstaaten vorgelegten **Klimapläne** und die in ihnen enthaltenen Maßnahmen nach dem Jahr 2023 alle fünf Jahre. Stellt sie fest, dass die Maßnahmen nicht hinreichend sind, um das Klimaziel zu erreichen, trifft sie nach Art. 7 Abs. 3 EU-Klimagesetz die erforderlichen Maßnahmen im Einklang mit den Verträgen. Das Gesetz enthält auch Verpflichtungen der EU und ihrer Mitgliedstaaten, geeignete **Klimaanpassungsmaßnahmen**[56] zu ergreifen (Art. 5 EU-Klimagesetz).[57]

Ausgangspunkt für die gesetzlichen Festlegungen durch das EU-Klimagesetz war das *Fit-for-55*-Programm der EU-Kommission.[58] Zur Unterstützung der THG-Reduzierungsziele enthält die EE-Richtlinie die Vorgabe für die Mitgliedstaaten, den Anteil von Energie aus erneuerbaren Quellen am Bruttoendenergieverbrauch der Union im Jahr 2030 auf mindestens 42,5 % zu erhöhen (Art. 3 Abs. 1 S. 1 EE-RL).[59]

Weitere, für die einzelnen Mitgliedstaaten spezifische THG-Reduktionsverpflichtungen enthält die **Lastenteilungs-VO Non-ETS-Bereich**.[60] Da-

---

55 Instruktiv auch der Überblick auf: *Europäisches Parlament*, Reduktion von CO_2 Emissionen: Ziele und Maßnahmen der EU, 10.7.2024, https://www.europarl.europa.eu/topics/de/article/20180305STO99003/reduktion-von-co2-emissionen-ziele-und-massnahmen-der-eu (21.11.2025).

56 Dazu mehr unter H. Klimaanpassung.

57 *Saurer*, in Hofmann/Heß (Hrsg.), BeckOK Klimarecht, EU-KlimaG Art. 5 Rn. 2.

58 *EU-Kommission*, Mitteilung der Europäischen Kommission an das Europäische Parlament, den Rat, den Europäischen Wirtschafts- und Sozialausschuss und den Ausschuss der Regionen, „Fit für 55": auf dem Weg zur Klimaneutralität – Umsetzung des EU-Klimaziels für 2030, COM (2021) 550 final.

59 Richtlinie (EU) 2018/2001 des Europäischen Parlaments und des Rates vom 11.12.2018 zur Förderung der Nutzung von Energie aus erneuerbaren Quellen, ABl. L 328 vom 21.12.2018, S. 82, zuletzt geändert durch Richtlinie (EU) 2023/2413 vom 18.10.2023, ABl. L v. 31.10.2023, S. 1.

60 Verordnung (EU) 2018/842 des Europäischen Parlaments und des Rates vom 30.5.2018 zur Festlegung verbindlicher nationaler Jahresziele für die Reduzierung der Treibhausgasemissionen im Zeitraum 2021 bis 2030 als Beitrag zu Klimaschutzmaßnahmen zwecks Erfüllung der Verpflichtungen aus dem Übereinkommen von Paris sowie zur Änderung der Verordnung (EU) Nr. 525/2013 (ABl. 2018 L 156, 26).

nach muss die Bundesrepublik Deutschland ihre THG-Emissionen außerhalb des EU-ETS im Jahr 2030 um 50 % gegenüber dem Jahr 2005 reduzieren.[61]

Wissen | Mit **Non-ETS** werden all diejenigen Quellen von Treibhausgasemissionen bezeichnet, die nicht vom Europäischen Emissionshandel (*EU Emissions Trading System*, EU-ETS) erfasst werden. Eine weitergehende Aufteilung nach Emissions-Sektoren (Energiewirtschaft, Verkehr, Industrie etc., § 4 Abs. 1 KSG a. F., jetzt § 5 i. V. m. Anlage 1 KSG) wie im früheren Bundes-KSG gibt es hingegen nicht.[62]

2. EU-ETS

Die **Reduzierungsziele** des EU-ETS ergeben sich aus der Richtlinie 2003/87 in ihrer aktuellen Fassung. Diese sind im Einzelnen nicht leicht zu ermitteln, da sich die Reduzierungsverpflichtungen effektiv aus der Zahl der vorhandenen Zertifikate und ihrer Verringerung im Laufe der Jahre sowie der jährlichen Diskontierung ergeben. Die EU-Kommission liest aus den Vorgaben des EU-ETS heraus, dass die Emissionen in den ETS-Sektoren bis 2030 um 62 % gesenkt werden müssen.[63] Der deutsche **Energie- und Klimaplan** folgt dem, indem er festhält, dass sich aus den Vorgaben des **Europäischen Emissionshandels (ETS)** ein EU-weites Ziel von -62 % bis

---

61 Verordnung (EU) 842/2018 des Europäischen Parlaments und des Rates vom 30.5.2018 zur Festlegung verbindlicher nationaler Jahresziele für die Reduzierung der Treibhausgasemissionen im Zeitraum 2021 bis 2030 als Beitrag zu Klimaschutzmaßnahmen zwecks Erfüllung der Verpflichtungen aus dem Übereinkommen von Paris sowie zur Änderung der Verordnung (EU) Nr. 525/2013 Anhang I, zuletzt geändert durch Verordnung (EU) 2023/857 vom 19.4.2023, ABl. L 111/1.

62 Bundes-Klimaschutzgesetz vom 12.12.2019 (BGBl. I S. 2513), geändert durch Art. 1 des Gesetzes vom 15.7.2024 (BGBl. 2024 I Nr. 235).

63 *EU-Kommission*, Pressemitteilung ENVI 19-12-2022 – 17:11, https://www.europarl.europa.eu/news/de/press-room/20221212IPR64527/klimaschutz-einigung-uber-ehrgeizigeren-eu-emissionshandel-ets (13.3.2025).

2030 gegenüber 2005 ergebe.[64] Die Berechnung teilen das Umweltbundesamt[65] und das zuständige österreichische Ministerium.[66]

In dem Ziel liegt eine deutliche Verschärfung gegenüber dem bis dahin geltenden.[67] Sie wurde dadurch erreicht, dass der lineare Reduktionsfaktor (LRF) von 2,2 auf 4,3 % ab 2024 und auf 4,4 % ab 2028 erhöht wird. Eine weitere Ursache der Erhöhung der Anforderungen liegt in der zusätzlichen Reduktion des Caps in den Jahren 2024 und 2026.

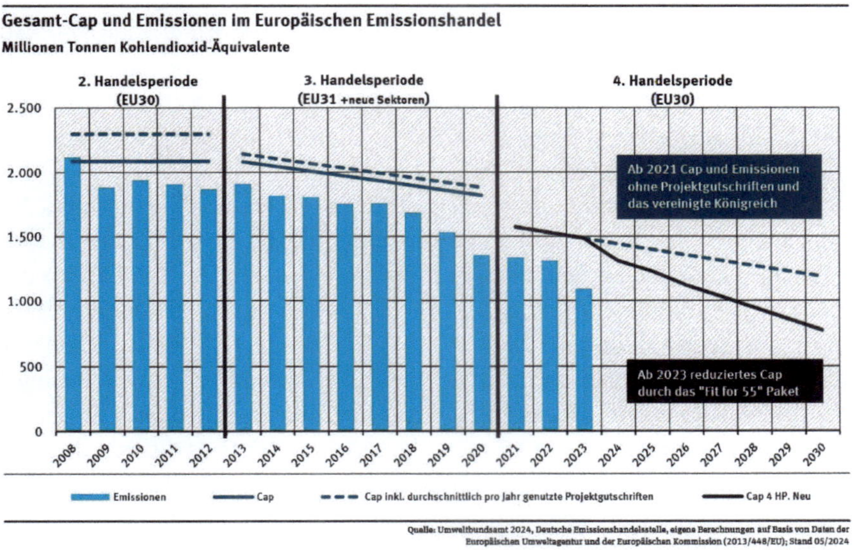

Abbildung 12: Europäischer Emissionshandel | Beleg 12

64 *Bundesregierung*, Aktualisierung des integrierten nationalen Klima- und Energieplans, August 2024, S. 19.

65 Vgl. *UBA*, Der Europäische Emissionshandel, 1.10.2025, https ://www.umweltbundesamt.de/daten/klima/der-europaeische-emissionshandel#teilneh mer-prinzip-und-umsetzung-des-europaischen-emissionshandels (12.12.2025).

66 *BMLUK*, Aktuelle Entwicklungen, https://www.bmluk.gv.at/themen/klima-und-umwelt/klima/eu_emissionshandel/aktuelle_entwicklung.html (21.11.2025).

67 *M. Hartmann*, NVwZ 2016, 189 ff.

3. Non-ETS: die Klimaschutzverordnung (EU) 2018/842 (Lastenteilungsverordnung, Effort-Sharing-Regulation (ESR))

Während der EU-ETS ein **europaweites Zertifikatssystem** darstellt, bei dem es auf die Anstrengungen der einzelnen Mitgliedstaaten konstruktiv gar nicht ankommt, solange die Absenkung der Treibhausgasemissionen in der EU als Ganzes gelingt, unterliegen die nicht in den EU-ETS einbezogenen Sektoren **nationalen Minderungsverpflichtungen** durch die vielfach auch als EU-Klimagesetz oder als Lastenteilungsverordnung bezeichnete **Klimaschutzverordnung** (EU) 2018/842.[68] So verpflichtet die EU-Klimaschutzverordnung die Bundesrepublik Deutschland zu einer Reduktion der Treibhausgasemissionen im Non-ETS-Bereich im Jahr 2030 um 50 % gegenüber denen des Jahres 2005.

Um zu diesem Ziel zu gelangen, legt die Kommission für die einzelnen Mitgliedstaaten nach Art. 4 Abs. 3 der Verordnung (EU) 2018/842 den Umfang zulässiger Emissionen fest, so zuletzt für die Jahre 2021 bis 2025 durch den **Durchführungsbeschluss** (EU) 2023/1319 vom 28.6.2023. Dieser Beschluss billigt Deutschland im Jahr 2024 370 518 122 Tonnen CO_2-Äquivalente und für das Jahr 2025 dann nur noch 349 163 918 Tonnen zu.[69] Die jeweiligen **Reduzierungsverpflichtungen** sollen der unterschiedlichen Wirtschaftskraft der Mitgliedstaaten und den daraus folgenden Möglichkeiten zur Reduzierung von Treibhausgasemissionen Rechnung tragen.[70] Auch Island und Norwegen haben sich verpflichtet, den Vorgaben der Klimaschutzver-

---

68 Verordnung (EU) 2018/842 des Europäischen Parlaments und des Rates vom 30.5.2018 zur Festlegung verbindlicher nationaler Jahresziele für die Reduzierung der Treibhausgasemissionen im Zeitraum 2021 bis 2030 als Beitrag zu Klimaschutzmaßnahmen zwecks Erfüllung der Verpflichtungen aus dem Übereinkommen von Paris sowie zur Änderung der Verordnung (EU) Nr. 525/2013, ABl. L 156 vom 19.6.2018, S. 26, zuletzt geändert durch Verordnung (EU) 2023/857 vom 19.4.2023, ABl. L 111/1 vom 26.4.2023.

69 Durchführungsbeschlüsse der EU Kommission 2023/1319 vom 28.6.2023 zur Änderung des Durchführungsbeschlusses (EU) 2020/2126 zur Überarbeitung der jährlichen Emissionszuweisungen an die Mitgliedstaaten für den Zeitraum 2023 bis 2030, ABl. 2023 L 163/9, Anhang II. Das Verfahren für die Festlegung der Durchführungsbeschlüsse Regel Art. 14 Verordnung (EU) 2018/842.

70 *EU-Kommission*,Effort sharing 2021-2030: targets and flexibilities. In: European Commission, https://climate.ec.europa.eu/eu-action/effort-sharing-member-states-emission-targets/effort-sharing-2021-2030-targets-and-flexibilities_en?prefLang=de (5.11.2024).

ordnung zu folgen.[71] Diese Reduzierungsverpflichtungen entsprechen auch den verfassungsrechtlichen Vorgaben aus dem **Klimaschutzbeschluss des BVerfG**.[72]

Um „Gegenrechnungen" durch (behauptete oder tatsächliche) Senken etwa in Form durch Gutschriften aus dem **Landwirtschaftssektor** zu verhindern und damit den Druck auf die Anstrengungen zu erhöhen, tatsächlich Treibhausgasemissionen zu verringern, beschränkt die Verordnung diese Option auf 225 Mio. t. CO_2 für das Jahr 2030 (Art. 4 Abs. 1 UAbs. 3 EU-Klimaschutzverordnung).

Wissen | Dieses System der linearen Verringerung der nationalen Treibhausgasemissionen ist in Grenzen flexibel ausgestaltet; Emissionszuweisungen, die für ein bestimmtes Jahr nicht ausgeschöpft werden, können auf nachfolgende Jahre übertragen werden (Art. 5 Abs. 5 ESR, **Banking**); werden hingegen Emissionszuweisungen für ein gegebenes Jahr überschritten, kann dies durch die Vorwegnahme von Emissionszuweisungen für die folgenden Jahre im Sinne eines Kredits ausgeglichen werden (Art. 5 Abs. 1 und 2 ESR, **Borrowing**).

Überschreitet ein Staat trotz dieser **Flexibilisierung** den Rahmen der ESR, ist er gehalten, der Kommission Abhilfemaßnahmen vorzulegen und diese zu begründen (Art. 8 Abs. 1 ESR). Diese Pläne für Abhilfemaßnahmen müssen zur Verstärkung ihrer Wirksamkeit veröffentlicht werden (Art. 8 Abs. 4 ESR). Erreicht der Staat trotz dieser Pläne seine Ziele nicht, verschärfen sich seine zukünftigen Anforderungen im Rahmen von Art. 9 ESR um 8 %. Das kommt einer Strafzahlung gleich.[73]

Will ein Staat schärfere Maßnahmen als in der Verordnung ergreifen, steht ihm das nach Erwägungsgrund 32 der Verordnung frei.

Die Verordnung gilt mit kleineren Ausnahmen für alle Sektoren, die weder im EU-ETS noch im LULUCF-Sektor (Landwirtschaft und Landnutzung)

---

71 *EU-Kommission*, Die Europäische Union, Island und Norwegen vereinbaren Vertiefung ihrer Zusammenarbeit im Bereich des Klimaschutzes [Pressemitteilung vom 25.10.2019], https://ec.europa.eu/commission/presscorner/api/files/document/print/de/ip_19_6160/IP_19_6160_DE.pdf (6.11.2024).

72 *C. Kreuter-Kirchhof*, KlimR 2022, S. 43 (44 f.).

73 *L. Schumacher L./J. Schumacher*, in: Hofmann/Heß (Hrsg.), BeckOK Klimarecht, ESR-VO, Art. 9 Rn. 2.

geregelt sind. Der genaue Anwendungsbereich ergibt sich aus Art. 2 Abs. 1 der Klimaschutzverordnung, der die IPPC-Quellenkategorien Energie, Industrieprozesse und Produktverwendung, Landwirtschaft und Abfall nach Maßgabe der EU-Verordnung 2018/1999 festlegt.[74] Allerdings werden Emissionen der zivilen Luftfahrt vom Anwendungsbereich der Klimaschutzverordnung mit „Null" angesetzt (Art. 2 Abs. 3 Klimaschutzverordnung). Diese sind quantitativ von geringer Bedeutung und würden großen Aufwand zu ihrer Ermittlung erfordern, worauf auch Erwägungsgrund 16 hinweist.[75]

Was die Adressaten der aus der Lastenteilungsverordnung folgenden Reduzierungspflichten angeht, so sind das die Mitgliedstaaten der EU – und jedenfalls nicht unmittelbar – auch Private. Das stellt einen bedeutenden Unterschied zum EU-ETS dar, in dessen Rahmen auch und gerade Unternehmen als Emittenten von Treibhausgasen in die Pflicht genommen werden.[76] Damit stellt sich die Frage eines **Regresses** der Mitgliedstaaten mit Blick auf Unternehmen, deren Tätigkeit eine Verletzung der Reduzierungsverpflichtungen mit sich gebracht haben kann. Jedenfalls im Europarecht sind dafür in Betracht kommende Anspruchsgrundlagen nicht ersichtlich. In Betracht kämen zivilrechtliche Ansprüche aus Delikt oder Geschäftsführung ohne Auftrag (GoA). Beides scheidet bei näherer Betrachtung aus; die GoA würde voraussetzen, dass es sich um eine Pflicht der Unternehmen handelt, die der Staat erfüllt, was nach der Lastenteilungsverordnung gerade nicht der Fall ist. Eine Haftung nach Deliktsrecht wäre nur dann möglich, wenn das Verhalten der Unternehmen rechtswidrig wäre – auch das scheidet in aller Regel aus, da jedenfalls aus der Lastenteilungsverordnung keine Pflichten der Unternehmen erwachsen.[77]

---

74 Verordnung (EU) 2018/1999 des Europäischen Parlaments und des Rates vom 11.12.2018 über das Governance-System für die Energieunion und für den Klimaschutz, zur Änderung der Verordnungen (EG) Nr. 663/2009 und (EG) Nr. 715/2009 des Europäischen Parlaments und des Rates, der Richtlinien 94/22/EG, 98/70/EG, 2009/31/EG, 2009/73/EG, 2010/31/EU, 2012/27/EU und 2013/30/EU des Europäischen Parlaments und des Rates, der Richtlinien 2009/119/EG und (EU) 2015/652 des Rates und zur Aufhebung der Verordnung (EU) Nr. 525/2013 des Europäischen Parlaments und des Rates, ABl. L 328 vom 21.12.2018, S. 1.

75 So auch *L. Schumacher/J. Schumacher*, in Hofmann/Heß (Hrsg.), BeckOK Klimarecht, Lastenteilungsverordnung, Art. 2 Rn. 5.

76 *Wissenschaftliche Dienste des Bundestags*, PE 6 – 3000 – 148/18, WD 7 – 3000 – 223/18, 18.10.2018, S. 5.

77 *Wissenschaftliche Dienste des Bundestags*, PE 6 – 3000 – 148/18, WD 7 – 3000 – 223/18, 18.10.2018, S. 7 f.

Die **sektorspezifischen Fahrpläne** nach Art. 10 EU-KlimaG sind nur freiwillige Instrumente, die die Umsetzung der Ziele erleichtern sollen.

Anders als das deutsche Klimaschutzgesetz enthalten das Europäische Klimagesetz[78] sowie das Pariser Übereinkommen (Art. 4 UA 7; 6 UA 6, 8; 7 PA, passim) auch Vorschriften über die **Klimaanpassung** (*Adaptation*).[79] Darauf wird im Abschnitt über die Klimaanpassung zurückzukommen sein (→ H. I.).

Die Verordnung verpflichtet die Mitgliedstaaten, die ihnen im Anwendungsbereich der Verordnung zuzurechnenden Treibhausgasemissionen in dem durch die Verordnung bestimmten und vorstehend umrissenen Maß zu verringern. Damit begründet die Verordnung eine europarechtliche Verantwortung auch für Emissionen von Privaten – also insbesondere von denjenigen, deren Handlungen für die Emissionen aus Gebäuden und aus Fahrzeugen ursächlich und rechtlich verantwortlich sind. Das begründet für die Mitgliedstaaten eine Pflicht, auf diese Akteure Einfluss zu nehmen, was sie durch eine Vielzahl von Maßnahmen mit unterschiedlichem Erfolg tun.

An einem durchgreifenden **Sanktionierungsmechanismus** für die ESR fehlt es bislang.[80] Allerdings können sich finanzielle Folgen aus der Nichterreichung der nationalen Ziele ergeben, wenn etwa ein Mitgliedstaat von der Möglichkeit Gebrauch macht, Emissionsrechts anderer Staaten zu erwerben (Art. 5 Abs. 4 ESR), um seine **Reduzierungsverpflichtungen** zu erfüllen. Des Weiteren kann die Nichterfüllung europarechtlicher Verpflichtungen im Falle einer Verurteilung durch den EuGH zur **Festsetzung von Zwangsgeldern** führen (Art. 4 Abs. 3 EUV, Art. 288 Abs. 3 AEUV, Art. 260 AEUV).[81]

4. LULUCF: THG-Minderungsziele

Der Bereich der Landwirtschaft gehört zu denen, die der Treibhausgaszertifikatshandel nicht erfasst. Die Landwirtschaft ist einer der im KSG

---

78 Verordnung (EU) 2021/1119 des Europäischen Parlaments und des Rates vom 30.6.2021 zur Schaffung des Rahmens für die Verwirklichung der Klimaneutralität und zur Änderung der Verordnungen (EG) Nr. 401/2009 und (EU) 2018/1999 („Europäisches Klimagesetz"), ABl. EU L 243, S. 1, Art. 5.

79 In Deutschland gilt dafür das Bundes-Klimaanpassungsgesetz (→ H. III.).

80 *S. Schlacke*, EnWZ 2020, 355 (in Bezug auf die Governance-Verordnung (EU) 2018/1999).

81 *Wissenschaftliche Dienste des Bundestags*, EU 6 – 3000 – 018/24, 25.4.2024, S. 14.

festgehaltenen Sektoren und betrifft Tätigkeiten, die sowohl unter der Klimarahmenkonvention als auch dem Kyoto-Protokoll als klimarelevant unter der Bezeichnung *Land Use, Land Use-Change and Forestry – LULUCF* eingestuft werden und daher Berichtspflichten auslösen.[82] In der EU gilt für Emissionen aus den betroffenen Quellen die im Jahre 2018 novellierte *Effort-Sharing*-Regulation VO (EU) 2018/842 und damit das vom Europäischen Rat gebilligte Ziel, die Treibhausgasemissionen bis zum Jahr 2030 insgesamt in der EU um 40 % im Vergleich mit dem Jahr 1990 zu reduzieren. Vor allem aber legt diese auch als *Climate-Action*-Verordnung bezeichnete EU-Verordnung fest, welchen Beitrag die einzelnen Mitgliedstaaten zu diesem EU-weiten Ziel leisten müssen. Anhang I der Effort-Sharing-Regulation bestimmt, dass Deutschland seine Treibhausgasemissionen im Jahre 2030 um 38 % auf der Basis der nach Art. 4 der VO (EU) 2018/842 bestimmten Treibhausgasemissionen im Jahre 2005 reduzieren soll. Für die ausdrücklich in den Anwendungsbereich der VO (EU) 2018/842 einbezogene Landwirtschaft gilt jedoch darüber hinaus, dass die Emissionen aus der Landwirtschaft in den beiden Bezugszeiträumen 2021 bis 2025 sowie 2026 bis 2030 unter Berücksichtigung der so genannten Flexibilitätsregelung des Art. 12 der VO (EU) 2018/841 den Abbau nicht übersteigen darf. Diese als *No-debit Rule* bezeichnete Bestimmung verlangt die Nullemission im Bereich der Landwirtschaft bereits für das kommende Jahrzehnt und kann ohne weiteres als anspruchsvoll bewertet werden.

Es ist nicht sehr wahrscheinlich, dass ihr vollumfänglich Folge geleistet wird, umso bedauerlicher ist es, dass kein wirksamer Mechanismus vorgesehen ist, mit dem in diesem Falle die Gewährleistung der Normbefolgung sichergestellt werden kann. Allerdings müssen die Mitgliedstaaten nach Art. 14 der VO (EU) 2018/841 Compliance-Berichte vorlegen, die von der Kommission hinsichtlich der Erfüllung der Verpflichtungen aus Art. 4 der VO geprüft werden. Eine aktive **Veröffentlichungspflicht** ist für diese Berichte nicht vorgesehen, zumindest eine passive im Sinne der Einräumung solcher **Informationsansprüche** dürfte sich allerdings aus der **Aarhus-Verordnung** ergeben, da es sich um **Umweltinformationen** im Sinne von Art. 2 lit. d i) der VO handelt. Damit ist zumindest ein *naming*

---

82 Im Überblick *United Nations*, Land Use, Land-Use Change and Forestry (LULUCF). In: UN Climate Change, https://unfccc.int/topics/land-use/workstreams/land-use--land-use-change-and-forestry-lulucf (15.12.2024).

and shaming und eine entsprechende politische Debatte über Gründe und Ausmaß der Zielverfehlung zu erreichen.

Es bleibt ferner abzuwarten, ob sich das **Abhilfe- und Compliance-Regime** der VO (EU) 2018/842 als präventiv wirkend und durchgreifend erweisen wird. Schon jetzt gibt es aber in Deutschland eine Diskussion, wie hoch die möglicherweise beträchtlichen Kosten für die Bundesrepublik ausfallen könnten, würde Deutschland in den nächsten Jahren über Art. 5 ff. der VO (EU) 2018/842 gezwungen sein, Emissionszertifikate anderer Mitgliedstaaten zu erwerben, um den Emissionsminderungszielen der VO zu entsprechen.[83]

5. Ziele der Energieeffizienzrichtlinie

Neben dem Austausch fossiler Energieträger zur Erzeugung von Elektrizität durch erneuerbare Energien wie Wind und Sonne ist ein weiteres Instrument zur Reduzierung von Treibhausgasemissionen die Verringerung des gesellschaftlichen Bruttoendenergieverbrauchs. Dieser kann auch durch die Verbesserung des **spezifischen Energieverbrauchs** einzelner Sektoren oder Geräte verringert werden – wie viel Energie wird benötigt, um etwa einen Kühlschrank ein Jahr auf eine bestimmte Temperatur zu bringen, wie viel Energie wird benötigt, um ein Haus einer bestimmten Größe auf eine bestimmte Temperatur zu heizen? Die ursprünglich im Jahr 2012 verabschiedete und zuletzt 2023 überarbeitete EU-Energieeffizienzrichtlinie verpflichtet die Mitgliedstaaten, indikative nationale **Energieeffizienzbeiträge** zur Erreichung des übergeordneten Energieeffizienzziels von mindestens 32,5 % bis 2030 vorzulegen und durch strategische Maßnahmen zu verfolgen.[84] Schließlich enthält die Richtlinie die Verpflichtung der Mitgliedstaaten, den **kumulierten Endenergieverbrauch** zwischen 2021 und 2030 **um jährlich 0,8 %** zu verringern (Art. 7 Abs. 1 lit. b).

---

83 *Bundesrechnungshof*, Abschließende Mitteilung an das Bundesministerium für Umwelt, Naturschutz und Reaktorsicherheit über die Prüfung Ankauf von Emissionsrechten nach der EU-Lastenteilungsentscheidung, 13.11.2020; *Deutscher Bundestag*, Wissenschaftliche Dienste, Einzelfragen zur EU-Lastenteilungsverordnung (EU) 2018/842, EU 6 – 3000 – 018/24, 25.4.2024, S. 14.

84 Art. 1 Abs. 1 Richtlinie (EU) 2012/27 des Europäischen Parlaments und des Rates vom 25.10.2012 zur Energieeffizienz, zur Änderung der Richtlinien 2009/125/EG und 2010/30/EU und zur Aufhebung der Richtlinien 2004/8/EG und 2006/32/EG, ABl. EU L 315/1, zuletzt geändert durch Delegierte Verordnung (EU) 2023/807 vom 15.12.2022, ABl. EU L 101/16, ABl. L 101 vom 14.4.2023, S. 16–18.

6. Ziele der Richtlinie über Erneuerbare Energien (EE-Richtlinie)

Die **Richtlinie über Erneuerbare Energien** setzte bereits seit ihrem Inkrafttreten im Jahr 2001[85] **verbindliche** Ziele über den **Anteil der Erneuerbaren Energien**, in der aktuell geltenden Fassung für die EU das verbindliche Ziel, durch die Mitgliedstaaten sicherzustellen, dass der Anteil von Energie aus erneuerbaren Quellen am Bruttoendenergieverbrauch der Union im Jahr 2030 **mindestens 32 %** beträgt (Art. 3 Abs. 1 EE-RL). Für das Jahr 2045 wird etwas weniger verbindlich formuliert, dass die Mitgliedstaaten gemeinsam *bestrebt* seien, den **Anteil von Energie aus erneuerbaren Quellen am Bruttoendenergieverbrauch** der Union im Jahr 2030 auf 45t % zu erhöhen (Art. 3 Abs. 1 UA 2 EE-RL). Nach Art. 3 Abs. 2 EE-RL legen die Mitgliedstaaten nationale Beiträge fest, um das in Abs. 1 festgesetzte verbindliche Gesamtziel der Union im Rahmen ihrer **integrierten nationalen Energie- und Klimapläne** im Einklang mit den Art. 3 bis 5 und den Art. 9 bis 14 der Verordnung (EU) 2018/1999 gemeinsam zu erreichen.

Dieser Wert beträgt für Deutschland **18 %** im Jahr 2020.

Für den **Verkehrssektor** gibt Art. 25 Abs. 1 lit. a (i) 4 EE-RL aktuell vor, dass die Mitgliedstaaten die Kraftstoffanbieter verpflichten müssen, dafür zu sorgen, dass die Menge der Kraftstoffe und der Elektrizität aus erneuerbaren Quellen, die dem Verkehr bereitgestellt werden, bis 2030 zu einem Mindestanteil von Energie aus erneuerbaren Quellen am Endenergieverbrauch im Verkehr von 29 % führt. Bis zum Jahr 2020 betrug dieser Anteil für **flüssige Kraftstoffe** 10 % (E-10-Kraftstoffe).[86] Art. 29 EE-RL

---

85 Ursprünglich Richtlinie 2001/77/EG des Europäischen Parlaments und des Rates vom 27.9.2001 zur Förderung der Stromerzeugung aus erneuerbaren Energiequellen im Elektrizitätsbinnenmarkt, ABl. EG L 283, 33; nunmehr Richtlinie (EU) 2018/2001 des Europäischen Parlaments und des Rates vom 11.12.2018 zur Förderung der Nutzung von Energie aus erneuerbaren Quellen, ABl. L 328, S. 18 zuletzt geändert durch Richtlinie (EU) 2024/1711 des Europäischen Parlaments und des Rates vom 13.6.2024, ABl. EU 2024/1711.

86 Biokraftstoff-Richtlinie 2009/30/EG des Europäischen Parlaments und des Rates vom 23.4.2009 zur Änderung der Richtlinie 98/70/EG im Hinblick auf die Spezifikationen für Otto-, Diesel- und Gasölkraftstoffe und die Einführung eines Systems zur Überwachung und Verringerung der Treibhausgasemissionen sowie zur Änderung der Richtlinie 1999/32/EG des Rates im Hinblick auf die Spezifikationen für von Binnenschiffen

reguliert Nachhaltigkeitsanforderungen an die Herstellung von flüssigen **Biokraftstoffen**.[87] Diese Vorgaben sind mit dem Biokraftstoffquotengesetz in Deutschland umgesetzt worden.[88]

Die ursprünglich in Art. 4 EE-RL vorgesehene Pflicht zur Vorlegung eines **nationalen Aktionsplans** mit Zielen und Maßnahmen befindet sich nun in Art. 3 Verordnung (EU) 2018/1999, die den nationalen Aktionsplan in den der Kommission vorzulegenden integrierten nationalen **Energie- und Klimaplan** aufnimmt. Diese Pläne müssen insbesondere eine **Folgenabschätzung** zu den zum Erreichen der Ziele der geplanten Politiken und Maßnahmen enthalten (Art. 3 Abs. 2 lit. f VO (EU) 2018/1999). Der deutsche nationale Aktionsplan legt zurzeit als **Treibhausgasreduzierungsziele** fest, Treibhausgasemissionen bis 2030 mindestens 65 % gegenüber 1990 zu verringern, mindestens 88 % bis 2040, und THG-Neutralität bis 2045.[89]

> Gegenüber den EU-Zielen stellt das eine moderate Verschärfung dar (in der EU mindestens -55 % Netto bis 2030 gegenüber 1990, im Bereich des Europäischen Emissionshandel (ETS) -62 % bis 2030 gegenüber 2005).

III. Nationales Recht: Verfassungsrecht und Fachrecht

1. Klimaschutzbeschluss des Bundesverfassungsgerichts und KSG

Mit seinem Beschluss vom 21.3.2021 hat das Bundesverfassungsgericht die Ziele des Pariser Übereinkommens, die Erderwärmung auf nicht mehr als 2 Grad Celsius oder sogar möglichst auf 1,5 Grad Celsius zu begrenzen, als **verfassungsrechtlich relevante Vorgabe** bei der **Auslegung** von

---

gebrauchte Kraftstoffe und zur Aufhebung der Richtlinie 93/12/EWG, ABl. L 140, S. 88, die in Deutschland durch § 34 BImSchG und die 10. BImSchV umgesetzt wurde, Verordnung vom 8.12.2010, BGBI. I S. 1849). Heute gilt Art. 25 Abs. 1 Richtlinie (EU) 2018/2001 des Europäischen Parlaments und des Rates vom 11.12.2018, zur Förderung der Nutzung von Energie aus erneuerbaren Quellen, ABl. L 328, S. 82, wonach der Anteil erneuerbarer Energie am Endenergieverbrauch des Verkehrssektors im Jahr 2030 **14,0 %** betragen muss.

87 Zur früheren Regelung s. *S. Hoffmann-Much*, in: Kluth/Smeddinck (Hrsg.), Umweltrecht, S. 354.

88 S. dazu nachstehend unter → D. VI. 9.

89 *Bundesregierung*, Aktualisierung des integrierten nationalen Klima- und Energieplans, August 2024, S. 19, 65.

Art. 20a GG und der Bewertung von Gefahren der durch den Klimawandel bedrohten Freiheiten anerkannt. Es hält außerdem fest, dass der dem KSG zugrundeliegende Budgetansatz nicht der Verfassung widerspricht, es mithin verfassungskonform ist, davon auszugehen, dass die der Bundesrepublik Deutschland noch zuzugestehenden Treibhausgasemissionen völker- und verfassungsrechtlich begrenzt sind. Es hat schließlich festgehalten, dass die Zielerreichung durch ein gebotenes Maß hinreichender Wahrscheinlichkeit ergänzt wird, weshalb das ursprüngliche KSG als verfassungswidrig erschien: das KSG alter Fassung vertagte die Ergreifung wirksamer Klimaschutzmaßnahmen im Wesentlichen auf die Zeit nach dem Jahr 2030, was die Wahrscheinlichkeit drastisch gesenkt hätte, in den Jahren ab 2031 die angestrebten Reduzierungen noch zu erreichen.

Der **Klimaschutzbeschluss** verlangte danach eine entsprechende Korrektur des KSG nach Maßgabe des Beschlusses, der der Gesetzgeber mit dem Gesetz vom 15.7.2024 (BGBl. 2024 I Nr. 235) nachgekommen ist.

2. Klimaschutzgesetz

Das Klimaschutzgesetz des Bundes musste nach dem **Beschluss des Bundesverfassungsgerichts** vom 21.3.2021 angepasst werden und zielt nunmehr auf eine Reduzierung der THG-Emissionen in Deutschland im Jahre 2030 um mindestens 65 %, im Jahre 2040 um mindestens 88 % (§ 3 Abs. 1 KSG) und die Klimaneutralität im Jahre 2045 (§ 3 Abs. 2 KSG). Eine Aufteilung auf die Sektoren erfolgt nicht mehr wie in den früheren Fassungen des KSG nach Sektoren, sondern nur noch als **Gesamtziel**. Eine Besonderheit gilt für den Bereich der Landwirtschaft, für den § 3a KSG bestimmt, dass der Landnutzungssektor zu einer „Senke" für Treibhausgasemissionen genutzt werden soll, für den quantifizierte Ziele festgelegt werden.[90] So soll der Sektor bis zum Jahr 2030 25 Millionen Tonnen Kohlendioxidäquivalent aufnehmen, im Jahr 2045 mindestens 40 Millionen Tonnen (§ 3a Abs. 1 KSG).

Über eine **wirksame Sanktionierung** der Verfehlung eines sektorbezogenen Zielpfades verfügt das KSG nicht mehr. Das frühere KSG sah vor, dass die Zielverfehlung eines Jahres in einem bestimmten Sektor – etwa dem Verkehr oder den Gebäuden – zur Pflicht führte, ein

90 *A. von Weschpfennig*, in: Fellenberg/Guckelberger (Hrsg.), Kommentar KSG/TEHG/BEHG, § 3a KSG, Rn. 1.

Sofortprogramm des zuständigen Bundesministeriums vorzulegen und umzusetzen.[91] Sofortprogramme kennt das KSG ebenfalls nicht mehr.[92] Statt dessen wird bei Zielverfehlung eines Sektors zunächst geprüft, ob ein Ausgleich unter den Sektoren möglich ist, was den Druck auf den zielverfehlenden Sektor entfernt und damit die Zielerreichungswahrscheinlichkeit verringert.[93]

3. Landesklimaschutzgesetze NRW und BW

Einige Bundesländer hatten bereits vor dem Bundes-Klimaschutzgesetz eigene Klimaschutzgesetze erlassen, so insbesondere **Nordrhein-Westfalen**. Das Nordrhein-Westfälische KSG verlangt von bestimmten **öffentlichen Stellen** (insbesondere Landesregierung, Behörden, Einrichtungen, Sondervermögen und sonstige Stellen des Landes, Gemeinden und Gemeindeverbände), ihre Treibhausgasemissionen im Vergleich mit dem Jahr 1990 bis zum Jahr 2030 um mindestens 65 % und bis zum Jahr 2040 um mindestens 88 % zu senken.[94] Im Jahre 2045 soll Klimaneutralität der genannten Stellen erreicht werden (§ 3 Abs. 1, 2 KSG NRW).

Die Zielvorgaben sind an sich anspruchsvoll und übertreffen die Ziele der EU, die Norm ist jedoch doppelt beschränkt: erstens ist sie lediglich eine Soll-Vorschrift **ohne** Sanktionierung im Falle einer **Zielverfehlung**, und zweitens stellt sie nur eine Verpflichtung für die genannten öffentlichen Stellen auf. Die Treibhausgasemissionen des Landes Nordrhein-Westfalen sind in territorialer Betrachtung aber nicht nur diese, sondern alle, die auf Emittenten zurückgehen, die sich in dem Land aufhalten oder befinden. Der Ansatz des KSG NRW schließt diese **privaten Emissionen** – seien es Anlagen, Gebäude oder Fahrzeuge – von der Zielerreichungspflicht aus. Was die Umsetzung und Kontrolle angeht, so lässt sich festhalten, dass das KSG NRW immerhin zur Umsetzung der Ziele durch die Landesregierung im Rahmen ihrer Möglichkeiten verpflichtet (§ 4 KSG NRW), und die Landesregierung ein **Klimaschutzaudit** durchführen muss, mit

91 § 8 KSG a.F., Art. 1 Gesetz vom 12.12.2019 (BGBl. I S. 2513 (Nr. 48)).
92 Zweites Gesetz zur Änderung des Bundes-Klimaschutzgesetzes, Artikel 1 G. v. 15.7.2024 BGBl. 2024 I Nr. 235.
93 Kritisch *E. Hofmann*, ZRP 2023, S. 201 (202 f.)
94 Gesetz zur Neufassung des Klimaschutzgesetzes NRW, in Kraft getreten am 16.7.2021 (GV. NRW. S. 908).

dem die Klimaschutzstrategien und -maßnahmen der Landesregierung auf Effizienz und Wirksamkeit überprüft werden (§ 6 Abs. 1, 3 KSG NRW). Die Maßnahmen zur Erreichung der Ziele schließen die Entwicklung eines Klimaschutzplans nach § 6 KSG NRW ein.[95]

Das baden-württembergische Klimaschutz- und Klimawandelanpassungsgesetz (KlimaG BW) geht über den Ansatz in Nordrhein-Westfalen hinaus, indem es einen territorialen Begriff der Treibhausgasemissionen verwendet und das Land verpflichtet, unter Berücksichtigung der internationalen, europäischen und nationalen Klimaschutzziele und -maßnahmen die Gesamtsumme der Treibhausgasemissionen in Baden-Württemberg im Vergleich zu den Gesamtemissionen des Jahres 1990 zur Erreichung der **Netto-Treibhausgasneutralität** bis zum Jahr 2040 schrittweise zu verringern (§ 10 KlimaG BW).[96] Was die Treibhausgasemissionen von Unternehmen angeht, so wirkt nach § 13 Abs. 2 KlimaG BW das Umweltministerium auf den Abschluss von freiwilligen Klimaschutzvereinbarungen mit Unternehmen hin. Eine **Sanktionierung bei Zielverfehlung** kennt auch das baden-württembergische KlimaG nicht.[97]

4. Ziele im Energieeffizienzgesetz: Energieverbrauchsreduktion

Das Energieeffizienzgesetz (EnEfG)[98] setzt die Energieeffizienzrichtlinie in deutsches Recht um und spezifiziert die europarechtlich vorgegebenen Anforderungen, indem es als sein doppeltes Ziel postuliert, 1. den **Endenergieverbrauch** Deutschlands im Vergleich zum Jahr 2008 bis zum Jahr 2030 um mindestens 26,5 % auf einen Endenergieverbrauch von 1 867 Terawattstunden zu senken, 2. den **Primärenergieverbrauch** Deutschlands im Vergleich zum Jahr 2008 bis zum Jahr 2030 um mindestens 39,3 %auf einen Primärenergieverbrauch von 2 252 Terawattstunden zu senken.

---

95 *S. Schlacke*, Umweltrecht, 2023, § 16 Rn. 74.

96 Klimaschutz- und Klimawandelanpassungsgesetz Baden-Württemberg (KlimaG BW) vom 7.2.2023, (GBl. 2023, 26).

97 Weitere Landesklimagesetze im Überblick bei *S. Schlacke*, Umweltrecht, 2023, § 16 Rn. 75.

98 Energieeffizienzgesetz vom 13.11.2023 (BGBl. 2023 I Nr. 309).

Wissen | Unter **Primärenergie** versteht der Gesetzgeber ausweislich von § 3 Nr. 23 EnEfG die Energie, die mit den ursprünglich vorkommenden Energieformen oder Energiequellen zur Verfügung steht, und unter **Endenergie** denjenigen Teil der eingesetzten Primärenergie, der den Verbrauchern nach Abzug von Energiewandlungs- und Übertragungsverlusten zur Verfügung steht, wobei Umgebungswärme oder -kälte sowie Solarthermie nicht zur Endenergie gehören (§ 3 Nr. 8 EnEfG).

5. Ziele im EEG 2023: Anteil der erneuerbaren Energien am Stromverbrauch

Neben dem Energieverbrauch ist für den Klimaschutz auch bedeutsam, wie viel der verbrauchten Energie mit einer Methode erzeugt wird, die spezifisch weniger Treibhausgase mit sich bringt. Daher soll nach § 1 Abs. 2 EEG 2023 der **Anteil** des aus erneuerbaren Energien erzeugten Stroms **am Bruttostromverbrauch** im Staatsgebiet der Bundesrepublik Deutschland einschließlich der deutschen ausschließlichen Wirtschaftszone (AWZ) auf **mindestens 80 % im Jahr 2030** gesteigert werden. Die Einbeziehung der AWZ ist für die Berechnung in dem Sinne günstig, als in ihr große Mengen Strom mit Hilfe der Offshore-Windenergie erzeugt werden, dagegen aber so gut wie kein Strom verbraucht wird.

Das Ziel ist als **Soll-Vorgabe** formuliert und daher in diesem Sinne nicht verbindlich – eine Sanktionierung bei Zielverfehlung erfolgt nicht. Um seine Einhaltung zu kontrollieren, muss festgelegt werden, wie hoch der anzunehmende Bruttostromverbrauch in der Zukunft sein wird. Die Bundesregierung rechnet für das Jahr 2030 mit einem Bruttostromverbrauch von 750TWh.[99]

6. Das Gebäudeenergiegesetz (GEG)

Das **Gebäudeenergiegesetz** beruht auf der Gebäudeenergierichtlinie der EU, die ursprünglich im Jahre 2010 erlassen wurde.[100] Die Richtlinie ver-

---

99 *Bundesregierung*, Aktualisierung des integrierten nationalen Klima- und Energieplans, August 2024, S. 69.

100 Richtlinie (EU) 2010/31 des Europäischen Parlaments und des Rates vom 19.5.2010 über die Gesamtenergieeffizienz von Gebäuden, ABl. L 153 vom 18.6.2010, S. 13, zuletzt

pflichtet die Mitgliedstaaten zur Erarbeitung einer **Renovierungsstrategie**, die sicherstellen soll, dass im Jahre 2050 die Treibhausgasemissionen des Gebäudesektors 80 bis 95 % unter denen des Jahres 1990 liegen (Art. 2a Abs. 1 Gebäudeenergierichtlinie (EU)). Die nationale Strategie muss einen Fahrplan mit indikativen Meilensteinen für die Jahre 2030, 2040 und 2050 enthalten (Art. 2a Abs. 2).

Das erfüllt die von der Bundesregierung im Jahre 2020 vorgelegte Strategie allenfalls im Ansatz, indem sie in 1.2.1.3 und 1.2.1.4 wenig spezifische Vorgaben macht.[101] Bis zum Jahr 2030 will die Bundesregierung den nicht erneuerbaren Primärenergieverbrauch (PEVn.E.) auf 2.000 PJ (556 TWh) senken, für die Jahre 2040 und 2050 beschränkt sich die Renovierungsstrategie auf die Erwartung, dass Deutschland auch nach 2030 eine kontinuierliche, deutliche **Steigerung der Gesamtenergieeffizienz** forcieren werde. Eine quantitative Festlegung erfolgt insoweit nicht. Ob das den europarechtlichen Anforderungen an die Meilensteine entspricht, kann man wegen der semantischen Vagheit der genannten Zusage bezweifeln. Es fehlen auch Angaben darüber, welche Maßnahmen bis wann und von wem ergriffen werden sollen, und infolgedessen auch, welche Wirkungsbeiträge von möglichen oder geplanten Maßnahmen zu erwarten wären.

IV. Das Wichtigste im Überblick: die Klimaschutzziele

Auf allen Rechtsebenen – vom internationalen, globalen Recht bis hin zum Landesrecht – gibt es rechtlich verbindliche Ziele, die Treibhausgasemissionen zu reduzieren. Das sicher wichtigste internationale Ziel ergibt sich aus dem Pariser Übereinkommen, die Erderwärmung auf nicht mehr als 2 Grad Celsius über dem vorindustriellen Niveau, möglichst sogar auf nicht über 1,5 Grad Celsius ansteigen zu lassen. Dieses Ziel hat seine naturwissenschaftliche Basis in der Beobachtung, dass sich das Erdklima über lange Zeiträume nie außerhalb eines Korridors einer Erwärmung von mehr als 2 Grad Celsius befunden hat, und sich dann auch wieder abkühlen konnte. Diese Obergrenze korrespondiert mit einer Gesamtmenge an anthropoge-

---

geändert durch Verordnung (EU) 2018/1999 vom 11.12.2018, ABl. L 328 vom 21.12.2018, S. 1–77.

101 *Bundesregierung*, Langfristige Renovierungsstrategie Gebäude, https://energy.ec.europa.eu/document/download/f5284d9f-e80b-44f5-b9c4-376eb96bec1f_en?filename=de_ltrs_2020.pdf (6.6.2024).

nen Treibhausgasen, die bei Geltung des Pariser Ziels nicht überschritten werden darf (600 bzw. 800 Gt CO_2-Äquivalente). Einen durchgreifenden Sanktionsmechanismus enthält das Pariser Übereinkommen abgesehen von dem „naming and shaming" des NDC-Registers nicht. Das Pariser Übereinkommen zielt auf die Klimaneutralität „Mitte des Jahrtausends".

Auf europäischer Ebene werden diese Erderwärmungsbegrenzungsziele übersetzt in Reduzierungsziele hinsichtlich der Treibhausgasemissionen, die in der EU emittiert werden. Das schließt staatliche Emissionen genauso ein wie die aus der Wirtschaft und den privaten Haushalten. Inhaltlich sind die EU-Ziele mit denen des Pariser Übereinkommens deckungsgleich. Sie gehen instrumentell über das Völkerrecht hinaus, indem nicht nur Treibhausgasreduzierungsziele vorgegeben werden, sondern auch Ziele hinsichtlich der Erhöhung des Anteils der erneuerbaren Energien am Energieverbrauch und die der Energieeffizienz hinzutreten. Für die Sektoren, für die der Europäischen Emissionshandel (*EU-ETS*) gilt, finden andere spezifische Minderungsziele Anwendung als außerhalb (*Non-EU-ETS*).

In der Bundesrepublik Deutschland gibt das Klimaschutzgesetz des Bundes die Treibhausgasreduzierungsziele vor, die territorial gemeint sind: alle Treibhausgasemissionen sollen reduziert werden, gleichgültig, ob diese auf staatliche Aktivitäten oder auf Handlungen Dritter zurückgehen. Vom Anforderungsniveau her übertrifft das KSG die europäischen Vorgaben – das KSG verlangt eine Reduzierung von 65 % im Jahr 2030 gegenüber dem Jahr 1990, die EU nur 55 %. Manche Bundesländer haben zusätzlich zum KSG des Bundes entsprechende Landesklimagesetze mit entsprechenden Treibhausgasreduzierungszielen. Ergänzende Ziele richten sich auf den Anteil des Stroms aus erneuerbaren Quellen und die Energieeffizienz.

Insgesamt gibt es an rechtlichen Klimaschutzzielen keinen Mangel – das naturwissenschaftlich gut abgeleitete Erderwärmungsbegrenzungsziel wurde auf allen Ebenen und mit verschiedenen Zielerreichungspfaden umgesetzt. Ihnen ist typischerweise gemein, nicht mit einem wirksamen Sanktionsmechanismus verbunden zu sein, der regelt, was gelten soll, wenn ein Zielerreichungspfad verlassen oder gar das Ziel verfehlt wird. Das KSG alter Fassung war mit der Pflicht zur engmaschigen Beobachtung und Ergreifung von Gegenmaßnahmen insoweit ein Ausreißer, der keine Nachahmer gefunden hat.

D. Instrumente und Sektoren des Klimaschutzrechts

Das Hauptproblem des Klimarechts liegt mit dem vorstehenden Überblick nicht in Mängeln bei den rechtlichen **Zielen** – diese sind auf allen Rechtsebenen vorhanden und in ihrem Anforderungsniveau auch überwiegend den Erfordernissen angepasst, die Erderwärmung auf nicht mehr als 2 Grad Celsius über dem vorindustriellen Niveau steigen zu lassen. Die eigentliche – rechtliche, politische und wirtschaftliche – Herausforderung liegt in der **Umsetzung** dieser Ziele. Das zeigt sich auf allen Ebenen. Die nachstehenden Kapitel beginnen mit den **Instrumenten auf völkerrechtlicher Ebene** (⟶ D. I.). Wegen ihrer Scharnierfunktion, also der Verbindung der verschiedenen Klimaschutzziele mit der Anwendung einzelner Instrumente, ist danach auf die **Berücksichtigungsgebote** des deutschen Klimarechts einzugehen (⟶ D. II.). Der Rest des Abschnitts ⟶ D. behandelt die einzelnen Handlungsfelder, in denen dann sowohl europarechtliche als auch deutsche Vorgaben zu berücksichtigen sind (⟶ D. III.-IX.).

I. Pariser Übereinkommen: Nationally Determined Contributions

1. Die Instrumente des Übereinkommens von Paris und ihre Umsetzung

Die als *Nationally Determined Contribution* („national bestimmter Beitrag") bezeichnete Festlegung muss von den mittlerweile 195 Vertragsstaaten erarbeitet und in einem von der UNFCCC geführten Register veröffentlicht werden.[102] Da auch die EU das Pariser Abkommen unterzeichnet hat, trifft diese Pflicht auch die EU – und nicht nur ihre Mitgliedstaaten.[103] Die Vertragsstaaten sind verpflichtet, ihr erstes NDC **kontinuierlich** weiterzuentwickeln. Dabei darf keine nachfolgende Fassung hinter das bereits Versprochene zurückfallen, wie sich aus Art. 3 S. 2 PA ergibt; nur eine **stetige Verschärfung** entspricht dem Pariser Übereinkommen.

102 *United Nations Climate Change*, NDC Registry, https://unfccc.int/NDCREG (23.1.2024).
103 Aktuell ist die 3. Fassung vom 16.10.2023.

Die in der Heranziehung von NDCs liegenden Freiheiten sind nicht zu übersehen: Wie ambitioniert ein jeder Staat vorgehen will, liegt in seiner Hand, auch wenn materiell-rechtlich gefordert ist, dass die NDCs mit dem wesentlichen Ziel, die Erderwärmung auf 1,5 Grad oder 2 Grad Celsius zu begrenzen, konsistent sein müssen. Dieser Zusammenhang folgt aus der Verpflichtung der Parteien zur Ergreifung ehrgeiziger Maßnahmen nach Art. 3 PA, der auf die Rückführung der THG-Emissionen nach Maßgabe von Art. 4, 7, 9, 10, 11 und 13 PA möglichst bald, spätestens in der zweiten Hälfte dieses Jahrhunderts abzielt. Um das aber zu erreichen, müssen die NDCs kommuniziert werden (Art. 3 S. 1 PA) und hinreichend **transparent** sein, das sind sie jedoch nur zum Teil. Da es an Vorgaben des Pariser Übereinkommens über Struktur, einzelne Maßnahmen und die Wahl des Basisjahres mangelt, um nur einige Punkte zu erwähnen, ist die **Vergleichbarkeit** der verschiedenen NDCs nur eingeschränkt gegeben. Das nachträglich 2018 auf der COP24 verabschiedete *Paris Rulebook*[104] enthält immerhin Leitlinien für die Inhalte der NDCs.[105]

Ebenfalls weiter konkretisierungsbedürftig ist Art. 6 Abs. 2 und 4 PA, der freiwillige Kooperation zwischen den Vertragsparteien zulässt, etwa die Vereinbarung von Wiederaufforstungsmaßnahmen in Entwicklungs- oder Schwellenländern, die von Industriestaaten finanziell zu diesem Zweck unterstützt werden. Unklar ist vor allem, wem die Erfolge solcher Maßnahmen hinsichtlich der jeweiligen THG-Bilanz zugerechnet werden sollen: den Ländern, die die Maßnahmen zur Einsparung von Treibhausgasemissionen durchführen, oder denen, die sie finanzieren.

Eng damit zusammen hängt die dritte Säule des Pariser Abkommens, die gegenseitige **finanzielle Unterstützung** der Vertragsstaaten nach Art. 9 PA. Die Funktionsweise der auch zu diesem Zweck eingerichteten **Global Environmental Facility** (GEF) bedarf ebenfalls noch der weiteren Verfeinerung.[106]

Nach etlichen Vertragsstaatenkonferenzen, die sich um weitere Elemente des internationalen Klimaschutzrechts verdient gemacht haben, von denen einige vorstehend erwähnt wurden, ist es auf der **COP28 in Dubai** im Jahre

104 *United Nations Climate Change*, The Katowice climate package: Making The Paris Agreement Work For All., https://unfccc.int/process-and-meetings/the-paris-agreement/katowice-climate-package (23.1.2024).

105 *U. Stäsche*, EnWZ 2019, S. 248 (251 ff.); *S. Schlacke*, EnWZ 2020, S. 355 (356).

106 Näheres *R. Verheyen*, in: Koch/Hofmann/Reese (Hrsg), Handbuch Umweltrecht, § 1 Rn. 120.

2023 zum ersten Mal gelungen, in diplomatisch-vorsichtiger Ausdrucksweise die Beendigung der Nutzung fossiler Energiequellen (*transitioning away from fossil fuels*) trotz erheblicher Widerstände erdölexportierender Staaten als Ziel der Weltgemeinschaft festzuschreiben.[107] Einen weiteren Meilenstein dürfte das **Global Methane Pledge** darstellen, das auf COP26 verabschiedet wurde und inzwischen von 155 Staaten unterzeichnet worden ist.[108] Es richtet sich auf die Verringerung der Methan-Emissionen, die bis zur Mitte des Jahrhunderts auf Null zurückgeführt werden sollen.

2. Das Wichtigste im Überblick: das Pariser Übereinkommen als Instrument

Mit diesem Überblick lässt sich festhalten, dass die Völkerrechtsgemeinschaft auf die Herausforderungen durch die Erderwärmung durch verschiedene internationale Abkommen reagiert hat, indem das Klimaschutzrahmenübereinkommen der Vereinten Nationen zunächst durch das Kyoto-Protokoll und nunmehr durch das Pariser Abkommen konkretisiert worden ist.

Die geltende Rechtslage ist ganz zentral durch das Pariser Abkommen geprägt. Das Abkommen legt verbindliche Ziele der Begrenzung der Erderwärmung fest, zu denen sich die 195 Unterzeichner bekannt haben – ein weltumspannendes Projekt, an dem auch die großen Emittenten wie die USA und China beteiligt sind. Die Bereitschaft, das Pariser Übereinkommen zu unterzeichnen, wurde allerdings durch die großen Freiheiten hinsichtlich der Umsetzung klimaschützender Maßnahmen erkauft, so dass man derzeit mit Besorgnis festhalten muss, dass die bislang in den *Nationally Determined Contributions* versprochenen Instrumente nicht ausreichen, um das 1,5/2 Grad-C-Ziel aus Art. 2 PA einzuhalten.

Sind rechtliche Verpflichtungen im Kern so eindeutig wie die des Pariser Abkommens, hinkt aber die Umsetzung dem Geforderten hinterher, stellt sich die Frage nach einer gerichtlichen Durchsetzung klimaschützender

---

107 *UNFCCC*, First Global Stocktake, 13 December 2023, at para 28, https://unfccc.int/sites/default/files/resource/cma2023_L17_adv.pdf (23.1.2024).

108 *UNFCCC*, World Leaders Kick Start Accelerated Climate Action at COP26, 2.11.2021, https://unfccc.int/news/world-leaders-kick-start-accelerated-climate-action-at-cop26 (1.2.2024); *Global Methane Pledge*, Fast action on methane to keep a 1.5°C future within reach, About the Global Methane Pledge. In: Climate & Clean Air Coalition, https://www.globalmethanepledge.org/#about (23.1.2024).

Bestimmungen. Der Frage ob und inwieweit das Erfolg verspricht, ist Kapitel F. gewidmet.

II. Berücksichtigungsgebote

Am unmittelbarsten können die gesetzlichen oder völkerrechtlich vereinbarten Klimaschutzziele wirken, wenn und soweit sie rechtlich gesicherten Einfluss auf klimarelevante Entscheidungen entfalten. Ein Beispiel hierfür ist das **Berücksichtigungsgebot des § 13 KSG**.[109] Danach haben die Träger öffentlicher Aufgaben bei ihren Planungen und Entscheidungen den Zweck dieses Gesetzes und die zu seiner Erfüllung festgelegten Ziele zu berücksichtigen (§ 13 Abs. 1 S. 1 KSG). Diese Pflicht zur Berücksichtigung ändert nichts an der Kompetenzordnung in Bund, Ländern und Gemeinden (§ 13 Abs. 1 S. 2 KSG) und verpflichtet lediglich zur **Berücksichtigung**, nicht zur **Beachtung**. Folgt man dieser im Planungsrecht üblichen Unterscheidung, so wird der Berücksichtigungspflicht schon Genüge getan, nimmt der Träger öffentlicher Belange das Klimaschutzziel zur Kenntnis und setzt er sich mit den Folgen seiner Entscheidung auf die Erreichung des Ziels auseinander. Eine Bindung im Sinne des Ausschlusses klimaunverträglicher Handlungsalternativen enthält das Berücksichtigungsgebot nicht.[110]

Eine weitere Abschwächung der Durchsetzungskraft des Berücksichtigungsgebots und in der Konsequenz auch der Klimaschutzziele des KSG liegt in dem **Ausschluss des Rechtsschutzes** durch § 4 Abs. 1 S. 5 KSG. Die Norm steht allerdings unter dem Vorbehalt der Verfassungs- und Europarechtskonformität, was ihre Nichtanwendung zur Folge haben kann.[111] Soweit der Ausschluss nicht gilt, kann auch zur Durchsetzung der Berücksichtigungsgebote geklagt werden.[112]

---

109 Ein weiteres Berücksichtigungsgebot bezieht sich auf die Klimaanpassung (§ 8 KAnG), s. dazu nachstehend → H. III. 3.

110 *S. Klinski*, in: Hofmann/Heß (Hrsg.), BeckOK Klimarecht, § 13 KSG Rn. 186; *E. Hofmann*, Klimaschutz und Nachhaltigkeit im Verkehr als neues Ziel des PBefG, in: Knauff (Hrsg.), Neuerungen im Rechtsrahmen für den ÖPV-7. Jenaer Gespräche zum Recht des ÖPNV, 2022, S. 56 f.

111 Für Individualklagen *J. Franke*, in: Hofmann/Heß (Hrsg.), BeckOK Klimarecht, § 4 KSG Rn. 50–52; für Verbandsklagen *J. Franke*, in: Hofmann/Heß (Hrsg.), BeckOK Klimarecht, § 4 KSG Rn. 53 ff., insbesondere 56.

112 BVerwG, Urteil vom 4.5.2022 – 9 A 7/21, NVwZ 2022, S. 1549 Rn. 70; im Überblick *Klinski*, in: Hofmann/Heß (Hrsg.), BeckOK Klimarecht KSG § 13 Rn. 139–150.

III. Emissionshandel

Die bereits in den vorstehenden Abschnitten zu den Klimaschutzzielen erläuterte **Unterscheidung** zwischen den beiden Sektoren **EU-ETS** und **Non-ETS** ist für die europäische Klimaschutzpolitik fundamental. Das EU-ETS umfasst bestimmte Sektoren der Industrie, allen voran thermische Kraftwerke von 20 MW/a und mehr, darüber hinaus insbesondere die Eisen- und Stahlverhüttung, die Kokereien, Raffinerien und Cracker, die Papier- und Zellulosefabrikation und in gewissen Grenzen auch den innereuropäischen Luftverkehr.[113] Industrielle, stationäre Anlagen wie die im ETS verbundenen sind jedoch nicht die einzigen THG-Verursacher. Wie bereits im Überblick dargestellt, zählen zu den THG-Emittenten auch der Verkehr, die Gebäudeheizung und industrielle Vorgänge, auf die der EU-ETS keine Anwendung findet. Die Summe der Treibhausgasemissionen verteilt sich ungefähr hälftig auf beide Bereiche.[114] Eine Sonderrolle spielen Land- und Forstwirtschaft, wo einerseits THG-Emissionen verursacht werden, gleichzeitig aber auch Möglichkeiten bestehen, THG-Emissionen durch die Pflanzen wieder aus der Atmosphäre zu holen („Senken"). Für den deutschen Wald gilt allerdings, dass er seit dem Jahr 2017 keine Senke mehr ist, sondern eine Quelle von Treibhausgasemissionen.[115] Wegen der Besonderheiten des Sektors ist die an sich dem Non-ETS-Bereich zuzurechnende Land- und Forstwirtschaft gesondert geregelt (*Land Use, Land Use-Change and Forestry* – LULUCF-Verordnung).[116]

Die nachstehenden Erläuterungen beziehen sich zunächst auf den EU-ETS (→ D. III. 1.-3., die dann anschließenden Kapitel behandeln eben dem Bau

---

113 Richtlinie (EU) 2003/87 des Europäischen Parlaments und des Rates vom 13.10.2003 über ein System für den Handel mit Treibhausgasemissionszertifikaten in der Gemeinschaft und zur Änderung der Richtlinie 96/61/EG des Rates, Anhang I.

114 S. *Agora Energiewende/Agora Verkehrswende*, Die Kosten unterlassenen Klimaschutzes für den Bundeshaushalt, 2018, S. 12, Abbildung 1.

115 *BMEL*, Der Wald in Deutschland. Ausgewählte Ergebnisse der vierten Bundeswaldinventur, 2024, S. 45 ff.

116 Verordnung (EU) 841/2018 vom 30.5.2018 des Europäischen Parlaments und des Rates über die Einbeziehung der Emissionen und des Abbaus von Treibhausgasen aus Landnutzung, Landnutzungsänderungen und Forstwirtschaft in den Rahmen für die Klima- und Energiepolitik bis 2030 und zur Änderung der Verordnung (EU) Nr. 525/2013 und des Beschlusses Nr. 529/2013/EU, ABl. L 156 vom 19.6.2018, S. 1. S. nachstehend E.VI; im Überblick auch *J. Franke/R. Verheyen*, in: Koch/Hofmann/Reese (Hrsg.), Handbuch Umweltrecht, § 11 Rn. 90 ff.

von EE-Anlagen in → D. IV. und der Land- und Forstwirtschaft in → D. VII. den Non-ETS-Bereich, → D. V.-VI.).

1. Der Europäische Emissionshandel (EU-ETS 1)

a. Funktionsweise

Für die Reduzierung der Emission von Treibhausgasen kommt es alleine darauf an, welche Menge von Kohlendioxid oder seiner Äquivalente in welcher Zeit eingespart wird, und nicht, aus welchem Land die Emissionen stammen, welche Quellen für sie verantwortlich sind oder welche Energieeffizienz die Emittenten haben. Da aber über den besten Pfad zur Klimaneutralität – an welcher Stelle soll wann wie viel von welchem Treibhausgas eingespart und noch emittiert werden dürfen – keine detaillierten und verlässlichen Erkenntnisse vorhanden sind, schon gar nicht auf übergeordneter Ebene bei staatlichen Akteuren, kann es sich empfehlen, bestimmte Entscheidungen den Akteuren selbst zu überlassen. Ausgehend von dem verbindlichen **Generalziel der Klimaneutralität** im Jahr 2050 hatte die EU daher bereits im Jahr 2003 mit der **Richtlinie 2003/87** eine Mengensteuerung vor allem für CO_2-Emissionen aus Industrieanlagen aus der Taufe gehoben,[117] die nach und nach zu einem System herangereift ist, das für den Bereich der erfassten THG-Emittenten sicherstellen soll und aller Voraussicht nach auch sicherstellen wird, dass sich die ETS-Emittenten weiterhin auf einem plausiblen Weg zur Klimaneutralität halten.[118]

Diese Entwicklung hat allerdings viel Zeit in Anspruch genommen: schon die Erstzuteilung von **Emissionszertifikaten** nach Einführung des Systems im Jahr 2003 war alles andere als trivial und wurde zunächst dadurch bewerkstelligt, dass die Zertifikate den Unternehmen **kostenlos** und im Überfluss zugeteilt wurden. In der Folge waren die Zertifikate in

---

117 Richtlinie (EU) 2003/87 des Europäischen Parlaments und des Rates vom 13.10.2003 über ein System für den Handel mit Treibhausgasemissionszertifikaten in der Union und zur Änderung der Richtlinie 96/61/EG des Rates, ABl. L 275 vom 25.10.2003, S. 32, zuletzt geändert durch Verordnung (EU) 2024/795 vom 29.2.2024 zur Einrichtung der Plattform „Strategische Technologien für Europa" (STEP) und zur Änderung der Richtlinie 2003/87/EG und der Verordnungen (EU) 2021/1058, (EU) 2021/1056, (EU) 2021/1057, (EU) Nr. 1303/2013, (EU) Nr. 223/2014, (EU) 2021/1060, (EU) 2021/523, (EU) 2021/695, (EU) 2021/697 und (EU) 2021/241, Abl. L 795, S. 1.

118 Grundlegend zur Mengensteuerung W. Baumol/W. Oates, The Theory of Environmental Policy, 1988, S. 178 ff.

der Anfangszeit nicht viel wert und lösten nicht den erhofften Effekt aus, dass die Emittenten versuchen würden, ihre Emissionen zu reduzieren, um Zertifikate zu sparen, oder sie anderen Emittenten gegen einen Preis zur Verfügung stellen würden, denen die Einsparung zu einem bestimmten Zeitpunkt nicht möglich oder zu teuer war. Mittlerweile werden die meisten Zertifikate auf den Emissionshandelsstellen[119] versteigert und haben einen Preisbereich erreicht, der diese Wirkungen nach sich zu ziehen scheint. Auch die erreichten THG-Einsparungen im EU-ETS unterstreichen, dass das System mittlerweile effektiv geworden ist.[120]

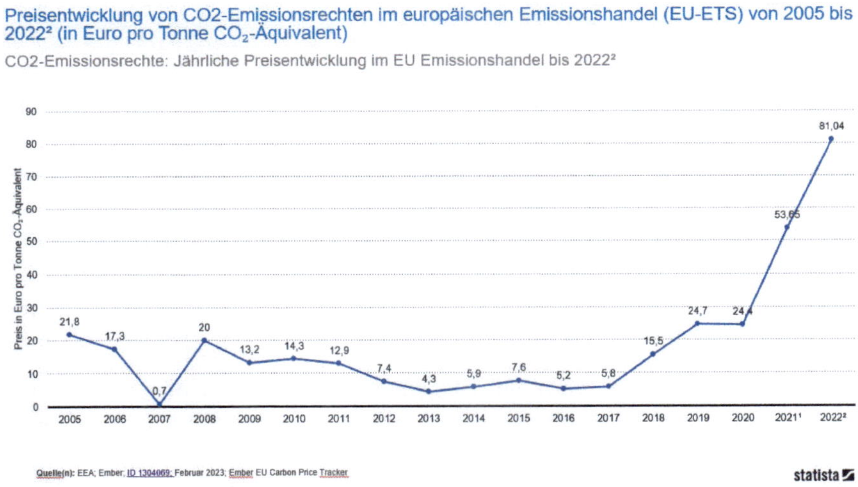

Abbildung 13: Preisentwicklung für Emissionsberechtigungen (EUA) seit 2008 | Beleg 13

119 Wie etwa in Deutschland die Emissionshandelsstelle im Umweltbundesamt, www.dehst.de

120 Abbildungen *UBA*, Der Europäische Emissionshandel, 1.10.2025, https://www.umweltbundesamt.de/daten/klima/der-europaeische-emissionshandel#treibhausgas-emissionen-deutscher-energie-und-industrieanlagen-im-jahr-2022 (22.10.2025).

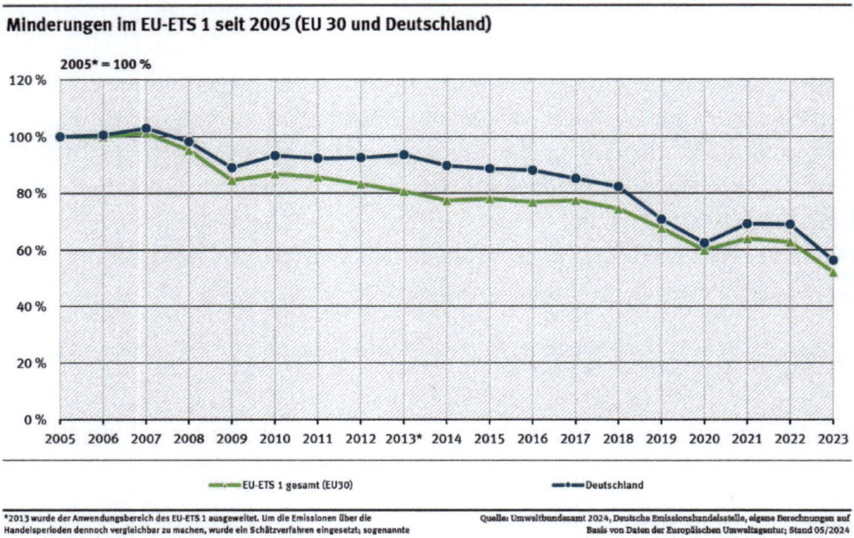

Abbildung 14: Minderungen im EU-ETS 1 seit 2005 (EU 30 und Deutschland) | Beleg 14

b. Anwendungsbereich

Das Zertifikatssystem verlangt zu seiner praktischen Umsetzung einen wirksamen **Sanktionierungsmechanismus**: Wer ohne eine hinreichende Zahl von Zertifikaten THG-Emissionen verursacht, muss belangt werden können. Das ist im einfachsten Fall der **Entzug einer Genehmigung** für den Betrieb einer stationären Anlage. Der Katalog der in den EU-ETS einbezogenen Aktivitäten[121] ist dann auch fast deckungsgleich mit dem Katalog der genehmigungsbedürftigen Anlagen nach der 4. BImSchV.[122] Der Pfad zur Klimaneutralität soll dadurch erreicht werden, dass die Zertifikate nach und nach abgewertet werden – und schließlich bei Null landen.

121 Richtlinie 2003/87/EG (s. o.), Anhang I, etwa: die Verbrennung von Brennstoffen in Anlagen mit einer Gesamtfeuerungswärmeleistung von über 20 MW.

122 Verordnung über genehmigungsbedürftige Anlagen in der Fassung der Bekanntmachung vom 31.5.2017 (BGBl. I S. 1440), zuletzt geändert durch Art. 1 der Verordnung vom 12.11.2024, BGBI. 2024 I Nr. 355, etwa: Anlagen zur Erzeugung von Strom, Dampf, Warmwasser, Prozesswärme … mit einer Feuerungswärmeleistung von 50 Megawatt oder mehr.

Wissen | Erfasst werden vom EU-ETS alle klimarelevanten industriellen Branchen, von der Stromerzeugung bis hin zur Zementproduktion, von der chemischen Industrie bis zur Stahl-und Aluminiumfertigung. Seit dem Jahr 2012 ist auch der innereuropäische Luftverkehr einbezogen, seit dem Jahr 2024 auch der Schiffsverkehr.[123] Die frühere Nichteinbeziehung der Chemieindustrie und des Nichteisenmetallsektors war nach Auffassung des EuGH ein rechtlich irrelevanter Verstoß gegen den Gleichheitssatz.[124]

Werden Einsparungen in einem Mitgliedstaat erreicht, die nicht auf unternehmerischen Entscheidungen beruhen, sondern auf **staatlichen Verboten** – wie etwa der Kohleausstieg in Deutschland –, so reduziert das zunächst die Anzahl der tatsächlich benötigten Zertifikate mit der Folge, dass ein Überangebot entsteht, welches nach den Gesetzen von Angebot und Nachfrage wiederum die Zertifikate verbilligt. Um dem entgegenzuwirken, sieht das EU-ETS nunmehr die Möglichkeit vor, nicht mehr benötigte Zertifikate zu **löschen**. Einem ersten Versuch in diese Richtung blieb allerdings der durchgreifende Erfolg versagt.[125] Erst die 2015 eingeführte **Marktstabilitätsreserve** konnte hier befriedigende Wirkungen erzeugen.[126]

Da das ETS durch die mit ihm für die betroffenen (europäischen) Unternehmen wegen der Kosten für die Zertifikate einen Wettbewerbsnachteil bedeutet und Anreize setzt Tätigkeiten, die THG-Emissionen nach sich ziehen, ins Ausland außerhalb der EU zu verlagern (*Carbon Leakage*), hat die EU ein System eingeführt, das gewährleisten soll, dass der Preis für die CO_2-Emissionen innerhalb und außerhalb der EU derselbe ist. Der *Carbon*

123 Im Überblick *UBA*, Der Europäische Emissionshandel. 1.10.2025, https://www.umweltbundesamt.de/daten/klima/der-europaeische-emissionshandel#teilnehmer-prinzip-und-umsetzung-des-europaischen-emissionshandels (25.2.2025).

124 EuGH, Urteil vom 16.12.2008 – Rs. C-127/07 (Société Arcelor Atlantique et Lorraine u. a.), Slg. 2008, I-09895, Rn. 69 ff., insbesondere 73.

125 Verordnung (EU) 176/2014 der Kommission vom 25.2.2014 zur Änderung der Verordnung (EU) 1031/2010 insbesondere zur Festlegung der im Zeitraum 2013–2020 zu versteigernden Mengen Treibhausgasemissionszertifikate, ABl. 2014 L 56, 11; *J. Franke/U. Prall/R. Verheyen*, § 11 Rn. 55.

126 Beschluss (EU) 2015/1814 des Europäischen Parlaments und des Rates vom 6.10.2015 über die Einrichtung und Anwendung einer Marktstabilitätsreserve für das System für den Handel mit Treibhausgasemissionszertifikaten in der Union und zur Änderung der Richtlinie 2003/87/EG, ABl. 2015 L 264, 1.

Border Adjustment Mechanism (CBAM) ersetzt die bisherige Lösung, nach der sich die Unternehmen, die sich in dieser Wettbewerbssituation befinden, am EU-ETS kostenlos beteiligen durften.[127] Er soll auch Anreize in Drittstaaten setzen, THG-Emissionen zu sparen.[128]Diese Hoffnung beruht darauf, dass betroffene (und damit zahlungspflichtige) Unternehmen unabhängig von ihrem Standort ein Interesse daran haben, sich dafür einzusetzen, dass auch ihre Konkurrenten einer entsprechenden Zahlungspflicht unterworfen werden.

2. Umsetzung des EU-ETS 1 in Deutschland: das TEHG

Hinsichtlich der stationären Anlagen und damit dem EU-ETS 1 setzt das **Treibhausgas-Emissionshandelsgesetz** (TEHG) das europäische Richtlinienrecht um.[129] Am 31.1.2025 hat der Bundestag der 20. Wahlperiode das Gesetz zur Anpassung des Treibhausgas-Emissionshandelsgesetzes an die Änderung der Richtlinie 2003/87/EG (TEHG-Europarechtsanpassungsgesetz 2024) verabschiedet, wodurch eine Novellierung des TEHG bevorsteht.[130] Nach aktuellem Stand vom 14.2.2025 hat der Bundesrat den Vermittlungsausschuss gemäß Art. 77 Abs. 2 GG nicht angerufen[131], was den Weg für das Inkrafttreten der Änderungen ebnet. Das derzeit noch geltende TEHG verlangt von den betroffenen Anlagenbetreibern eine Emissionsgenehmigung (§ 4 Abs. 1 TEHG), die im Falle von alten, vor dem 1.1.2013 erteilten Genehmigung durch die immissionsschutzrechtliche Genehmigung erfolgt (§ 4 Abs. 4 S. 1 TEHG). Damit festgestellt werden kann, ob die Zertifikate des Betreibers die tatsächlichen Emissionen abdecken, muss der Betreiber jährlich einen **Emissionsbericht** anfertigen (§ 5 Abs. 1 TEHG). Bis zum 30. April jedes Jahres haben die Betreiber die erforderlichen Zertifikate

127 Näheres *I. Zenke/C. Telschow*, in: Rodi, Michael (Hrsg.) Handbuch Klimaschutzrecht, § 15 Rn. 75.

128 Vgl. *Deutsche Emissionshandelsstelle*, CBAM verstehen. In: Umwelt Bundesamt, https://www.dehst.de/DE/Themen/CBAM/CBAM-verstehen/cbam-verstehen_node.html (24.11.2025).

129 Treibhausgas-Emissionshandelsgesetz vom 21.7.2011 (BGBl. I S. 1475), zuletzt geändert durch Art. 18 des Gesetzes vom 10.8.2021 (BGBl. I S. 3436). Der Bereich des Non-ETS (Verkehr und Gebäude) ist bis zum Jahre 2027 in Deutschland durch das BEHG geregelt (→ D. III. 4.).

130 BR-Drs. 44/25; BT-Drs. 20/13585; BT-Drs. 20/13962.

131 BR-Drs. 44/25 (Beschluss).

abzugeben, die den durch seine Tätigkeit im vorangegangenen Kalenderjahr verursachten Emissionen entspricht (§ 7 Abs. 1 TEHG).

> Soweit die Anlagenbetreiber keine kostenlosen Berechtigungen (Zertifikate) nach Maßgabe einer nach Art. 10a Abs. 1 S. 1 der Richtlinie 2003/87/EG erlassenen Verordnung der Kommission erhalten haben (§ 9 Abs. 1 TEHG), müssen sie die erforderlichen Berechtigungen ersteigern (§ 8 TEHG). Noch erhalten Luftfahrzeugbetreiber ihre Berechtigungen kostenlos (§ 11 TEHG). Das wird sich aber im Laufe der Zeit ändern.

Nationale Maßnahmen wie ein Ausstieg aus der Kohleverstromung oder die (nationale) Subventionierung des Umstiegs auf erneuerbare Energien durch die „Klimaschutzverträge“ in besonders energieintensiven Branchen sind mit dem EU-ETS nicht ohne weiteres vereinbar, da sie gegenläufige Effekte nach sich ziehen: Verringert ein Mitgliedstaat außerhalb des EU-ETS seine Treibhausgasemissionen, werden die dafür benötigten Treibhausgaszertifikate (in dem betreffenden Mitgliedstaat) nicht mehr benötigt mit der Folge, dass es zu einem **Überhang** von Zertifikaten in den anderen Mitgliedstaaten kommt, der den Preis drückt und von anderen Emittenten genutzt werden kann. Für den Klimaschutz ist also durch nationale Maßnahmen in europaweiter und globaler Betrachtung nichts gewonnen, solange nicht gleichzeitig die nicht mehr benötigten Zertifikate gelöscht werden.[132] Eine vermutlich bessere Lösung wäre es, eine **staatliche Abgabe** auf die Emission von Treibhausgasen zu erheben, die planbar über Jahre hinweg erhöht wird und deren Aufkommen zum Ausbau der erneuerbaren Energien verwendet würde. Schweden hat jedenfalls mit einem solchen Ansatz beachtliche Erfolge erzielen können.[133]

---

132 *R. Neubäumer*, Und noch eine Subvention, die dem Klima nichts bringt. In: WirtschaftsWoche, 7.6.2024, https://www.wiwo.de/politik/deutschland/klimaschutzvertraege-und-noch-eine-subvention-die-dem-klima-nichts-bringt-/29830026.htmlhttps://www.wiwo.de/politik/deutschland/klimaschutzvertraege-und-noch-eine-subvention-die-dem-klima-nichts-bringt-/29830026.html (7.6.2024).

133 *R. Neubäumer*, Und noch eine Subvention, die dem Klima nichts bringt. In: WirtschaftsWoche, 7.6.2024, https://www.wiwo.de/politik/deutschland/klimaschutzvertraege-und-noch-eine-subvention-die-dem-klima-nichts-bringt-/29830026.html (7.6.2024); *Deutsches Institut für Wirschaftsforschung* CO_2-Bepreisung im Wärme- und Verkehrssektor: Diskussion von Wirkungen und alternativen Entlastungsoptionen, S. 116 f.

Wissen | Verfassungsrechtlich anerkennen deutsche Gerichte, dass das Emissionshandelssystem in Grundrechte eingreifen können – namentlich in das Grundrecht auf Eigentum im Sinne der Beschränkung der Nutzung von THG-Emissionen verursachenden Anlagen[134] und die Berufsfreiheit, in die durch den Zwang zur Beteiligung an dem Handelssystem eingegriffen werde.[135] In beiden Fällen sei aber der Grundrechtseingriff gerechtfertigt, da verhältnismäßig.[136]

3. Die beschlossene Erweiterung auf Gebäude und Verkehr (EU-ETS 2)

Der EU-ETS 1 schließt bedeutende Sektoren in seine Anwendung nicht ein, so bislang vor allem den Gebäudesektor und den Straßenverkehr. Das hat sich mit der Richtlinie (EU) 2023/959 vom 10.5.2023 geändert, mit der die Art. 30a bis 30k in die ETS-Richtlinie eingefügt worden sind. Damit wird der EU-ETS auf den **Gebäudesektor** und den **Straßenverkehr** bis zum Jahr 2028 ausgedehnt.[137]

Da es insoweit keine Betriebserlaubnis gibt, an die angeknüpft werden könnten, setzt der EU-ETS 2 wie das deutsche Brennstoffenergiehandelsgesetz (BEHG) am Inverkehrbringen der Primärenergieträger an (*upstream*). Es ist derzeit nicht abzusehen, wie sich beide Zertifikatssysteme aufeinander im Detail abstimmen lassen. Im Kern aber bepreisen beide Konzepte die Verbrennung fossiler Energieträger – welche das genau sein werden und wie hoch der Preis dann sein soll, wird die weitere Entwicklung zeigen. Schon jetzt erscheint die Deckelung der Zertifikatspreise im EU-ETS 2 auf

---

134 BVerfG, Beschluss vom 14.5.2007 – 1 BvR 2036/05, NVwZ 2007, 942 (945); BVerwGE 124, 47 (59).

135 BVerwGE 124, 47 (60, 62).

136 Näheres *S. Kobes/G-R. Engel*, NVwZ 2011, S. 207 ff., (268 ff.)

137 Richtlinie (EU) 2023/959 des Europäischen Parlaments und des Rates vom 10.5.2023 zur Änderung der Richtlinie 2003/87/EG über ein System für den Handel mit Treibhausgasemissionszertifikaten in der Union und des Beschlusses (EU) 2015/1814 über die Einrichtung und Anwendung einer Marktstabilitätsreserve für das System für den Handel mit Treibhausgasemissionszertifikaten in der Union, ABl. EU vom 16.5.2023 L 130, 134; im Überblick zum ETS2 *European Commission*, ETS2: buildings, road transport and additional sectors, https://climate.ec.europa.eu/eu-action/carbon-markets/ets2-buildings-road-transport-and-additional-sectors_en (16.12.2024); im Überblick *C. Kreuter-Kirchhof*, ZUR 2025, S. 72 ff.

45 Euro pro Tonne CO_2 im Rahmen eines **Stabilitätsmechanismus** als unangemessen niedrig, sollen die Zertifikate Einfluss auf das tatsächliche Emissionsverhalten haben. Das deutsche BEHG sieht schon für das Jahr 2026 einen Preis im Korridor zwischen 55 und 65 Euro vor (§ 10 Abs. 2 S. 3 BEHG).

Der EU-ETS 2 verlangt zunächst im Jahr 2025 das **Monitoring** der entsprechenden THG-Emissionen und die Berichterstattung, bevor dann im Jahr 2027, spätestens ab 2028 die Anzahl von Zertifikaten, die überprüfbar im vorangegangenen Jahr benötigt gewesen wären, um die THG-Emissionen abzudecken, jedes Jahr zum 31. Mai bei der zuständigen Behörde abgegeben werden müssen.

4. Die Interimslösung: der nationale Emissionshandel (BEHG)

Wegen der Nichteinbeziehung verschiedener Sektoren – vor allem des Verkehrs und der Gebäude – hatte sich der deutsche Gesetzgeber dazu entschlossen, einen Emissionshandel für diese Bereiche auf nationaler Ebene zu schaffen. Nähere Ausführungen finden sich hierzu in beiden nachstehenden Abschnitten zu diesen Sektoren (→ D. VI. 4. und → D. VII. 3.).

5. Das Wichtigste im Überblick zum EU-ETS und seiner Umsetzung in Deutschland

Die EU hat sich ehrgeizige Klimaschutzziele gesetzt, die hinsichtlich der Instrumente zu deren Erreichung neben der Land- und Forstwirtschaft in zwei große Bereiche unterteilt werden können, dem EU-ETS und dem Non-ETS-Bereich. Die THG-Emissionen fallen ungefähr hälftig in die beiden Regelungsfelder. Der EU-ETS ist ursprünglich bereits vor mehr als zwanzig Jahren beschlossen worden und hat seitdem etliche Reformen erlebt. In seiner heutigen Form umfasst er wesentliche industrielle Sektoren, den innereuropäischen Luftverkehr und bald auch den Seeverkehr. Die Grundidee geht dahin, die Verwendung fossiler Brennstoffe nur dann zu erlauben, wenn die Emittenten dafür auch durch ein entsprechendes Zertifikat berechtigt sind, das handelbar ist und dessen Wert im Laufe der Zeit abnimmt. Im Jahr 2050 werden die Zertifikate einen Wert von Null haben und berechtigen damit nicht mehr zur Emission von Treibhausgasen.

Nachdem die Zertifikate zunächst kostenlos zugeteilt worden waren, ist der Anteil derjenigen Zertifikate nach und nach angewachsen, die durch eine Versteigerung von den Unternehmen erworben werden. Infolgedessen und auch weil die Anzahl der Zertifikate durch staatliche Eingriffe reduziert worden ist, haben die Zertifikate derzeit einen Preis von rund 80 bis 100 Euro pro Tonne CO_2. Das deutet zusammen mit den erreichten THG-Reduzierungen an, dass das Instrument inzwischen wirkt und als Erfolg bewertet werden kann. Die zu erwartende Erweiterung des EU-ETS auf den (Straßen-)Verkehr und die Gebäude ist erfreulich, sieht aber derzeit eine kostenlose Zertifikatszuteilung und noch so geringe Preise für die Zertifikate vor, dass man durchgreifende Effekte in dem Sektor erst in den 30er Jahren erwarten kann. Nationale Emissionsminderungsmaßnahmen wie der in Deutschland beschlossene Ausstieg aus der Kohleverstromung oder die Klimaschutzverträge zur (nationalen) Subventionierung des Umstiegs auf erneuerbare Energien sind mit dem Ansatz des EU-ETS nur unter weiteren Voraussetzungen vereinbar.

IV. EE-Anlagenbau: EnWG, EEG

1. Erneuerbare Energien als Grundpfeiler der Energiewende

Mit den vorstehenden Ausführungen in → B. sollte deutlich geworden sein, dass die fossile Energiegewinnung – sei es durch Kohleverstromung oder in Gestalt von Verbrennungsmotoren – nicht zu dem Ziel der Klimaneutralität passt. Um dieses zu erreichen, muss der Energieverbrauch reduziert werden (dazu nachstehend mehr im → Kapitel zu „Energieeffizienz“ D. V.). Vor allem aber müssen Anlagen errichtet und vernetzt werden, mit denen Energie in klimaverträglicher Art und Weise gewonnen werden kann.

> Das auf einer EU-Richtlinie[138] basierende Gesetz für den Ausbau erneuerbarer Energien (Erneuerbare-Energien-Gesetz – EEG 2023)[139] zählt dazu
>
> a. Wasserkraft einschließlich der Wellen-, Gezeiten-, Salzgradienten- und Strömungsenergie,
> b. Windenergie,
> c. solare Strahlungsenergie,
> d. Geothermie und
> e. Energie aus Biomasse einschließlich Biogas, Biomethan, Deponiegas und Klärgas sowie aus dem biologisch abbaubaren Anteil von Abfällen aus Haushalten und Industrie (§ 3 Nr. 21 EEG).

Die EE-EU-Richtlinie anerkennt auch diese Formen und geht über sie etwas hinaus, indem sie auch Gezeitenkraftwerke und die Umgebungsenergie zu den erneuerbaren Energien rechnet (Art. 2 S. 2 Nr. 1 EE-Richtlinie). Nur die im EEG 2023 genannten Formen der Energieerzeugung fallen in dessen Anwendungsbereich – und kommen damit in den Genuss verschiedenster Privilegien gegenüber anderen Energieträgern. Andere Technologien können nur durch eine Gesetzesänderung in das EEG einbezogen werden.[140] Zu den Privilegien zählt insbesondere nach § 2 S. 1 EEG 2023, dass Errichtung und Betrieb von EE-Anlagen sowie den dazugehörigen Nebenanlagen im **überragenden öffentlichen Interesse** liegen und der **öffentlichen Sicherheit** dienen. Das kann und soll Genehmigungshindernisse überwinden. Auch die finanzielle Förderung durch die **Einspeisevergütung** (§§ 19–21 EEG 2023), der **Netzanbindungsanspruch** (§ 8 Abs. 1 EEG 2023) und der **Abnahmeanspruch** gegen den Netzbetreiber (§ 11 Abs. 1 EEG 2023) sollen Schwierigkeiten bei Errichtung und Betrieb derartiger Anlagen aus dem Weg räumen. Ergänzt werden die genannten Vorschriften durch Regelungen des **Energiewirtschaftsgesetzes** (EnWG), das unter anderem die Gestal-

---

138 Richtlinie (EU) 2018/2001 des Europäischen Parlaments und des Rates vom 11.12.2018 zur Förderung der Nutzung von Energie aus erneuerbaren Quellen, ABl. L 328/82, zuletzt geändert durch Richtlinie (EU) 2023/2413 vom 18.10.2023, ABl. L vom 31.10.2023.

139 Gesetz vom 21.7.2014 (BGBl. I S. 1066), zuletzt geändert durch Art. 1 des Gesetzes vom 5.2.2024 (BGBl. 2024 I Nr. 33).

140 Etwa die für Stürme und Erdbeben anfälligen Aufwindkraftwerke, s. *A. Rosenkranz*, Aufwindkraftwerk: Strom durch Konvention. In: heizung.de, 6.8.2025, https://www.heizung.de/ratgeber/diverses/aufwindkraftwerk-strom-durch-konvektion.html (24.11.2025).

tung der Energienetze regelt, so etwa seit neuestem eine Regulierung des geplanten **Wasserstoffnetzes** (§§ 28j bis 28k EnWG).

Das Förderungssystem der beiden Gesetze ist nicht statisch – es unterliegt vielmehr **ständiger Anpassung**: allein § 43 EnWG ist im Laufe des Jahres 2024 fünfmal geändert worden. Während etwa im Jahr 2008 noch für Offshore-Windenergieanlagen ein Genehmigungsanspruch für die Anlagen bestand, die Betreiber eine freie Standortwahl in Anspruch nehmen konnten, ein Anspruch auf Netzanbindung und auf eine beachtliche **Einspeisevergütung** den Rechtsrahmen für Investoren äußerst attraktiv machte, müssen mittlerweile Standorte in dafür staatlich vorgesehenen Bereichen in der deutschen Ausschließlichen Wirtschaftszone gewählt werden, die Betreiber müssen sich an **Ausschreibungen** beteiligen, um das Recht zu erwerben, an einem Planfeststellungsverfahren teilnehmen zu dürfen, das dann am Ende zu einer Errichtungserlaubnis führen kann – aber wegen des den Behörden eingeräumten Ermessens nicht muss. Äußere Faktoren wie politisch gesetzte Ausbauziele etwa für die Offshore-Windenergie oder Konflikte mit der Europäischen Kommission über die wettbewerbsgerechte Förderung des Baus und Betrieb von EE-Anlagen (→ D. IV.) haben immer wieder zu **Systemanpassungen** geführt, was auch für die Zukunft ein bestimmendes Merkmal des Umweltenergierechts bleiben dürfte.

2. EE-RL und EEG: Konzeption und Erfolge

Eine der wesentlichen Säulen des EEG, die **Einspeisevergütung**, geht auf das **Stromeinspeisungsgesetz** aus dem Jahre 1990 zurück.[141] Die Einspeisevergütung garantiert dem Betreiber einer EE-Anlage einen Zuschuss für den durch die Anlage produzierten Strom für 20 Jahre ab Inbetriebnahme. Damit ließ sich verlässlich berechnen, ob die Anlage wirtschaftlich betrieben werden konnte. Diese Förderung setzt bei entsprechender Höhe der Einspeisevergütung starke Anreize, EE-Anlagen zu errichten und zu betreiben. Allerdings richtete und richtet sich der Tarif in jedem Einzelfall nach der Art der Anlage, dem Jahr der Errichtung, der Kapazität der Anlage und nach weiteren Kriterien. Infolgedessen entstand ein schwer durchschaubares

141 Gesetz über die Einspeisung von Strom aus erneuerbaren Quellen in das öffentliche Stromnetz (Stromeinspeisungsgesetz) vom 7.12.1990, BGBl. I S. 2633. Die verschiedenen Fassungen des Stromeinspeisungsgesetzes dokumentiert https://www.clearingstelle-eeg-kwkg.de/gesetz/294 (20.5.2024).

Förderungssystem mit tausenden verschiedenen Vergütungssätzen, das auf Seiten der Behörden wie auf Seite der Betreiber nur mit automatisierter Hilfe zu händeln war. Die Höhe der Vergütung musste darüber hinaus einerseits mindestens so hoch sein, dass sie den beabsichtigten Anreiz zur Errichtung und Betrieb der Anlagen auslöst, andererseits darf sie auch nicht darüber hinausgehen, sollen die staatlichen Kosten für die Einspeisevergütung in Grenzen gehalten werden. Politische Widerstände gegen die Kosten der Energiewende haben auch ihren Grund darin, dass die Einspeisevergütung über alle Stromkunden mit Ausnahme der Großverbraucher refinanziert wurde und damit den Strompreis fühlbar erhöht hatte.

Will der Staat eine Überförderung verhindern, müssen die Fördersätze den wirtschaftlichen Gegebenheiten ständig und in allen Sektoren angepasst werden. Zumindest in einem Fall war das nicht gelungen, als die Anschaffungspreise für Photovoltaik-Anlagen drastisch gesunken waren, die Einspeisevergütung dies aber nicht durch eine Senkung des Tarifs auch widerspiegelte. Die Herausforderungen durch das erforderliche **permanente Monitoring** sind jedenfalls beachtlich.

Die Einspeisevergütung hatte sehr wahrscheinlich zu einem starken Anstieg der Stromproduktion durch EE-Anlagen beigetragen. Mittlerweile ist die Einspeisevergütung aber ein Auslaufmodell, das nur noch für wenige Anlagen anwendbar ist, was auch auf den Druck der EU-Kommission zurückzuführen ist, die der Einspeisevergütung kritisch gegenübersteht. Das gilt es zu erläutern.

3. Die Beihilfeproblematik und ihre Folgen

Aus Sicht der EU-Kommission, Generaldirektion Wettbewerb, stellte sich die Einspeisevergütung nach dem EEG als **problematische Förderung** von Anlagen in einem bestimmten Mitgliedsstaat dar – nur wenn die Anlage in Deutschland stand, konnte für sie die Einspeisevergütung beansprucht werden. Das konnte im Rahmen des EEG auch nicht anders sein, da die **Refinanzierung** der Einspeisevergütung über die deutschen – nicht die europäischen – Stromkunden erfolgte. In europäischer Perspektive läuft das aber auf eine **Wettbewerbsverzerrung** durch staatliche Beihilfen hinaus, wenn man auf den europäischen Strommarkt schaut, auf dem Wettbewerber in anderen EU-Mitgliedstaaten tätig sind, die ohne eine solche Förderung auskommen (müssen).

Wettbewerbsverzerrungen durch Beihilfen können nur unter bestimmten Voraussetzungen europarechtskonform sein. Nach der **PreussenElektra-Entscheidung**[142] des EuGH aus dem Jahre 2001 durfte zwar die Einspeisevergütung bestehen bleiben, jedoch folgten weitere Urteile, die das Förderungssystem für EE-Anlagen rechtlich weiter präzisierten.

Am Ende dieser Auseinandersetzungen gab die Bundesregierung aber der EU-Kommission nach und änderte das Förderungssystem grundlegend. Das mittlerweile dominierende Element der Förderung von EE-Anlagen ist die **Ausschreibung** nach §§ 22 ff. EEG 2023, die technologiespezifisch erfolgt und im Prinzip Anbietern in ganz Europa offensteht. Die Ausschreibung lobt eine bestimmte Strommenge aus, die durch eine bestimmte Art der Stromerzeugung produziert wird, und sucht in diesem Verfahren nach dem günstigsten Anbieter. Der günstigste Anbieter ist dann der, der den geringsten staatlichen Zuschuss beansprucht. Der Zuschuss – die sogenannte **Marktprämie** – wird seit der Abschaffung der EEG-Umlage am 1.7.2022 über den Staatshaushalt finanziert.[143] Für bestimmte Anlagen kann die Bundesnetzagentur Höchstwerte für die Förderung vorgeben (§§ 36b, 37b EEG 2023). Besondere Herausforderungen stellen sich, wenn mehrere Anbieter keine Förderung beanspruchen, wie im Fall der Offshore-Windenergie bereits zu beobachten (→ D. IV. 5.).

Wie immer bei Ausschreibungen besteht die Gefahr des **Dumpings** durch Unternehmen, die andere Wettbewerber über einen wirtschaftlich nicht haltbaren Preis aus dem Wettbewerb drängen wollen. Ein weiteres Risiko des Ausschreibungsverfahrens ist die **Kollusion** mehrerer Wettbewerber mit der Folge, dass sich ein zu hoher Preis für die staatliche Förderung ergibt.

Wissen | Ausschreibungen haben aus Sicht des europaweiten Wettbewerbs sicher greifbare Vorteile, da sie den Markteintritt von Unternehmen außerhalb Deutschlands erleichtern können.[144] Wenn man

142 EuGH, Urteil vom 13.3.2001 – Rs. C-379/98 (PreussenElektra AG/Schleswag AG), NJW 2001, 3695.

143 Art. 1 Gesetz zur Absenkung der Kostenbelastungen durch die EEG-Umlage und zur Weitergabe dieser Absenkung an die Letztverbraucher vom 23.5.2022 (BGBl. I 2022 S. 747).

144 Zur Rolle der Direktvermarktung *P. Adigbli*, Direktvermarktung der erneuerbaren Energien an der Europäischen Strombörse, Ein Erfahrungsbericht zur deutschen und

dagegen auf die tatsächlichen Erfolge hinsichtlich des Ausbaupfads für die EE-Anlagen sieht, war das System der Einspeisevergütung den Ausschreibungen gegenüber nicht unterlegen. Insgesamt steigt der Anteil des in EE-Anlagen produzierten Stroms in Europa stetig und verspricht, diesen Sektor bis Mitte des Jahrtausends zur Klimaneutralität führen zu können. Dazu sind jedoch weitere Hindernisse zu überwinden: die Genehmigungsverfahren müssen beschleunigt werden, der Netzausbau muss angebotsgerecht erfolgen (→ E.), Flächen müssen für die Anlagen zur Verfügung gestellt werden. Für all diese Aufgabenfelder ist der jeweilige Rechtsrahmen ein wichtiger Gelingensfaktor.

4. Beschleunigung der Genehmigungsverfahren: Notfall-VO (EU) und WindBG

a. Beschleunigung des Genehmigungsverfahrens

Wie lange es dauert, bis eine Windenergie- oder Photovoltaik-Anlage in Betrieb genommen werden kann, hängt von verschiedenen Faktoren ab. Diese reichen von der Verfügbarkeit geeigneter Flächen, der Produktion der Geräte und Maschinen, der Verfügbarkeit von Personal zur Herstellung der Anlagen und des Transports der Anlagenteile zum Aufstellungsort bis hin zur Dauer des Genehmigungsverfahrens. Das Genehmigungsverfahren ist schon seit Jahrzehnten Gegenstand **gesetzgeberischer Reformbemühungen.**[145] An letzterem setzt die Verordnung (EU) 2022/2577 des Rates vom 22.12.2022 zur Festlegung eines Rahmens für einen beschleunigten Ausbau der Nutzung erneuerbarer Energien an.[146] Diese so genannte **EU-Notfallverordnung** bestimmt, dass Genehmigungsverfahren für die Installation von Solarenergieanlagen in der Regel nicht länger dauern dürfen als 3 Monate (Art. 4 VO (EU) 2022/2577), für das **Repowering** bestehender Windenergieanlagen nicht mehr als 6 Monate einschließlich etwaiger Umweltverträglichkeitsprüfungen (Art. 5 VO (EU) 2022/2577). Darüber hinaus besteht die Möglich-

---

französischen Energiewende, 2015, S. 14 ff.; *Y. Steingruber*, Die geförderte ausschreibungsbasierte Direktvermarktung nach dem EEG 2021, 2021, S. 153 ff.

145 Im Überblick *W. Erbguth*, NuR 2023, S. 242 (244 l.Sp. ff.).

146 Abl. EU vom 29.12.2022, L 335, S. 36.

keit, von der Durchführung von Umweltverträglichkeitsprüfungen unter bestimmten Umständen abzusehen (Art. 6 VO (EU) 2022/2577).[147]

Die **Genehmigungsfiktion** in Art. 4 und 5 der EU-Notfallverordnung, die als Instrument auch im deutschen Recht vorzufinden ist, soll den Investoren rascher die Möglichkeit geben, ihr Projekt legal zu errichten. Da aber auch die fingierten Genehmigungen gerichtlich angefochten werden können, ist die über die Fiktion zu erreichende Rechtssicherheit begrenzt.[148]

Der **Verzicht** auf die **Umweltverträglichkeitsprüfung** hat zunächst sicher eine beschleunigende Wirkung hinsichtlich des Verwaltungsverfahrens, er ändert aber nichts an den materiell-rechtlichen Anforderungen aus dem Umweltrecht, insbesondere an den naturschutzrechtlichen Vorgaben für derartige Projekte. Das Risiko einer materiellen Unvereinbarkeit der Projekte mit dem geltenden Naturschutzrecht steigt damit.[149]
Diese Anreize werden unterstützt von Verfahrenserleichterungen im Europarecht; so sieht die Novelle der Richtlinie über erneuerbare Energien (*Renewable Energy Directive*, „RED-III") vor, dass in bestimmten Fällen von einer Umweltverträglichkeitsprüfung abgesehen werden darf (Art. 2 Abs. 2 Nr. 9a RED III-RL und Art. 15c RED III-RL)[150] und die Vorhabenzulassung nicht zur Ermittlung weiterer Daten führt, sondern auf der Grundlage bereits vorhandener oder vom Vorhabenträger zu beschaffender Daten erfolgen darf.

b. Bereitstellung von Flächen für EE-Anlagen (insbesondere Windenergie an Land)

Ein weiterer wichtiger Punkt bei der Förderung der erneuerbaren Energien ist die Identifizierung und Bereitstellung geeigneter **Flächen**. So komplex es angesichts schwer abzusehender technologischer und soziologischer Entwicklungen über mehrere Jahrzehnte ist, über den zukünftigen Stromverbrauch und die dafür nötige Anzahl von Anlagen Prognosen zu machen,

147 *N. Fietz*, jurisPR-UmwR 6/2023, Anm. 1, Rn. 6.

148 *E. Hofmann*, ZUR 2024, S. 201 (204 f.), m.w.N.; *W. Köck*, ZUR 2023, S. 470.

149 Dass das auch Einbußen hinsichtlich der demokratischen Steuerung des Verwaltungshandelns nach sich zieht, stellt *E. Hofmann*, ZUR 2024, S. 201 (208), fest.

150 *M. Kohls/B. Boerstra*, EnWZ 2024, 60 (69); *C. Baumeister/S. Ramsauer*, ZUR 2024, S. 664 (666 f.)

so notwendig ist es, auf der Grundlage einer informierten Abschätzung des zu erwartenden Strombedarfs, der hierfür nötigen Anzahl von Anlagen und des für diesen erforderlichen Platzbedarfs die hierfür nötigen Flächen zu identifizieren. Das ist angesichts anderweitiger Nutzungen und Nutzungsvormerkungen – vom Wohnungsbau über Gewerbeflächen und Verkehrswege bis zum Freiraum- und Naturschutz – alles andere als einfach. Nimmt man dann noch hinzu, dass für **Windenergieanlagen** genügend Wind vorhanden (Windhöffigkeit) und für **Solaranlagen** der Standort ausreichend sonnig sein muss, dann ist der Kampf um die Flächen für die Standorte von EE-Anlagen im Kern beschrieben. Er fand bislang hauptsächlich im Außenbereich nach § 35 BauGB statt und führte dort zu einem komplexen Genehmigungssystem, in dessen Zentrum **Konzentrationszonen** nach § 35 Abs. 3 S. 3 BauGB standen.[151]

Mit dem Inkrafttreten des **Windenergieflächenbedarfsgesetzes** im Jahr 2023 als Teil des **Wind-an-Land-Gesetzes**[152] gibt der Gesetzgeber den Bundesländern nunmehr die Verpflichtung auf, Windenergiegebiete als Anteile an der Landesfläche auszuweisen; im Durchschnitt sind das bis zum Jahr 2032 2 % der Landesfläche.[153] In **Windenergiegebieten** können WEA **privilegiert** errichtet werden. Solange dieses Ziel in einem Bundesland nicht erreicht ist, entfalten die Windenergiebiete keine Bindungswirkung mit der Folge, dass WEA dort privilegiert und in vielen Fällen ohne Durchführung einer Umweltverträglichkeitsprüfung errichtet werden können (§ 6 Abs. 1 WindBG; §§ 35 Abs. 3 S. 3; 249 Abs. 1 BauGB). Sobald aber das Flächenbeitragsziel erreicht ist, können WEA privilegiert in Windenergiegebieten und außerhalb dieser Gebiete nur noch nach § 35 Abs. 2 BauGB (und damit im seltenen Ausnahmefall) errichtet werden.[154] Der Gesetzgeber hofft, dadurch den Bundesländern einen hinreichenden **Anreiz** zu setzen, die geforderten Windenergiegebiete zügig auszuweisen.

151 So zuletzt *W. Rieger*, UPR 2023, S. 161 (162).

152 Gesetz vom 20.7.2022; im Überblick *M. Kment*, NVwZ 2022, S. 1153 ff.

153 Gesetz zur Festlegung von Flächenbedarfen für Windenergieanlagen an Land (Windenergieflächenbedarfsgesetz – WindBG) vom 20.7.2022, BGBl. I S. 1353, zuletzt geändert durch Art. 12 des Gesetzes vom 8.5.2024 (BGBl. 2024 I Nr. 151).

154 *G. Schmidt-Eichstaedt*, ZfBR 2023, S. 10 (10).

5. Offshore-Windenergie: Ausbaukonzept und Entschädigungsfragen

Die auf See zu gewinnende Energie durch Windenergieanlagen in Nord- und Ostsee bietet für Deutschland nach allen Prognosen ein ganz erhebliches Potential – sollen die energie- und klimapolitischen Ziele der EU und der Bundesrepublik Deutschland erreicht werden, muss in diesem Bereich der **Offshore-Windenergie** ein massiver Ausbau der Kapazitäten erfolgen.[155] Die Idee ist an sich nicht neu. Schon Anfang der 2000er Jahre gab es Bestrebungen, derartige Anlagen zu errichten; die erste Anlage wurde im Jahr 2001 vor der Nordseeinsel Borkum genehmigt.[156] Die Anlage selbst aber nützt nichts, solange nicht auch eine Stromleitung zur Verbindung mit dem Netz an Land existiert, die ebenfalls geplant, genehmigt und errichtet werden musste. Das erfolgte dann für den Offshore-Windpark Borkum West mit 40 Windenergieanlagen endgültig erst im Jahre 2015.[157]

a. Die Entwicklung des Rechtsrahmens für die Offshore-Windenergie

Zu dieser Zeit sah die Seeanlagenverordnung einen Anspruch auf Genehmigung der Anlagen vor, die Betreiber hatten ab Inbetriebnahme einen Netzanbindungsanspruch, einen Anspruch auf Einspeisevergütung und freie Standortwahl in der deutschen Ausschließlichen Wirtschaftszone.[158] Diese attraktiven Rahmenbedingungen sollten Investor:innen ermutigen,

---

155 *Die Bundesregierung*, Mehr Windenergie auf See. In: Die Bundesregierung Archiv, 2.1.2023, https://www.bundesregierung.de/breg-de/service/archiv-bundesregierung/windenergie-auf-see-gesetz-2022968 (16.1.2025); *BMWK*, Mehr Windenergie auf See, https://www.bmwk.de/Redaktion/DE/Downloads/neue-offshore-realisierungsvereinbarung-30-gw-bis-2030pdf.pdf?__blob=publicationFile&v=1 (20.1.2025); *Agora Energiewende*, https://www.agora-energiewende.org/publications/making-the-most-of-offshore-wind (20.1.2025); *M. Wenzel/P. Godron/S. Müller/D. Huebler/L. Janisch*, Meer-Wind für Klimaneutralität. In: Agora Energiewende, 30.7.2024, https://www.agora-energiewende.de/publikationen/meer-wind-fuer-klimaneutralitaet (20.1.2025); *Europäischer Rechnungshof*, Sonderbericht Erneuerbare Offshore-Energie in der EU, SR 2023-22 DE.

156 *Bundesamt für Seeschifffahrt und Hydrographie*, Offshore. In: BSH, https://www.bsh.de/DE/THEMEN/Offshore/offshore_node.html/ (25.3.2025).

157 *Trianel*, Trianel Windkraftwerk Borkum Unser gemeinschaftlicher Beitrag für eine nachhaltige Energiegewinnung. In: Trianel,https://www.trianel-borkum.de/windpark/historie/ (16.1.2025).

158 *C. Bönker*, NVwZ 2004, S. 537 ff.; *C. Müller*, ZUR 2008, S. 584 ff.; *G. Wustlich*, ZUR 2007, S. 122 ff.

die mit der Planung, Errichtung und dem Betrieb solcher Anlagen verbundenen Risiken einzugehen – die Nordsee ist ein schwieriger Baugrund, das (rechtzeitige) Vorhandensein von Anbindungsleitungen notwendige Voraussetzung für den Betrieb der Anlagen, die Standortwahl angesichts konkurrierender Nutzungen durch Fischerei, Naturschutz, Militär und Tourismus nicht trivial.

Mit den Jahren aber wurden die rechtlichen Hürden für die Offshore-Windenergie stetig erhöht – zunächst wurde der Genehmigungsanspruch durch eine **Planfeststellung** und das damit verbundene Ermessen ersetzt, dann folgte die Bindung an in der Bundesfachplanung Offshore und nun im Flächenentwicklungsplan nach § 5 WindSeeG vorgesehene Standorte, zuletzt mussten die Projektbetreiber erst eine **Versteigerung** gewinnen (§§ 16 ff., 26 ff. WindSeeG), um das Recht zu erwerben, überhaupt einen zulässigen Planfeststellungsantrag stellen zu dürfen (§ 67 Abs. 1 Wind SeeG).[159] Die Folge davon war, dass der Ausbau der Offshore-Windenergie ins Stocken geraten ist.

Davon abgesehen gingen einige Investor:innen durch den Systemwechsel, der mit Erlass des Wind-auf-See-Gesetzes seinen vorläufigen Abschluss gefunden hat, leer aus – obwohl sie im Zeitpunkt der Antragstellung einen äußerst günstigen Rechtsrahmen vorgefunden hatten und über Jahre hinweg alle Anforderungen der Genehmigungsbehörde, dem Bundesamt für Seeschifffahrt und Hydrographie, erfüllt hatten. Ein Planfeststellungsbeschluss erging in manchen Fällen nicht, das Verfahren wurde ohne beendenden Verwaltungsakt eingestellt (§ 69 Abs. 3 VwVfG).

b. Entschädigungsfragen

Auch wenn nach dem Verwaltungsverfahrensgesetz kein einfachgesetzlicher Entschädigungsanspruch vor Erlass eines begünstigenden Verwaltungsakts nach § 49 Abs. 6 VwVfG besteht, so stellte das BVerfG in seinem Beschluss vom 30.6.2020 fest, dass ein solches Vorgehen unter bestimmten Umständen das verfassungsrechtliche Vertrauensschutzprinzip verletzt.[160] Das Gericht sprach den betroffenen Investor:innen einen Entschädigungs-

159 *T. Kirch*, EnWZ 2023, S. 351 ff.; *D. Büllesfeld/N. Koch/F. v. Stackelberg*, ZUR 2012, S. 274 ff.; *R. Broemel*, ZUR 2013, S. 408 ff.; *J. Butler/C. Heinickel/H. Hinderer*, NVwZ 2013, S. 1377 ff.; *H. Hofmann*, EnWZ 2014, S. 51 ff.

160 BVerfG vom 30.6.2020 – 1 BvR 1679/17, juris – Rn. 148 ff.

anspruch zu, allerdings nur in Höhe der Kosten der Untersuchungen, deren Ergebnisse zum heutigen Zeitpunkt noch dem Stand von Wissenschaft und Technik entsprächen und damit in laufenden Genehmigungsverfahren verwertbar seien. Da die Untersuchungen etwa der Umweltverträglichkeitsprüfung im Genehmigungsverfahren der Jahre 2008 bis 2012 aber nicht voraussehen konnten, wie der Stand von Wissenschaft und Technik des Jahre 2018 oder später beschaffen sein könnte, haben die betroffenen Investor:innen nach der Rechtsprechung des BVerfG im Ergebnis einen allenfalls als gering zu bezeichnenden **Entschädigungsanspruch**.[161] Das BVerfG ist jedenfalls der Auffassung, die Entschädigung müsse lediglich für diejenigen Kosten erfolgen, die für Untersuchungen aufgewendet wurden, deren Ergebnisse heute noch verwendet werden können.[162] Das trifft auf wenige Untersuchungen zu: eine Umweltverträglichkeitsprüfung aus dem Jahr 2010 kann kaum noch im Jahr 2018 verwertet werden, jedenfalls wird sie regelmäßig nicht dem **Stand von Wissenschaft und Technik** (§ 10 S. 2 WindSeeG) des Jahres 2018 entsprechen (können).

Daher dürfte das Gegenteil richtig sein: gerade die Untersuchungen, deren Ergebnisse wegen Zeitablaufs nicht mehr verwendet werden können, aber im Vertrauen auf das Verwaltungsverfahren getätigt wurden, müssten entschädigt werden. Die Untersuchungen, deren Ergebnisse heute noch dem Stand von Wissenschaft und Technik entsprechen, kann der ursprüngliche Antragsteller und Auftraggeber der Untersuchungen auch noch gegen Entgelt anderen Unternehmen überlassen, anders als bei den überholten Ergebnissen.

Manche der ausländischen Antragsteller aus dieser Zeit haben daher Rechtsschutz vor der Schiedsgerichtsbarkeit nach der **Energy Charter Treaty** gesucht,[163] ein völkerrechtlicher Vertrag, der die Hohen Vertragsparteien und damit auch die Bundesrepublik Deutschland verpflichtet, Investoren:innen *fair and equitable* zu behandeln. Abrupte Paradigmenwechsel wie im Falle des Rechtsrahmens für die Offshore- Windenergie ohne jede Entschädigung sind damit nur schwer vereinbar, offenbar selbst für das BVerfG.[164] Sie sind auch für die Zukunft ein Hindernis für den weiteren Ausbau der erneuerbaren Energien, da sie ausländische Investor:innen mit

161 BVerfG vom 30.6.2020 – 1 BvR 1679/17, juris, Rn. 148 ff.

162 BVerfG vom 30.6.2020 – 1 BvR 1679/17, juris, Rn. 173.

163 Im Überblick *F. Blandfort*, Investitionsschutz im Mehrebenensystem, 2020, S. 79 ff.

164 BVerfG vom 30.6.2020 – 1 BvR 1679/17, juris, Rn. 148 ff.

Blick auf den Standort von einer Beteiligung an ohnehin riskanten Projekten in Nord- und Ostsee abschrecken dürften.

Es kommt hinzu, dass die Bundesregierung offenbar nicht beabsichtigt, einer etwaigen Verurteilung durch ein Schiedsgericht der *Energy Charter Treaty* Folge zu leisten. Anders lässt sich kaum erklären, wieso die Bundesrepublik Deutschland ein Verfahren vor dem BGH angestrengt hatte, mit dem die Unzulässigkeit des Schiedsgerichtsverfahrens festgestellt werden sollte. Die Bundesrepublik hatte damit auch Erfolg, da der BGH der Auffassung des EuGH folgte, derartige Schiedsverfahren seien **europarechtswidrig**.[165] Ob sich das als überzeugend erweist, ist fraglich, bleibt doch der EuGH den hinreichenden Nachweis eines Konflikts zwischen der *Energy Charter Treaty* und den europäischen Verträgen schuldig. Unabhängig davon schwächt es aber die **Verhandlungsposition** der Bundesrepublik Deutschland im Verhältnis zu ausländischen Investor:innen, wenn sich die Bundesrepublik als nicht vertragstreu erweist. Wer soll mit Deutschland völkerrechtliche Verträge schließen wollen, wenn sich die Begünstigten nicht darauf verlassen können, dass sich die Bundesrepublik an die Vereinbarungen hält?

c. Bilanz

Das große Potential der Offshore-Windenergie muss ausgeschöpft werden, sollen die energiepolitischen Ziele der Bundesrepublik erreicht werden. Die Rechtsentwicklung der vergangenen 20 Jahre zeigt, dass der Rechtsrahmen immer wieder angepasst werden muss, um neuen Erkenntnissen oder geänderten politischen Zielsetzungen zu entsprechen. Mittlerweile aber gibt es mit dem **Wind-auf-See-Gesetz** eine Grundlage für die Planung und Errichtung der Anlagen, eine Regulierung über die Verknüpfung mit dem Stromnetz an Land (§ 17d EnWG) und eine geänderte Wirtschaftlichkeit der Anlagen, so dass der Ausbau nicht an prohibitiven rechtlichen Regelungen scheitern dürfte. Wenig hilfreich ist allerdings für die weitere Einbeziehung ausländischer Investor:innen, dass der Paradigmenwechsel der Jahre 2011 und 2012 zu bislang nicht erfüllten Entschädigungsforderungen enttäuschter Investor:innen geführt hat.

---

165 BGH, Beschlüsse vom 27.7.23 – I ZB 43/22, I ZB 74/22 und I ZB 75/22, juris; EuGH, Urteile vom 6.3.2018 – Rs. C-284/16 (Slowakische Republik/Achmea BV), juris; vom 2.9.2021 – Rs. C-741/19 (Komstroy LLC), Rn. 46 ff., juris.

6. Artenschutz als Hindernis des Anlagenbaus?

Auch wenn mit dem Windenergieflächenbedarfsgesetz ein Verfahren zur Identifizierung und Ausweisung prinzipiell geeigneter Flächen für Windenergieanlagen an Land geschaffen worden ist, müssen Standorte für Anlagen dieser Art mit den Anforderungen des **Naturschutzrechts** vereinbar sein.[166] Dieser mögliche Konflikt wird sowohl im Verfahren als auch hinsichtlich materiell-rechtlicher Anforderungen relevant.[167] Verfahrensrechtlich erfolgt die Sachverhaltsermittlung bei der Genehmigungserteilung mit besonderem Blick auf das Naturschutzrecht im Rahmen einer Umweltverträglichkeitsprüfung. Materiell-rechtlich müssen dann der Standort, die Errichtung und der Betrieb an den Vorschriften über den gebietsbezogenen Naturschutz genauso wie den artbezogenen – gemessen werden. Besondere Herausforderungen stellt dabei der Vogelschutz, da die **Vogelschutzrichtlinie** jeden wild lebenden Vogel in Europa schützt und diese häufig dort leben, wo es auch Windenergieanlagen gibt oder geben könnte.[168] Weitere Anforderungen können sich aus dem Schutz besonders gefährdeter Arten wie etwa Fledermäusen ergeben.[169]

Die Schwierigkeiten erwachsen regelmäßig daraus, dass die Vogelschutzrichtlinie die Mitgliedstaaten dazu verpflichtet, Regelungen zum Schutz aller in Europa wildlebenden Vogelarten nach Art. 1 zu erlassen, insbesondere Verbote des absichtlichen Tötens oder Fangens, ungeachtet der angewandten Methode. Auch wenn die Tötung von Vögeln beim Betrieb einer Windenergieanlage sicher keine Absicht ist, sondern nur eine Nebenfolge ihres Betriebs, dürfte das in subjektiver Hinsicht auf ein **billigendes Inkaufnehmen** des Todes von Vögeln hinauslaufen, was nicht ohne weiteres mit Art. 5 der Richtlinie in Einklang steht. Trotz beachtlicher Unterschiede zwischen Vogelschutzrichtlinie und FFH-Richtlinie ist nach der Rechtsprechung des BVerwG in dieser Hinsicht maßgeblich, ob sich durch eine geplante Anlage das Tötungsrisiko geschützter Tierarten signifikant erhöht (vgl. § 44 Abs. 5 S. 2 Nr. 1 BNatSchG), und wenn ja, ob sich diese Erhöhung mit rechtlich zulässigen Erwägungen rechtfertigen lässt.

---

166 *SRU*, Klimaschutz braucht Rückenwind: Für einen konsequenten Ausbau der Windenergie an Land (Februar 2022), Tz. 113.m. w. N.

167 *C. Vornholt/D. Kümmel*, ESGz 2023, S. S. 16 ff.

168 *E. Hofmann*, NuR 2021, S. 217 ff.

169 § 44 BNatSchG in Verbindung mit den Bestimmungen des europäischen Naturschutzrechts (§ 7 Abs. 2 Nr. 13, 14 BNatSchG).

Besondere Aufmerksamkeit haben dabei die Ausnahmetatbestände der **Vogelschutzrichtlinie** gefunden, die Tötungen (nur) aus Gründen der Gesundheit und der öffentlichen Sicherheit zulassen (Art. 9 V-RL). Bei Projekten wie der Errichtung und dem Betrieb von Windenergieanlagen mit dem Ziel, Elektrizität klimaschonend zu produzieren, lassen sich diese Tatbestände durchaus bejahen – alleine die Klimafolgen führen zu Gesundheitsgefahren, sei es durch die Zunahme von Hitzetoten oder Überschwemmungen. Auch die öffentliche Sicherheit kann in diesem Sinne einen Ausnahmetatbestand begründen, da zwar nicht die einzelne Anlage sicherheitsrelevant ist, ihre systemische Bedeutung im Zusammenhang mit der Energiewende hingegen durchaus, wenn man an gesellschaftliche Kerninteressen wie die Nahrungsmittelproduktion, die Befahrbarkeit von Schifffahrtswegen oder die Energieversorgung denkt.

Im deutschen Recht ist das maßgebliche Regime für Ausnahmen, die Tötungen gelegentlich bei Betrieb von Anlagen zulassen, insbesondere in § 45 Abs. 7 S. 1 Nr. 5 BNatSchG zu finden, eine Vorschrift, die ausnahmsweise Tötungen aus anderen zwingenden Gründen des überwiegenden öffentlichen Interesses einschließlich solche sozialer oder wirtschaftlicher Art zulässt. Dieser Tatbestand ist im Anwendungsbereich der Vogelschutzrichtlinie zu weit, da die Vogelschutzrichtlinie nur besondere Gründe zur Rechtfertigung solcher Ausnahmen enthält. Den Tatbestand der öffentlichen Sicherheit der Vogelschutzrichtlinie greift das BNatSchG in § 45 Abs. 7 S. 1 Nr. 4 BNatschG auf. Eine richtlinienkonforme engere Auslegung des § 45 Abs. 7 S. 1 Nr. 5 BNatSchG kann den Anforderungen an die Richtlinienumsetzung nicht genügen, so dass bislang keine europarechtskonforme Umsetzung festgestellt werden kann.

Für die Anwendung auf die kritischen Fälle der signifikanten Erhöhung des Risikos für Kollisionsverluste als Kollateralschaden des Betriebs von Windenergieanlagen heißt das, dass diese gerechtfertigt ist, wenn der gebietsbezogene Naturschutz dies zulässt, zumutbare (Standort-)Alternativen nicht gegeben sind (§ 45 Abs. 7 S. 1 Nr. 5 S. 2 1. Alt. BNatSchG), sich der Erhaltungszustand der betroffenen Populationen nicht verschlechtert (§ 45 Abs. 7 S. 1 Nr. 5 S. 2 2. Alt. BNatSchG), ein vollständiger Ausgleich der Eingriffe zulasten betroffener europäischer Vogelarten angeordnet worden ist, die Rechtfertigung des Tötungsrisikos über in primärrechtskonformer Auslegung der Vogelschutzrichtlinie **öffentliche Sicherheit** (1. Spiegelstrich), Abwendung von **Gefahren für die Pflanzen- und Tierwelt** (4. Spiegelstrich) oder für **die Kulturen und Viehbestände** (3. Spiegelstrich) in hinreichendem Maß gelingt, insgesamt also die Zahl der zu erwartenden toten Tiere gering ist, die Erhaltung der **Populationen** nicht gefährdet wird und das Eingehen des Risikos zur Erreichung der **Klimaschutzziele** notwendig ist.

Dieser umfängliche Katalog von Voraussetzungen macht die Verwirklichung von Windenergieanlagen an Land rechtlich sehr aufwendig, weshalb weiter nach Wegen gesucht wird, die Genehmigungsverfahren zu vereinfachen.[170] Ein solcher Weg besteht in der Standardisierung der Ermittlung des Tötungsrisikos durch gesetzliche Vorgaben wie etwa den Abstandsregelungen in § 45b Abs. 2 und 3 BNatschG[171] und weiteren Bestimmungen in Arbeitshilfen, also Verwaltungsvorschriften der Naturschutzbehörden, ein anderer durch die Vorverlagerung und Abschichtung bestimmter Fragen durch die Bestimmung geeigneter Gebiete im Rahmen des Windenergieflächenbedarfsgesetzes.

Das Gesetz sieht in § 6 **WindBG** vor, dass in den so genannten Windenergiegebieten im Sinne von § 2 Abs. 1 WindBG unter bestimmten Voraussetzungen weder eine UVP noch eine artenschutzrechtliche Prüfung durchgeführt werden muss.[172] Für die Dauer von 18 Monaten erlaubte die EU-Notfallverordnung vom 22.12.2022 solche Maßnahmen,[173] ohne eine zeitliche Beschränkung sieht nunmehr ähnliches die **RED-III-Richtlinie** vor, die dann durch das WindBG in deutsches Recht umgesetzt wird.[174]

Diese beachtliche Senkung verfahrensrechtlicher Anforderungen führt von seinen Wirkungen her zu einer Reduzierung des umweltrechtlichen Schutzniveaus.[175] Das bedeutet aber nicht, dass im Falle eines Risikos für Umweltgüter einschließlich der Bedrohung geschützter Arten keine Konsequenzen für das Genehmigungsverfahren und den Inhalt der Genehmigungen gezogen werden müssten.

---

170 S. u. Abschnitt → D. IV. 4.

171 S. a. die Anlage 1 zu § 45b BNatSchG.

172 Instruktiv dazu *A. Scheidler*, NuR 2023, S. 453 (453, 455).

173 Verordnung (EU) 2022/2577 des Rates vom 22.12.2022 zur Festlegung eines Rahmens für einen beschleunigten Ausbau der Nutzung erneuerbarer Energien, ABl. EU vom 29.12.2022, L 335, S. 36; *M. Kohls/B. Boerstra*, EnWZ 2024, S. 69 ff.

174 Richtlinie (EU) 2023/2413 des Europäischen Parlaments und des Rates vom 18.10.2023 zur Änderung der Richtlinie (EU) 2018/2001, der Verordnung (EU) 2018/1999 und der Richtlinie 98/70/EG im Hinblick auf die Förderung von Energie aus erneuerbaren Quellen und zur Aufhebung der Richtlinie (EU) 2015/652 des Rates, ABl. EU L vom 31.10.2023, S. 1; *J. Wulff*, NVwZ 2024, S. 368 ff.

175 Ebenso *A. Scheidler*, NuR 2023, S. 453 (457 l.Sp.).

Es ist einschließlich und aufgrund der vorstehend genannten Anforderungen regelmäßig zu prüfen, ob

- Standortalternativen existieren,
- Auflagen etwa über die Abschaltung der Anlagen aus Naturschutzgründen verlangt werden können oder müssen,
- Vergrämungseinrichtungen helfen könnten, das Tötungsrisiko zu minimieren, und
- Maßnahmen zur Sicherung des Erhaltungszustands der betreffenden Art durchgeführt werden können oder müssen.

7. Das Wichtigste im Überblick zum EE-Anlagenbau

Ohne klimaschonende Erzeugung von Energie können moderne Gesellschaften die Transformation hin zu einer dekarbonisierten Wirtschaft nicht bewältigen. Ohne Anlagen, die auf erneuerbare Energien zurückgreifen, um Strom zu erzeugen, wird es nicht gehen. Da solche Anlagen von privaten Investoren errichtet werden, muss der Staat die Voraussetzungen für den Bau und den Betrieb solcher Anlagen schaffen: es muss sich als Geschäftsmodell rechnen, in **EE-Anlagen** zu investieren. Das tut es in vielen Fällen nur, wenn die zunächst regelmäßig hohen Kosten der Anlagen durch eine staatliche Förderung ausgeglichen werden. Das beste Beispiel hierfür war die **Einspeisevergütung** nach dem EEG. Sie gab den Investoren die Sicherheit, für eine bestimmte Anlage eines bestimmten Typs für 20 Jahre einen Zuschuss für jede erzeugte Kilowattstunde Strom zu bekommen, dazu die Sicherheit, an das Netz angeschlossen zu werden und bei Überforderung des Netzes Vorrang vor den anderen Stromquellen eingeräumt zu bekommen.

Eine Anreizpolitik dieser Art ist jedoch ein staatlicher Eingriff in den Markt, der rechtfertigungsbedürftig ist und den Wettbewerb – man möchte sagen, aus gutem Grund – verzerrt. Auch aus kompetenzrechtlichen Erwägungen heraus hatte die EU-Kommission Einwände gegen das deutsche Modell der Einspeisevergütung, die als staatliche Beihilfe aus europäischer Sicht schon deshalb problematisch erscheint, weil sie Wettbewerber im europäischen Strommarkt benachteiligt: nur deutsche Anlagen kommen in den Genuss der Förderung durch die Einspeisevergütung, nicht Anlagen, die in anderen Ländern stehen.

Auf Druck der EU-Kommission hat die Bundesrepublik Deutschland daher die Einspeisevergütung nach und nach durch ein **Ausschreibungsmodell** ersetzt, das auf einen mittlerweile aus Haushaltsmitteln bestrittenen Zuschuss zurückgreift („Marktprämie") und die wettbewerbsrechtliche Kontrolle erleichtert, sich aber für den Ausbau der erneuerbaren Energien nicht als überlegen erwiesen hat. Neben der **Beihilfeproblematik** stellt die Beschleunigung der Genehmigungsverfahren eine große Herausforderung dar: sollen geeignete Standorte ohne Verzögerungen identifiziert und genutzt werden, bedarf es hierzu des kompetenten Projektmanagements auf allen Seiten, für das nicht immer das erforderliche Personal vorhanden ist. Der Verzicht auf **Umweltverträglichkeitsprüfungen** macht Verfahren zwar schneller, vor allem wegen des damit regelmäßig einhergehenden Verzichts auf eine **Öffentlichkeitsbeteiligung**, er birgt aber auch Risiken hinsichtlich der Sachgerechtigkeit der getroffenen Entscheidungen.
Im Bereich der **Offshore-Windenergie** ist die Standortfindung besonders brisant, da die Entfernung zur Küste und die zur Nutzung der Windenergieanlagen erforderlichen Anbindungsleitungen notwendige Voraussetzungen für die wirtschaftliche Nutzung dieser Stromerzeugungsart darstellen. Das nun geltende Verfahren verlangt von den Investoren, sich zunächst an einer Versteigerung mit Geboten für die Sicherung des Rechts zu beteiligen, einen Standort nutzen zu dürfen, um anschließend dort ein Planfeststellungsverfahren zu durchlaufen. Der Paradigmenwechsel der Jahre 2010 bis 2012 hat Entschädigungsfragen ausgelöst, die bis heute noch nicht endgültig beantwortet sind.

Schließlich steht der Ausbau der erneuerbaren Energien wegen der erforderlichen Flächen in Konkurrenz zu anderen Raumnutzungen. Eine der wichtigsten ist die des **Naturschutzes**: Windenergieanlagen stehen vielfach fern von Siedlungen und damit häufig dort, wo auch geschützte Tierarten anzutreffen sind. Rechtlich bedeutet dies häufig, dass der Konflikt zwischen Tötungsverboten und Genehmigungsansprüchen zu lösen ist. Das insoweit maßgebliche europäische Artenschutzrecht einschließlich der Vogelschutzrichtlinie fordert die Ausschöpfung von Standortalternativen, die Ergreifung von Schutzmaßnahmen wie Vergrämungseinrichtungen oder zeitlich begrenzte Abschaltungen und soweit sich das auch auf das Ausschöpfen bezieht, vielleicht nach vorne ziehen oder das "von" streichen, aber bitte Satzbau-Bearbeiter damit auseinandersetzen, ist mir bei der Interpunktion aufgefallen Maßnahmen zur Erhaltung der betroffenen Populationen. Das verringert die Wahrscheinlichkeit tödlicher Kollisionen mit Vögeln, schließt diese im Ergebnis aber nicht kategorisch aus.

V. Energieeffizienz: Geräte, Maschinen, Gebäude

Neben dem Austausch fossiler Energieträger zur Erzeugung von Elektrizität durch erneuerbare Energien wie Wind und Sonne ist ein weiteres Instrument zur Reduzierung von Treibhausgasemissionen die **Verringerung des gesellschaftlichen Bruttoendenergieverbrauchs**. Dieser kann auch durch die **Verbesserung des spezifischen Energieverbrauchs** einzelner Sektoren oder Geräte verringert werden – wie viel Energie wird benötigt, um etwa einen Kühlschrank ein Jahr auf eine bestimmte Temperatur zu bringen, wie viel Energie wird benötigt, um ein Haus einer bestimmten Größe auf eine bestimmte Temperatur zu heizen? Die damit angesprochene Aufgabe ist die der Energieeffizienz. Zunächst ist ein Blick auf den europarechtlichen Rahmen erforderlich, um die Umsetzung in Deutschland einordnen zu können.

1. Die Energieeffizienzrichtlinie

Die ursprünglich im Jahr 2012 verabschiedete und zuletzt 2023 überarbeitete **EU-Energieeffizienzrichtlinie** verpflichtet die Mitgliedstaaten, indikative nationale Energieeffizienzbeiträge zur Erreichung des übergeordneten **Energieeffizienzziels** von mindestens 32,5 % bis 2030 vorzulegen und durch **strategische Maßnahmen** zu verfolgen.[176] Die weiteren Ziele der Richtlinie sind bereits vorstehend in → Abschnitt C II. 5 erläutert worden.

Zentral ist der Richtlinie der Begriff der Energieeffizienz: Energieeffizienz bedeutet nach Art. 2 Nr. 4 das **Verhältnis von Ertrag an Leistung, Dienstleistungen, Waren oder Energie zu Energieeinsatz.** Damit zielt die Richtlinie also auf das spezifische **Sorgfaltsniveau** bei der Durchführung einer Handlung – also dem Gebrauch eines Haushaltsgeräts, einer Maschine

176 Art. 1 Abs. 1 Richtlinie (EU) 2012/27 vom 25.10.2012 zur Energieeffizienz, zur Änderung der Richtlinien 2009/125/EG und 2010/30/EU und zur Aufhebung der Richtlinien 2004/8/EG und 2006/32/EG, ABl. EU L 315/1, zuletzt geändert durch Delegierte Verordnung (EU) 2023/807 vom 15.12.2022, ABl. EU L 101/16, ABl. L 101 vom 14.4.2023, S. 16–18.

oder eines Fahrzeugs.[177] Das spezifische Effizienzniveau eines Geräts ist aber weder notwendige noch hinreichende Bedingung für das absolute Verringern der verbrauchten Energie; ein energiesparenderes Gerät kann in seinem Gebrauch genauso viel oder sogar mehr Energie verbrauchen wie ein weniger benutztes Gerät, das hinsichtlich der Energieeffizienz schlechter ist. Diese Fragen des **Aktivitätsniveaus** sind dem Konzept der Energieeffizienzrichtlinie weitestgehend entzogen. Nur Art. 7 der Richtlinie greift als Ziel **die absolute Reduzierung des Endenergieverbrauchs** auf, indem er den Mitgliedstaaten kumulierte Endenergieeinsparungsverpflichtungen auferlegt. **Instrumentell** wird dieses Ziel aber nur gering unterfüttert („Konzeption strategischer Maßnahmen", Art. 7 Abs. 11 EnEf-RL).

Man muss daher die Randbedingungen des Energieeffizienzansatzes im Blick behalten: nur bei gleichbleibendem oder sich verbesserndem Nutzungsverhalten – etwa die Dauer, die eine Lampe benutzt wird – bedeutet eine Verbesserung der Energieeffizienz auch eine Verringerung des Endenergieverbrauchs. Hierzu schaffen energieeffizientere Geräte oder Maschinen jedoch nicht automatisch Anreize, da ihr Betrieb ja kostengünstiger wird, was dazu führen kann, dass sich das Nutzungsverhalten energieungünstig ändert.[178] Weitere Elemente der Verhaltensbeeinflussung sind daher notwendig, soll die Verbesserung der Energieeffizienz im Ergebnis zu einer Reduktion des Energieverbrauchs und damit regelmäßig auch der Treibhausgasemissionen führen. Dazu zählen Maßnahmen der **Öffentlichkeitsarbeit** und der Aufklärung genauso wie wirtschaftliche Anreize etwa im Zusammenhang mit einer Verteuerung der Energieinanspruchnahme (insbesondere durch das frühere BEHG oder seit 2025 (Artikel 1 G. v. 27.02.2025 BGBl. 2025 I Nr. 70) durch das geänderte TEHG zur Umsetzung des ETS 2.

Die Richtlinie enthält eine Reihe von Vorgaben über Instrumente zur Erreichung des Energieeffizienzverbesserungsziels. So bestimmt etwa Art. 5, dass wegen der **Vorbildwirkung** der öffentlichen Hand öffentliche Gebäude auf ein bestimmtes Wärmeeffizienzniveau durch eine **Energiesanierung** zu bringen sind (Art. 5 Energieeffizienzrichtlinie). Die Energieeffizienz ist in **Beschaffungsvorgänge** einzubeziehen (Art. 6). Die Einführung von **Energiemanagementsystemen**, von **Energieaudits**, der **Verbrauchs-**

177 Für manche dieser Gegenstände gibt es Spezialregelungen, etwa die Ökodesign-Richtlinie, s. nachstehend → D. V. 5.

178 Zu dieser Problematik s. a. die Erläuterungen zur Ökodesign-Richtlinie in → D. V. 5.

erfassung der Wärme- und Kälteversorgung und die Förderung der **Kraft-Wärme-Kopplung** zählen zu weiteren Hilfsinstrumenten der Richtlinie.

Zur Umsetzung der Energieeffizienzrichtlinie sind in Deutschland verschiedene Gesetze erlassen worden:

2. Das Energieeffizienzgesetz (EnEfG)

Was die Instrumente angeht, so setzt das EnEfG ausweislich von § 5 Abs. 1 EnEfG auf „strategische Maßnahmen“, mit denen der Bund jährlich neue Endenergieeinsparungen in Höhe von jeweils mindestens 45 Terawattstunden erzielen muss (§ 5 Abs. 1 S. 1 EnEfG). Strategische Maßnahmen stellen nach § 3 Nr. 26 EnEfG Regulierungs-, Finanz-, Fiskal-, Fakultativ- oder Informationsinstrumente zur Schaffung eines unterstützenden Rahmens oder Auflagen oder Anreize für Marktteilnehmer dar, damit sie Energiedienstleistungen erbringen oder beauftragen und weitere energieeffizienzverbessernde Maßnahmen ergreifen. Auch für die Länder gibt es eine vergleichbare Pflicht (§ 5 Abs. 2 EnEfG). Neben der Schaffung einer Bundesstelle für Energieeffizienz (§ 7) sind Unternehmen mit einem jährlichen durchschnittlichen Gesamtendenergieverbrauch innerhalb der letzten drei abgeschlossenen Kalenderjahre von mehr als 7,5 Gigawattstunden nach § 8 Abs. 1 verpflichtet, ein Energie- oder Umweltmanagementsystem gemäß § 8 Abs. 2 S. 1 oder S. 2 einzurichten. Kleinere Unternehmen mit einem Endenergieverbrauch von mehr als 2,5 GWh müssen spätestens binnen drei Jahren konkrete, durchführbare **Umsetzungspläne** erstellen und veröffentlichen. **Rechenzentren** müssen zukünftig klimaneutral betrieben werden (§ 11), **Abwärme** muss genutzt werden (§ 16).

Für den Fall, dass die Unternehmen die durch das Gesetz begründeten Pflichten – etwa die Einrichtung eines Umweltmanagementsystems – nicht oder nicht hinreichend umsetzen, sieht das Gesetz **Bußgelder** vor (§ 19 EnEfG). Noch wichtiger wäre es gewesen, **Sanktionen** für den Fall vorzusehen, dass der Bund und die Länder ihre durch das Gesetz vorgegebenen Ziele nicht erreichen – dass es diese nicht gibt, wird für Umweltverbände im Falle der Zielverfehlung Anlass sein, Rechtsschutz vor den Verwaltungs- und Verfassungsgerichten zu suchen. Die Ziele des EnEfG sind nach der Schutznormtheorie allerdings sicher keine Normen, die dem Schutz Einzelner zu dienen bestimmt sind. **Individualklagen** dürfte es daher schwerfallen, eine Klagebefugnis oder gar ein einklagbares Recht zu begründen. Die Ziele sind auch nicht ohne weiteres von Umweltverbänden einzuklagen, da das **Umweltrechtsbehelfsgesetz** keine Anwendung auf das EnEfG findet, sondern grundsätzlich nur auf in § 1 UmwRG bestimmte staatliche „Entscheidungen“ und nicht auf Ziele. Diese können allerdings als Auslegungshilfe bei der Begründung staatlicher Entscheidungen – auch solcher, die unter das UmwRG fallen – eine Rolle spielen.

3. Kraft-Wärme-Kopplung

Ebenfalls zur Umsetzung der Energieeffizienzrichtlinie dient das Gesetz für die Erhaltung, die Modernisierung und den Ausbau der Kraft-Wärme-Kopplung vom 21.12.2015 (BGBl. I, S. 2498), zuletzt geändert durch Art. 9 des Gesetzes vom 20.12.2022 (BGBl. I, S. 2512). „Kraft-Wärme-Kopplung“ (KWK) ist nach der Energieeffizienzrichtlinie (Art. 2 Nr. 30) die gleichzeitige Erzeugung thermischer Energie und elektrischer oder mechanischer Energie in einem Prozess. Während die Richtlinie die Förderung der KWK von positiven Ergebnissen einer Kosten-Nutzen-Analyse zur Bewertung ihres Potenzials abhängig macht (Art. 14 EEff-RL), sieht das KWK-Gesetz eine Anschluss- und Abnahmepflicht für KWK-Strom (§ 3 KWK-Gesetz) und einen **Anspruch auf Zahlung eines Zuschlags gegen den Netzbetreiber** abhängig von Alter und Art der der KWK-Anlage ohne eine solche Voraussetzung vor (§§ 5 ff. KWK-G, etwa § 6 Abs. 1 KWK-G).

Gerade für die **Wärmeplanung** spielen KWK-Anlagen eine große Rolle, da die Fernwärmenetze durch die Verbindung mit KWK-Anlagen erheblich an Effizienz gewinnen können.[179] Die für den Betrieb von KWK-Anlagen erforderliche Wärme stammt im Idealfall aus erneuerbaren Energien, kommt aber derzeit vielfach noch aus der Abwärme der Verbrennung fossiler Treibstoffe.[180]

---

179 Zur Wärmeplanung s. → D. V. 3.

180 *UBA*, Kraft-Wärme-Kopplung (KWK), 21.2.2025, https://www.umweltbundesamt.de/daten/energie/kraft-waerme-kopplung-kwk#kwk-stromerzeugung (24.11.2025); *Scientists for future Deutschland*, KWK: Alte Energietechnologie findet neue Rolle in der Wärmewende, 21.2.2023, https://de.scientists4future.org/alte-energietechnologie-findet-neue-rolle-in-der-waermewende/ (20.1.2025); *Statista*, Nettowärmeerzeugung aus Kraft-Wärme-Kopplung in Deutschland nach Energieträger im Jahresvergleich 2014 und 2024, https://de.statista.com/statistik/daten/studie/308318/umfrage/kwk-waermeerzeugung-in-deutschland-nach-energietraeger/ (20.1.2025).

4. Das Gebäudeenergiegesetz (GEG)

Das **Gebäudeenergiegesetz** ist zwar der Energieeffizienzrichtlinie inhaltlich sehr nah, beruht aber auf der **Gebäudeenergierichtlinie** der EU, die ursprünglich im Jahre 2010 erlassen wurde.[181] Die Richtlinie verpflichtet die Mitgliedstaaten zur Erarbeitung einer **Renovierungsstrategie**, die sicherstellen soll, dass im Jahre 2050 die Treibhausgasemissionen des Gebäudesektors 80 bis 95 % unter denen des Jahres 1990 liegen (Art. 2a Abs. 1 Gebäudeenergierichtlinie (EU)). Die nationale Strategie muss einen **Fahrplan mit indikativen Meilensteinen** für die Jahre 2030, 2040 und 2050 enthalten (Art. 2a Abs. 2). Das erfüllt die von der Bundesregierung im Jahre 2020 vorgelegte Strategie, indem sie in 2.1.2.3, 2.1.2.4 und 2.1.2.5 entsprechende Vorgaben macht.[182] Bis zum Jahr 2030 will die Bundesregierung den nicht erneuerbaren Primärenergieverbrauch (PEV n.E.) auf 2.000 PJ (556 TWh) senken, für die Jahre 2040 und 2050 beschränkt sich die **Gebäude-Renovierungsstrategie** auf die Erwartung, dass Deutschland auch nach 2030 eine „kontinuierliche, deutliche Steigerung der Gesamtenergieeffizienz" forcieren werde. Eine quantitative Festlegung erfolgt insoweit nicht. Ob das den europarechtlichen Anforderungen an die Meilensteine entspricht, kann man wegen der semantischen Vagheit der genannten Zusage bezweifeln. Es fehlen auch Angaben darüber, welche Maßnahmen bis wann und von wem ergriffen werden sollen, und infolgedessen auch, welche Wirkungsbeiträge von möglichen oder geplanten Maßnahmen zu erwarten wären.

Im Übrigen verlangt die Gebäudeenergierichtlinie die Festlegung einer Methode zur Berechnung der Gesamtenergieeffizienz von Gebäuden (Art. 3), die Festlegung von **Mindestanforderungen** an die Gesamtendenergieeffizienz (Art. 4) und deren Anwendung auf neue wie auf bestehende Gebäude (Art. 6 und 7). Während neue Gebäude den Mindestanforderungen vollumfänglich unterfallen, setzen die Anforderungen an bestehende Gebäude an eine Renovierung an und stehen unter dem **Vorbehalt der Wirtschaftlichkeit** (Art. 7 Abs. 1 Gebäudeenergierichtlinie).

---

181 RL 2010/31/EU vom 19.5.2010 über die Gesamtenergieeffizienz von Gebäuden, ABl. L 153 vom 18.6.2010, S. 13, zuletzt geändert durch Verordnung (EU) 2018/1999 vom 11.12.2018, ABl. L 328 vom 21.12.2018, S. 1–77.

182 *Bundesregierung, Langfristige Renovierungsstrategie Gebäude,* https://energy.ec.europa.eu/document/download/f5284d9f-e80b-44f5-b9c4-376eb96bec1f_en?filename=de_ltrs_2020.pdf (6.6.2024).

Dementsprechend gelten die Anforderungen und Pflichten durch das GEG nur nach Maßgabe des **Grundsatzes der Wirtschaftlichkeit** (§ 5 GEG). Anforderungen und Pflichten des Gesetzes gelten ausweislich von § 5 S. 2 als wirtschaftlich vertretbar, wenn generell die erforderlichen Aufwendungen innerhalb der üblichen Nutzungsdauer durch die eintretenden Einsparungen erwirtschaftet werden können. Dieser rein betriebswirtschaftliche Wirtschaftlichkeitsbegriff reibt sich mit dem Ziel des GEG (und der Richtlinie), „unter Beachtung des Grundsatzes der Wirtschaftlichkeit im Interesse des Klimaschutzes eine nachhaltige Entwicklung der Energieversorgung zu ermöglichen", da er den Nutzen des gemilderten Klimawandelrisikos **implizit mit Null bewertet**.[183] Sie steht auch in Widerspruch zu der nach Anhang II Nr. 4.1 lit. e und Nr. 4.4. Ziff. 3 VO (EU) Nr. 244/2012 geforderten Einbeziehung der Kosten von Treibhausgasemissionen in Höhe von anfänglich 20 Euro/t CO_2-Äquivalent bis 50 Euro/t CO_2-Äquivalent bei der Berechnung der Betriebskosten.[184]

Angesichts der verschiedenen Ausnahmen vom Anwendungsbereich der Anforderungen aus § 46 ff. GEG an bestehende Gebäude (insbesondere Baudenkmäler, Kirchen und andere religiös genutzte Gebäude, Wohngebäude, die weniger als vier Monate im Jahr genutzt werden, § 2 Abs. 2 GEG) und des sie zusätzlich abmildernden Wirtschaftlichkeitsgebots wird das GEG wohl nicht die gesteckten Ziele – vor allem die Klimaneutralität des Gebäudesektors im Jahr 2045 nach § 3 Abs. 2 KSG – erfüllen können.[185]

Diese Gefahr besteht auch deshalb, weil § 46 Abs. 2 GEG die Verpflichtungen zur Wärmedämmung unter den Vorbehalt stellt, dass sie anderen öffentlich-rechtlichen Vorschriften zur Standsicherheit, zum Brandschutz, zum Schallschutz, zum Arbeitsschutz oder zum Schutz der Gesundheit nicht entgegenstehen. Das ist ein **pauschaler Vorrang des übrigen öffentlichen Rechts** gegenüber der Treibhausgasreduzierung im Gebäudesektor, der nicht nach Wichtigkeit des jeweiligen Anliegens differenziert und daher den Klimaschutzfolgen generell und auch gegenüber kleinsten Anforderungen der genannten Regelungsbereiche eine nachrangige Bedeutung zumisst.[186] Schließlich ist es aus Sicht des Klimaschutzes unglücklich, dass für den Fall, dass die Eigentümer:innen einen Teil eines Wohngebäudes mit nicht mehr

183 *E. Hofmann*, in: Knauff, GEG, § 5 Rn. 8.
184 *E. Hofmann*, in: Knauff (Hrsg.), GEG, § 5 Rn. 8.
185 *T. Heinicke*, ZUR 2024, S. 451, (458 f.).
186 *E. Hofmann*, in: Knauff (Hrsg.), GEG, § 46 Rn. 7.

als zwei Wohnungen das Haus selbst bewohnen, verschiedene Ausnahmen nach § 47 Abs. 3 und 4 GEG bestehen, die im Ergebnis die Umsetzung der nicht-anlassbezogenen Pflicht zur energetischen Sanierung von Wohngebäuden auf unbestimmte Zeit vertagen kann.[187] **Verfassungsrechtliche Bedenken** gegen das „Heizungsgesetz" haben sich als haltlos erwiesen.[188]

5. Ökodesign-Richtlinie: Elektrogeräte

Mit Hilfe der **Ökodesign-Richtlinie** 2009/125[189] will die EU erreichen, dass Geräte wie **Leuchtmittel**, **Büromaschinen** oder **Haushaltsgeräte** energieeffizienter werden.[190] Neben Selbstverpflichtungen der Industrie greift die Richtlinie auf EU-Verordnungen als Instrument zur Durchsetzung zurück, die für einzelne Gerätearten Effizienzvorgaben machen. Entsprechende Vorgaben gibt es insbesondere für Büro- und Haushaltsgeräte[191],

187 *E. Hofmann*, in: Knauff (Hrsg.), GEG, § 46 Rn. 6.

188 *T. Heinicke*, KlimaRZ 2024, S. 3 (12).

189 Richtlinie 2009/125/EG des Europäischen Parlaments und des Rates vom 21.10.2009 zur Schaffung eines Rahmens für die Festlegung von Anforderungen an die umweltgerechte Gestaltung energieverbrauchsrelevanter Produkte (Neufassung), ABl. L 285 vom 31.10.2009, S. 10, zuletzt geändert durch Richtlinie (EU) 2012/27 des Europäischen Parlaments und des Rates vom 25.10.2012 zur Energieeffizienz, zur Änderung der Richtlinien 2009/125/EG und 2010/30/EU und zur Aufhebung der Richtlinien 2004/8/EG und 2006/32/EG, ABl. L 315 vom 14.11.2012, S. 1–56.

190 In Deutschland umgesetzt durch Gesetz über die umweltgerechte Gestaltung energieverbrauchsrelevanter Produkte (Energieverbrauchsrelevante-Produkte-Gesetz – EVPG) vom 27.2.2008 (BGBl. I S. 258), zuletzt geändert durch Art. 260 der Verordnung vom 19.6.2020 (BGBl. I S. 1328).

191 Verordnung (EU) 2023/826 der Kommission vom 17.4.2023 zur Festlegung von Ökodesign-Anforderungen an den Energieverbrauch elektrischer und elektronischer Haushalts- und Bürogeräte im Aus-Zustand, im Bereitschaftszustand und im vernetzten Bereitschaftsbetrieb gemäß der Richtlinie 2009/125/EG des Europäischen Parlaments und des Rates und zur Aufhebung der Verordnungen (EG) Nr. 1275/2008 und (EG) Nr. 107/2009 der Kommission.

Fernsehgeräte[192], Computer[193] sowie für Heizgeräte[194] auch für die Verwendung fossiler Brennstoffe[195]. Das hat aber in Deutschland in den vergangenen 15 Jahren nicht zu greifbaren Einsparungen geführt, wie → Abbildung 15 erkennbar macht:

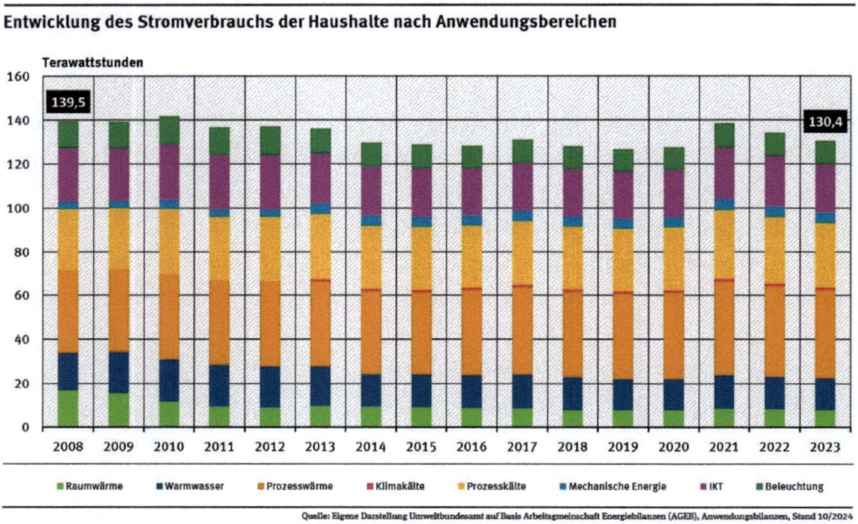

Abbildung 15: Entwicklung des Stromverbrauchs der Haushalte nach Anwendungsbereichen | Beleg 15

---

192 Verordnung(EU) 2019/2021 der Kommission vom 1.10.2019 zur Festlegung von Ökodesign-Anforderungen an elektronische Displays gemäß der Richtlinie 2009/125/EG des Europäischen Parlaments und des Rates, zur Änderung der Verordnung (EG) Nr. 1275/2008 der Kommission und zur Aufhebung der Verordnung (EG) Nr. 642/2009 der Kommission.

193 Verordnung (EU) Nr. 617/2013 der Kommission vom 26.6.2013 zur Durchführung der Richtlinie 2009/125/EG des Europäischen Parlaments und des Rates im Hinblick auf die Festlegung von Anforderungen an die umweltgerechte Gestaltung von Computern und Computerservern.

194 Verordnung (EU) 2015/1188 der Kommission vom 28.4.2015 zur Durchführung der Richtlinie 2009/125/EG des Europäischen Parlaments und des Rates im Hinblick auf die Festlegung von Anforderungen an die umweltgerechte Gestaltung von Einzelraumheizgeräten.

195 Verordnung (EU) 2015/1189 der Kommission vom 28.4.2015 zur Durchführung der Richtlinie 2009/125/EG des Europäischen Parlaments und des Rates im Hinblick auf die Festlegung von Anforderungen an die umweltgerechte Gestaltung von Festbrennstoffkesseln.

Die Entwicklung zeigt deutlich, dass es trotz der Verbesserung der Energieeffizienz des einzelnen Geräts gegenläufige Effekte geben kann, die die Effizienzgewinne kompensieren. Dazu zählen insbesondere die Anzahl der Geräte und deren Nutzungsdauer, aber auch die durchschnittliche Wohnungsgröße und die Entwicklung der Bevölkerungszahlen.[196] Umstritten war etwa die Ersetzung von Glühlampen durch energieeffizientere Leuchtmittel.[197]

Sie betrifft nahezu alle Produkte, da sie auf alle Erzeugnisse Anwendung findet, deren Nutzung den Verbrauch von Energie in irgendeiner Weise beeinflusst (Art. 2 Nr. 1 Ökodesign-Richtlinie). Obwohl die Ökodesign-Richtlinie damit einem umfassenden, auf alle energieverbrauchenden Geräte zielenden Ansatz verpflichtet ist, sieht sie selbst keine Mindestenergieeffizienzstandards vor. Das geschieht dann mit Hilfe der Standardsetzung durch die auf ihrer Grundlage verabschiedeten Verordnungen.[198] Diese sind in Deutschland im **Energieverbrauchsrelevante-Produkte-Gesetz (EVPG)** zu finden. Das EVPG ergänzt die inhaltlichen Standards um Marktüberwachungsmaßnahmen (§ 7 EVPG). Die zur Information der Verbraucher:innen erforderlichen Kennzeichnungen erfolgen mit Hilfe des **Energieverbrauchskennzeichnungsgesetzes**, der **Energieverbrauchskennzeichnungsverordnung** und der **Pkw-Energieverbrauchskennzeichnungsverordnung**. Damit sollen der Stromverbrauch und die CO_2-Emissionen der Fahrzeuge transparent gemacht werden. Die entsprechenden Kennzeichnungspflichten ergeben sich aus einer Rechtsverordnung.[199]

Auch wenn alles dafürspricht, die Energieeffizienz von Geräten zu verbessern, die Energie verbrauchen oder den Energieverbrauch auch nur beeinflussen, so darf nicht übersehen werden, dass der Ansatz auch der Ökodesign-Richtlinie allein auf die Verbesserung des **Sorgfaltsniveaus** zielt. Wie viel oder wie oft die Geräte benutzt werden, befindet sich außerhalb des Konzepts der Richtlinie und muss mit anderen Mitteln adressiert werden, etwa über den Preis.

---

196 Einschränkend daher auch das *UBA*, https://www.umweltbundesamt.de/daten/private-haushalte-konsum/konsum-produkte/energieeffiziente-produkte#massnahmen-der-politik-okodesign (28.5.2024).

197 *S. Much*, in: Kluth/Smeddinck (Hrsg.), Umweltrecht, S. 360.

198 Ebenso wohl *S. Much*, in: Kluth/Smeddinck, S. 360.

199 Energieverbrauchskennzeichnungsverordnung vom 30.10.1997 (BGBl. I S. 2616), zuletzt geändert durch Art. 1 der Verordnung vom 19.2.2021 (BGBl. I S. 310).

6. Das Wichtigste im Überblick zur Energieeffizienz

Die Umweltenergiepolitik versucht schon seit langem, die Energieeffizienz energieverbrauchender Geräte, Maschinen oder Fahrzeuge zu erhöhen. Diese Bemühungen beziehen sich auf den **spezifischen Energieverbrauch**, also das **Sorgfaltsniveau**, nicht auf die Anzahl der Handlungen oder ihrer Dauer (das **Aktivitätsniveau**). Erst das Produkt aus der Anzahl der Geräte, dem Sorgfaltsniveau und dem Aktivitätsniveau ergibt sich der Endenergieverbrauch einer Geräteklasse. Die Energieeffizienzrichtlinie bedarf daher weiterer unterstützender Randbedingungen, wenn sie einen Beitrag zum Klimaschutz durch Reduzierung des Endenergieverbrauchs leisten soll.

Den Rechtsrahmen bildet zunächst die **Energieeffizienzrichtlinie** (EU), die zur Erreichung der Effizienzerhöhungsziele verschiedene strategische Maßnahmen vorsieht, die Entwicklung und Umsetzung der Konzepte aber den Mitgliedstaaten überlässt. In Deutschland erfolgte die Umsetzung im Wesentlichen durch das Energieeffizienzgesetz, das die Entwicklung von Energieeffienzerhöhungskonzepten auf Bundesebene fordert, die Nutzung von Abwärme verlangt, und vorschreibt, Rechenzentren klimaneutral zu betreiben. Das **Kraft-Wärme-Kopplungsgesetz** stellt ebenso eine Umsetzung der Energieeffizienzrichtlinie dar. Es führt zu einer finanziellen Förderung solcher Anlagen über einen **Anspruch der Anlagenbetreiber gegen die Netzbetreiber**.

Für Gebäude gilt die **Gebäudeenergierichtlinie**, die durch das Gebäudeenergiegesetz umgesetzt worden ist. Das GEG bestimmt unterschiedliche Dämmungskoeffizienten für Neubauten und Bestandsgebäude, für Wohngebäude, Ställe und Industriegebäude. Die wichtigste Unterscheidung liegt sicher in der zwischen Neubau und Bestand – die allermeisten der Mitte des Jahrtausends – also zum Zeitpunkt der angestrebten Klimaneutralität – in Deutschland stehenden Gebäude sind bereits errichtet. Es wird in Zukunft verstärkt darauf ankommen, den Bestand zu sanieren.

Man darf aber nicht nur auf die Gebäude in ihrer „aktiven“ Zeit blicken, wenn man auf die Dekarbonisierung des Gebäudesektors schaut: auch die Herstellung der Baustoffe, ihr Transport und im Falle eines Abrisses auch die Wiederverwendung oder Entsorgung der verbrauchten Baustoffe gehört zur Klimabilanz des Gebäudesektors (*Cradle-to-Cradle*-Prinzip). Das GEG bezieht sich also nur auf einen – wenn auch wichtigen – Ausschnitt aus den Ursachen für die in dem Sektor zu reduzierenden Treibhausgasemissionen.

Vom Anforderungsniveau her hat sich durch das GEG gegenüber den zuvor geltenden Gesetzen nichts Erhebliches geändert, was mit Blick auf das Ziel der Klimaneutralität bedauerlich ist.

Verschiedene **Geräte** – insbesondere Leuchtmittel, Haushaltsgeräte und Büromaschinen – müssen mittlerweile bestimmten europarechtlich festgelegten Energieeffizienzstandards genügen und entsprechend gekennzeichnet sein. All diese Maßgaben beziehen sich auf den spezifischen Energieverbrauch der Geräte (das Sorgfaltsniveau) und haben nur mittelbar Auswirkungen auf den absoluten Endenergieverbrauch, auf den es aus Sicht des Klimaschutzes vor allem ankommt. Der absolute Endenergieverbrauch hängt auch von der Anzahl der Geräte und der Art und Dauer ihres Gebrauchs (dem Aktivitätsniveau) ab – das sind alles Faktoren, die von den Energieeffizienzstandards nicht erfasst werden. Es gilt, hierfür weitere Verhaltensanreize zur Einsparung von Energie zu setzen, etwa über den Preis.

VI. Verkehr

1. Einführung: Verkehrsumweltpolitik vor den Herausforderungen der Klimakrise

Der Verkehrssektor trug zu den THG-Emissionen im Jahre 2023 in Deutschland 22 %[200] und in Europa 28,5 %[201] bei und zählt zu den Feldern, in denen in den letzten Jahren kaum Fortschritte zu verzeichnen sind. Während die Zielvorgaben nach dem KSG quantifiziert und anspruchsvoll sind – das Gesetz verlangt für den Sektor Verkehr eine Reduzierung zu 150 Mio. t CO_2-Äquivalent im Jahr 2020 auf 85 Mio. t CO_2-Äquivalent im Jahre 2030 – sind die erreichten Erfolge eher ernüchternd. Das Umweltbundesamt prognostiziert eine **Zielverfehlung im Verkehrssektor** von 180 Mio. t CO_2-Äquivalent im Jahr 2030.[202] Das ist als Zwischenziel bis 2030 für sich

200 *UBA*, Klimaschutz im Verkehr. 12.3.2025, https://www.umweltbundesamt.de/themen/verkehr/klimaschutz-im-verkehr#rolle (12.12.2025).

201 *Europäisches Parlament*, CO_2-Emissionen des Luft- und Schiffsverkehrs: Zahlen und Fakten (Infografik). In: Europäisches Parlament, 14.6.2022, https://www.europarl.europa.eu/topics/de/article/20191129STO67756/co2-emissionen-des-luft-und-schiffsverkehrs-zahlen-und-fakten-infografik (29.1.2025).

202 *K. Wehnemann/K. Schultz*, Treibhausgas-Projektionen 2024 – Ergebnisse kompakt. In: Umweltbundesamt, 3.2024, S. 8, https://www.umweltbundesamt.de/sites/defau

genommen kein Grund zur Besorgnis, solange es gelingt, durch größere Fortschritte in anderen Sektoren auszugleichen. Mit Blick auf die Klimaneutralität im Jahre 2045 ist das allerdings nur bedingt hilfreich, da dann auch der Verkehrssektor bei Null liegen muss.

Es ist daher auch beim Verkehr dringend angezeigt, Maßnahmen zu ergreifen, die THG-reduzierend wirken. Diese dienen regelmäßig im gleichen Atemzug auch dazu, die Umweltbelastungen des Verkehrs – auch die in Form von CO_2-Emissionen – belaufen sich nach seriösen Schätzungen auf rund 150 Mrd. Euro pro Jahr, 18 % davon im Klimabereich.[203]

Dass es im Wesentlichen einen Gleichklang zwischen Verkehrsklimapolitik und sonstiger Verkehrsumweltpolitik gibt, ist darauf zurückzuführen, dass die Höhe der Schäden in beiden Bereichen ein Produkt aus der **Anzahl der Fahrzeuge**, der Emissionen pro gefahrenem Kilometer (Sorgfaltsniveau) und der Anzahl der pro Fahrzeug zurückgelegten Kilometer (Aktivitätsniveau) darstellt.[204] Die Verkehrsumweltpolitik hat sich in den vergangenen Jahrzehnten in Deutschland und Europa hauptsächlich auf eine Verbesserung des Sorgfaltsniveaus bezogen, also etwa auf eine Verbesserung der typbezogenen Abgasstandards durch immer weitere Verschärfung der Anforderungen an die Ausrüstung der Fahrzeuge mit Abgasreinigungstechnologien (Drei-Wege-Katalysator). Dieser Ansatz ist im Klimaschutz nicht zielführend, da der Zusammenhang zwischen CO_2-Emissionen und einer bestimmten Menge Treibstoff bei Verbrennungsmotoren mit chemischen oder physikalischen Methoden nicht entscheidend zu beeinflussen ist. Wesentlich klimafreundlicher sind Elektrofahrzeuge.[205] Ein entscheidendes Element einer klimakompatiblen Verkehrspolitik ist daher der Versuch, die Anzahl der Fahrzeuge mit Verbrennungsmotoren zu reduzieren. Auf die entsprechende Flottenmodernisierung zielen die Flottengrenzwerte für die Fahrzeughersteller (⟶ D. VI. 6.), die Befreiung von Elektroautos von der Kfz-Steuer und das Elektromobilitätsgesetz (⟶ D. VI. 10.).

---

lt/files/medien/11850/publikationen/thg-projektionen_2024_ergebnisse_kompakt.pdf (12.12.2025).

203 *Infras*, Externe Kosten des Verkehrs in Deutschland Straßen-, Schienen-, Luft- und Binnenschiffverkehr 2017, Schlussbericht, 2019, S. 6.

204 *E. Hofmann*, Die Reform der Kfz-Steuer – wirtschaftspolitisch betrachtet, Zeitschrift für Verkehrswissenschaft 1992, S. 263 ff. (gemeinsam mit Klaus Wehrt); *ders.*, UPR 1992, S. 331 ff.; *ders.*, Zeitschrift für angewandte Umweltforschung 1996, S. 468 ff.

205 *Y. Gimbert*, How clean are electric cars?. In: T&E, 30.5.2022, https://www.transportenvironment.org/articles/how-clean-are-electric-cars (30.11.2024); Transport & Environment, How clean are electric cars?, 2020, S. 2.

Ohne Einbeziehung des **Aktivitätsniveaus**, der Fahrleistungen, wird aber eine klimafreundliche Verkehrspolitik scheitern.[206] Unterstützende, fördernde Maßnahmen zur Erhöhung der Motivation des Umstiegs auf den ÖPNV oder den Güterschienenverkehr sind in diesem Sinne zielführend, werden aber aller Erfahrung nach nicht genügen und sind für die Allgemeinheit auch teuer, da nicht jeder an der Finanzierung Beteiligte in den Genuss der geförderten Verkehrsmittel kommt. So wird die Versorgung ländlicher Gegenden auf kurze wie mittelfristige Sicht nicht ohne bestimmte Formen individueller Mobilität zu organisieren sein.[207]

Die Verkehrsumweltpolitik diskutiert seit langem eine Reihe vielfältiger Maßnahmen, die ihren Beitrag zur Dekarbonisierung leisten können.[208] Insgesamt jedoch dürfte eine **verursachergerechte Bepreisung** ein Schlüsselelement einer klimafreundlichen Verkehrspolitik darstellen; sie ist ein sicht- und fühlbares Signal, das ein ganzes Bündel weiterer Schritte befördern kann.[209] Das veranschaulicht die Darstellung im Rahmen der Verkehrsentwicklungsplanung Hamburg aus dem Jahr 1995:

206 *Bundesministerium für Digitales und Verkehr*, Überblick: Klimaschutz im Verkehr, 2023, https://bmdv.bund.de/DE/Themen/Mobilitaet/Klimaschutz-im-Verkehr/Ueberblick/ueberblick.html?t (23.1.2025).

207 *Wissenschaftlicher Beirat beim Bundesminister für Digitales und Verkehr*, Mobilitätswende in Stadt und Land – Klimaschutz und räumliche Gerechtigkeit als Transformationsziele des Verkehrs, Gutachten 01/2023, S. 16 ff., https://www.bmdv.bund.de/SharedDocs/DE/Anlage/G/wissenschaftlicher-beirat-gutachten-mobilitaetswende.pdf?__blob=publicationFile (23.1.2025).

208 Im aktuellen Überblick *UBA*, Klimaschutz im Verkehr, 2024, https://www.umweltbundesamt.de/themen/verkehr/klimaschutz-im-verkehr#bausteine (16.12.2024).

209 *UBA*, Klimaschutz im Verkehr, 2024, https://www.umweltbundesamt.de/themen/verkehr/klimaschutz-im-verkehr?sprungmarke=bepreisung#bepreisung (23.1.2025).

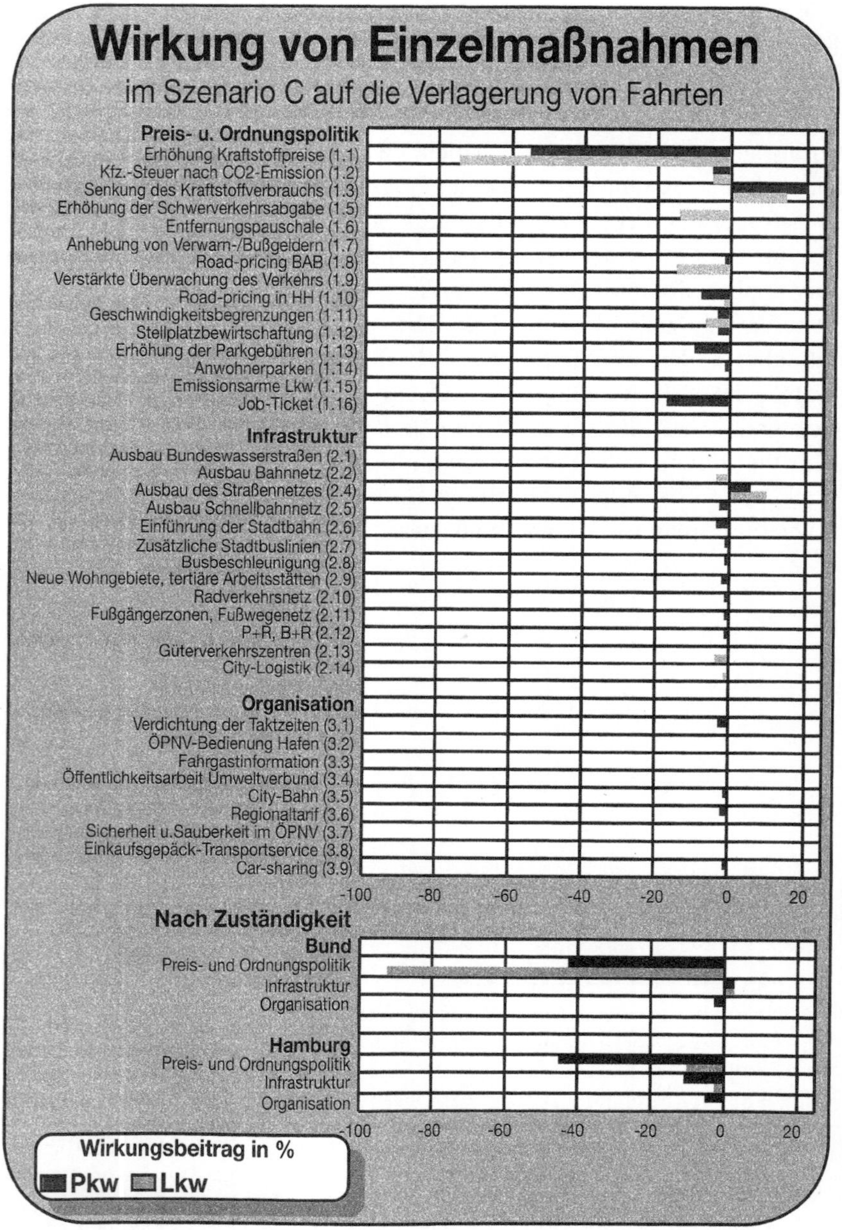

Abbildung 16: Verkehrsentwicklungsplanung: Leitlinien und Handlungskonzept für eine an Arbeit und Umwelt orientierte Verkehrspolitik in Hamburg | Beleg 16

Wird die Verwendung von Verbrennungsmotoren nachvollziehbar und unumkehrbar teuer, so ist zu erwarten, dass

- die Fahrleistungen solcher Fahrzeuge zurückgehen,
- in der Anschaffung von Fahrzeugen anderen Antriebsformen mehr Raum geben wird,
- klimafreundlichere Verkehrsträger: in den Genuss komparativer Vorteile kommen,
- die Ladeinfrastruktur schon aus Eigeninteresse der Betreiber weiter ausgebaut wird,
- Forschung und Entwicklung in diesem Bereich vorangetrieben werden und
- rechtliche Hindernisse wie etwa bei der bidirektionalen Nutzung von Fahrzeugbatterien überwunden werden.

2. Die Kosten der Fahrzeugnutzung als entscheidende Stellschraube

Angesichts der Vielzahl möglicher Maßnahmen ist nachdrücklich darauf hinzuweisen, dass eine wirksame Verkehrsumweltpolitik kaum ohne eine Erhöhung der Kosten der Fahrzeugnutzung auskommen dürfte, die sich proportional zum THG-Ausstoß verhält. Zur Verbesserung der **Akzeptanz** entsprechender Instrumente kommt es auf die dem Gleichbehandlungsgebot entsprechende Einbeziehung aller Emittenten und die Schaffung von Handlungsalternativen etwa bei der Verkehrsmittelwahl an.[210]

Abgesehen von der möglichen Abschaffung des Dienstwagenprivilegs[211] hat die in Deutschland durch das **Brennstoffemissionshandelsgesetz** eingeführte Pflicht zum Erwerb entsprechender Zertifikate für fossile Brennstoffe Wirkungen, die zum Teil in diese Richtung gehen.[212] Die so-

210 *UBA*, Emissionen des Verkehrs. In: Umwelt Bundesamt, 2024, https://www.umweltbundesamt.de/daten/verkehr/emissionen-des-verkehrs#verkehr-belastet-luft-und-klima-minderungsziele-der-bundesregierung (27.1.2025).

211 *R. Blanck*, Klimaschutzinstrumente im Verkehr, Dienstwagenbesteuerung. In: Umweltbundesamt, 1.9.2022, https://www.umweltbundesamt.de/sites/default/files/medien/366/dokumente/uba-kurzpapier_dienstwagenbesteuerung_kliv_v2.pdf.pdf (27.1.2025).

212 *UBA, DEHSt, nEHS*, Verkauf nationaler Emissionszertifikate. In: DEHSt, 1.7.2024, https://www.dehst.de/SharedDocs/downloads/DE/nehs/verkaufsberichte-nehs/2024/2024-7-verkaufsbericht.pdf?__blob=publicationFile&v=2#:~:text=Für%20jede%20Tonne%20CO2%2C%20die,Umweltbundesamt%20(UBA)%20abgegeben%20werden. (27.1.2025).

gleich erläuterten Vorschriften befinden sich seit Inkrafttreten des Gesetzes vom 27.2.2025 (BGBl. 2025 I Nr. 70) in den §§ 41 bis 44 TEHG). Das BEHG verlangt, dass für das Inverkehrbringen bestimmter Brenn- und Treibstoffe ein Preis in Gestalt eines Zertifikats, das zur Emission einer Tonne Treibhausgase in Tonnen Kohlendioxidäquivalent in einem bestimmten Zeitraum berechtigt (§ 3 Nr. 2 BEHG), entrichtet werden muss (§ 8 BEHG). In der vom 1.1.2021 bis 31.12.2025 laufenden **Einführungsphase** beträgt dieser gestaffelt von 10 (im Jahre 2021) bis schließlich 35 Euro im Jahre 2025 pro Tonne Kohlendioxid. Im Jahr 2026 werden die Emissionszertifikate in einem Preiskorridor von 35 bis 60 Euro versteigert (§ 10 Abs. 2 Nr. 4 BEHG), in den Jahren danach entfällt bei der Versteigerung der Preiskorridor, sofern sich die Bundesregierung nicht im Laufe des Jahres 2025 zur Fortsetzung des Korridoransatzes entscheidet (§ 23 Abs. 1 S. 5 BEHG).[213]

Rechtlich ist zwischen den beiden Phasen – zunächst Festpreise und eine Versteigerung innerhalb von gesetzlich festgelegten Preiskorridoren, anschließend eine nicht beschränkte Versteigerung – deutlich zu unterscheiden. Während die zweite Phase, in der eine Versteigerung der Zertifikate einer determinierten Höchstzahl von Zertifikaten mit der Rechtsprechung des BVerfG vereinbar sein dürfte, nach der für die Zertifikate des TEHG die Verfassungsmäßigkeit in Form einer Ressourcennutzungsabgabe bejaht wurde, ist die Einführungsphase durch festgelegte Preise einerseits und die Möglichkeit, so viele Zertifikate wie benötigt zu erwerben andererseits, gekennzeichnet, was die Zertifikate der Sache nach einer Steuer sehr ähnlich macht.[214] Das wirft für die Einführungsphase erhebliche **finanzverfassungsrechtliche Probleme** auf, auf die sogleich zurückzukommen sein wird. Zunächst sei jedoch der Blick auf die europarechtliche Ausgangslage eines nationalen Emissionshandelssystems (nEHS) geworfen.

---

213 *IHK, Elbe-Weser*, Klimaschutz, Nationaler Emissionshandel (nEHS). In: IHK Elbe-Weser, 2024, https://www.ihk.de/elbeweser/innovation-umwelt-energie/umweltschutz/klimaschutz/co2-5656996 (27.1.2025).

214 *N. Ipsen/T. Wisniewski/L. Plappert/J. Ipsen*, Rechtsgutachten, Zur Verfassungsmäßigkeit des BEHG. In: Umwelt Bundesamt, 4.2022, https://www.umweltbundesamt.de/sites/default/files/medien/479/publikationen/texte_04-2022_zur_verfassungsmaessigkeit_des_brennstoffemissionshandelsgesetzes.pdf (27.1.2025).

3. Integration des Straßenverkehrs in den EU-ETS?

Mit dem **Europäischen Emissionshandelssystem** (*EU Emission Trading Scheme*, EU-ETS) existiert seit dem Jahr 2003 ein in mehreren Stufen ausgebauter Rechtsrahmen für den Handel mit Emissionsberechtigungen für Treibhausgase. Das EU-ETS ist für die im Einzelnen gesetzlich bestimmten Teilnehmer verbindlich. Dazu rechnen zunächst die Betreiber solcher Anlagen, die nach deutschem Recht regelmäßig als **genehmigungsbedürftige Anlagen im Sinne der 4. BImSchV** erscheinen. Darüber hinaus ist auch der innereuropäische Flugverkehr seit dem Jahr 2012 erfasst. Aus Sicht des Klimaschutzes hat der EU-ETS damit nur einen beschränkten Regelungsbereich, der wichtige Sektoren wie den übrigen Verkehr und die Gebäude aussparte.

Wie vorstehend schon erwähnt,[215] ist mit der **Richtlinie (EU) 2023/959** vom 10.5.2023 eine Ausdehnung des Emissionszertifikathandels auf den Gebäudesektor und den Straßenverkehrs bis zum Jahr 2028 vorgesehen.[216] Nach dem Monitoring der entsprechenden THG-Emissionen und die Berichterstattung im Jahr 2025 muss dann ab dem Jahr 2027, spätestens ab 2028 die Anzahl von Zertifikaten, die überprüfbar im vorangegangenen Jahr benötigt gewesen wären, um die THG-Emissionen abzudecken, jedes Jahr zum 31. Mai bei der zuständigen Behörde abgegeben werden. Mit Artikel 1 des Gesetzes vom 27.02.2025 (BGBl. 2025 I Nr. 70) ist die genannte Richtlinie ins deutsche Recht umgesetzt worden, so dass nun auch der Straßenverkehr im TEHG geregelt ist (insbesondere durch §§ 41 bis 44 TEHG). Dadurch hat sich der Streit um die „nationale Lösung“ erheblich entschärft. Er ist aber wegen der sich darin zeigenden Übergangsprobleme immer noch lehrreich, so dass er im nachstehenden Abschnitt nachgezeichnet werden soll.

---

215 → D. III. 3.

216 Richtlinie (EU) 2023/959 des Europäisches Parlaments und des Rates vom 10.5.2023 zur Änderung der Richtlinie 2003/87/EG über ein System für den Handel mit Treibhausgasemissionszertifikaten in der Union und des Beschlusses (EU) 2015/1814 über die Einrichtung und Anwendung einer Marktstabilitätsreserve für das System für den Handel mit Treibhausgasemissionszertifikaten in der Union, ABl. EU L 130, 134; im Überblick zum ETS2: *European Commission*, ETS2: buildings, road transport and additional sectors. In: European Commission, https://climate.ec.europa.eu/eu-action/eu-emissions-trading-system-eu-ets/ets2-buildings-road-transport-and-additional-sectors_en (16.12.2024).

4. Die nationale Lösung: das BEHG

a. Kompatibilität des BEHG mit dem EU-ETS?

Da die Einführung des ETS 2 längere Zeit nicht absehbar gewesen war, hatte sich der deutsche Gesetzgeber entschlossen, mit einem nationalen EHS in Gestalt des **BEHG** voranzugehen. Die Emittenten, die dem BEHG unterliegen, sind nicht im EU-ETS, sondern durch die **Klimaschutzverordnung (EU) 2018/842** geregelt, die von den Mitgliedstaaten zwar das Erreichen bestimmter Minderungsziele verlangt, ihnen aber freistellt, mit welchen Mitteln sie das tun. Das BEHG hat mit seinem Ansatz, Treib- und Brennstoffe für den Straßen- und Schifffahrtsverkehr sowie die Gebäudeheizung zu erfassen,[217] einen anderen Anwendungsbereich als das EU-ETS 1, so dass jedenfalls eine unmittelbare Inkompatibilität nicht vorliegt. Es stellt sich nun die Frage, ob beide Systeme in Zukunft nebeneinander bestehen bleiben können. Das bedarf der Erläuterung:

Solange das nEHS nicht erlaubt, Emissionsberechtigungen aus dem EU-ETS mit Befreiungswirkung im Rahmen des nEHS abzugeben, steht es dem nationalen Gesetzgeber frei, die Menge der THG-Emissionen aus diesen Sektoren mit einem System wie dem nEHS zu regeln.[218] Die DEHSt vertritt die Auffassung, es wäre sogar europarechtsverträglich, eine solche Übertragung zu gestatten, da die EU-ETS-Richtlinie die Verwendung der Emissionsberechtigungen auch außerhalb des EU-ETS gestatte und ein solcher Transfer jedenfalls dann nicht die Ziele des ETS beeinträchtige, wenn die Emissionsberechtigungen nach Art. 12 Abs. 4 EH-RL gelöscht würden. Schließlich sei es auch möglich, eine solche Überlappung mit Hilfe der **Schutzverstärkungsklausel** (Art. 193 AEUV) zu rechtfertigen.[219]

b. Zertifikate nach BEHG in der Einführungsphase als Vorteilsabschöpfungsabgabe?

Zentral für die verfassungsrechtliche Beurteilung der Zertifikate des TEHG durch das BVerfG als nichtsteuerliche **Ressourcennutzungsabgabe** zur Bewirtschaftung eines knappen Gutes ist nämlich, dass mit dem Zuteilungsgesetz 2012 eine feste Höchstgrenze für die Gesamtmenge der Emis-

217 S. Anlage 1 BEHG.

218 Ebenso *DEHSt*, Rechtsgutachten Emissionshandel und CO_2-Bepreisung, 2019, S. 10.

219 *DEHSt*, Rechtsgutachten Emissionshandel und CO_2-Bepreisung, 2019, S. 10.

sionen existierte.[220] Eine solche Begrenzung im Sinne der Bewirtschaftung eines knappen Kollektivgutes bewirkt, dass sich das durch das Zertifikat repräsentierte Recht, eine bestimmte Menge Treibhausgase zu emittieren, als **Sondervorteil** gegenüber anderen Wirtschaftsteilnehmern darstellt, der durch die Abgabe abgeschöpft werden darf. Die für **nichtsteuerliche Abgaben** erforderliche Gegenleistung erkennt das BVerfG mithin in den Zertifikaten des TEHG, also den erworbenen Emissionsberechtigungen.[221]

Auf die Zertifikate des nationalen Emissionshandelssystems trifft das aber in der Einführungsphase wegen der Möglichkeit der Ausweitung der Gesamtmenge der Emissionszertifikate im Rahmen des § 5 Abs. 1 BEHG nicht zu.[222] Ein Sondervorteil, der abgeschöpft werden könnte, ist in dieser Konstellation nicht ersichtlich. Anders als im Falle des „Wasserpfennigs", in dem das BVerfG eine zulässige **Vorteilsabschöpfungsabgabe** erkannt hatte,[223] liegt in der Erteilung eines Zertifikats nach dem BEHG kein „Recht" zur Emission (bzw. zur Benutzung eines Gewässers), das wie im Wasserrecht erst im Rahmen des Bewirtschaftungsermessens erteilt wird.[224] Damit scheidet die Würdigung der ersten Phase des BEHG als verfassungsmäßige Vorteilsabschöpfungsabgabe aus. Daran ändert sich schließlich nichts, selbst wenn man die **Einführungsphase** als notwendige Zwischenstufe auf dem Weg zu einem neuen marktwirtschaftlichen System versteht.[225] Abgesehen davon, dass eine kostenlose Zuteilung ebenfalls als Vorstufe hätte vorgesehen werden können, muss auch der Weg zu einem Systemwechsel verfassungsrechtlichen Rahmenbedingungen genügen, zumal das BEHG nicht legislaturperiodenfest ist und nicht abgesehen werden kann, ob im Jahr 2026 tatsächlich ein Systemwechsel vorgenommen wird.

---

220 BVerfG, Beschluss vom 5.3.2018 – 1 BvR 2864/13, Rn. 29 ff. – Zertifikate nach dem TEHG.

221 BVerfG, Beschluss vom 5.3.2018 – 1 BvR 2864/13, Rn. 26.

222 *J. Antoni u. a.*, Verfassungsmäßigkeit des Entwurfs zum Brennstoffemissionshandelsgesetzes (BEHG-E), Rechtsgutachten im Auftrag der Stiftung Neue Energie, November 2019, nicht paginiert, S. 15; *I. Zenke/C. Telschow*, EnWZ 2020, S. 157 (162); *R. Wernsmann/S. Bering*, NVwZ 2020, S. 497 (499 f.); *M. Vollmer*, NuR 2020, S. 237, 241 l. Sp.

223 BVerfGE 93, 319 (343 ff.).

224 *S. Klinski/F. Keimeyer*, ZUR 2020, S. 342 (347).

225 So wohl eine Äußerung *Klinskis* in der öffentlichen Anhörung des Umweltausschusses des Deutschen Bundestags, zitiert nach *DEHSt*, Rechtsgutachten Emissionshandel und CO_2-Bepreisung, 2019, S. 12; in eine ähnliche Richtung argumentiert auch die Bundesregierung, BT-Drs. 19/14746, 21; BT-Drs. 19/16071, 3.

c. Zertifikate nach BEHG in der Einführungsphase als Steuer?

In Betracht zu ziehen wäre aber die Rekonstruktion der Zertifikate als **Steuer**. Hierfür kommen die Verbrauchsteuern im Sinne von Art. 106 Abs. 1 Nr. 2 GG in Frage,[226] da die Emissionsberechtigungen zwar nicht unmittelbar an den Verbrauch der Brennstoffe, nach § 2 Abs. 2 S. 1 BEHG aber immerhin wie die **Energiesteuer** an deren Inverkehrbringen – regelmäßig durch Entfernung aus dem Steuerlager (§ 8 Abs. 1 EnergieStG) – anknüpfen.[227] Die in der Literatur vertretene Auffassung, die Einführungsphase des nEHS ließe sich nicht als Verbrauchsteuer rekonstruieren und sei damit verfassungswidrig, da das Zertifikatssystem nicht an den Verbrauch der Brennstoffe, sondern an das Inverkehrbringen anknüpfe, verkennt diesen Zusammenhang.[228] Ebenso wenig leuchtet daher das Argument ein, das BEHG sei keine Verbrauchsteuer, da § 10 Abs. 2 BEHG nicht das Inverkehrbringen der Heiz- und Kraftstoffe als Abgabentatbestand heranziehe, sondern eine Geldleistungspflicht über den Umweg der Notwendigkeit zum Erwerb von **Emissionszertifikaten** schaffe.[229] In beiden Fällen entsteht die Zahlungspflicht regelmäßig aber gerade dann, wenn der Heiz- oder Kraftstoff in Verkehr gebracht wird, was nach den Bestimmungen über das Entstehen der Steuerschuld in den allermeisten Fällen mit der Entfernung aus dem Steuerlager zusammenfällt (§§ 2 Abs. 2; 3 Ziff. 1 BEHG; § 8 Abs. 1 EnergieStG).

Schwieriger wird es jedoch, die staatlich auferlegte Zahlungspflicht als voraussetzungslos zu bewerten, wie es für die Steuer begrifflich notwendig ist.[230] Die Zahlungspflicht an den Staat besteht beim BEHG nur im Gegenzug gegen die Erteilung einer Lizenz zur Emission von Treibhausgasen, mithin bei unbefangener Betrachtung einer konkreten staatlichen Leistung,[231] die

---

226 Zum Begriff der Verbrauchsteuer: *H. Kube*, in: BeckOK-GG, Art. 106 Rn. 12.

227 Ebenso *Antoni u. a.*, Verfassungsmäßigkeit des Entwurfs zum Brennstoffemissionshandelsgesetzes (BEHG-E), Rechtsgutachten im Auftrag der Stiftung Neue Energie, November 2019, nicht paginiert, 15.

228 So wohl *Antoni u. a.*, Verfassungsmäßigkeit des Entwurfs zum Brennstoffemissionshandelsgesetzes (BEHG-E), Rechtsgutachten im Auftrag der Stiftung Neue Energie, November 2019, nicht paginiert, 15.

229 *R. Wernsmann/S. Bering*, NVwZ 2020, S. 497 (499).

230 *E. Hofmann*, Finanz- und steuerrechtliche Instrumente im Verkehr, in: Rodi (Hrsg.), Handbuch Klimaschutzrecht, § 34 Rn. 34; ebenso *R. Wernsmann/S. Bering*, NVwZ 2020, S. 497 (500).

231 So auch die Vorstellung der Bundesregierung im Gesetzgebungsverfahren, BR-Drs. 533/19, 44; die Bewertung als Gegenleistung teilt *M. Vollmer*, NuR 2020, S. 237, 241.

der Sache nach in der Duldung der Nutzung eines öffentlichen Umweltgutes besteht.[232] Wem das zu konstruiert und weit hergeholt erscheint, könnte dem entgegenhalten, dass im Falle der Emissionszertifikate die Zahlungspflicht nicht wirklich eine **Gegenleistung** für eine staatliche Leistung darstellt (§ 3 Abs. 1 AO), sondern vielmehr, nüchtern gesehen, das Ausüben einer ihrem Umfang nach nicht begrenzten Tätigkeit – das Inverkehrbringen von Heiz- und Kraftstoffen – einen **Zahlungstatbestand** erfüllt.[233] Das gleicht dann doch sehr einer Steuer wie etwa der **Energiesteuer** auf bestimmte fossile Brennstoffe. In dieser Sichtweise wäre die Ausgabe eines Emissionszertifikats nur ein „Zahlungsbeleg" für eine kostenpflichtige Emission.[234]

Damit darf festgehalten werden, dass ein nationales Emissionshandelssystem, das Emissionszertifikate zum entscheidenden Instrument erhebt, von Funktionsweise und Bezeichnung wenig mit einer klassischen Verbrauchsteuer gemein hat und daher in eine nicht unerhebliche Spannung mit dem **finanzverfassungsrechtlichen Gebot der Formenstrenge** gerät[235] und insgesamt mit beachtlichen verfassungsrechtlichen Risiken belastet ist.[236] Ob dies vor dem BVerfG zum Verdikt der Verfassungswidrigkeit führen würde, bleibt angesichts der funktionalen Äquivalenz zwischen den beiden Abgaben einerseits und dem nicht ohne weiteres zu erfüllenden Gebot der Vollständigkeit des Haushaltsplans andererseits abzuwarten.[237]

Für die Einführung eines nationalen Emissionshandelssystems spricht bei diesem Befund lediglich, dass die Alternativen entweder schwieriger und langwieriger ins Werk zu setzen sind – wie etwa die nun erfolgte Erweiterung des europäischen Zertifikatssystems – oder aber die Anschlussfähigkeit an dieses System in der Zukunft eher gewährleistet als eine schlichte Erhöhung der schon bestehenden Verbrauchsteuern. Es wird sich erst noch zeigen, ob sich die Gerichte der ganz überwiegend auf gute Gründe gestützten kritischen Analyse in der Literatur anschließen werden.

---

232 Früh in diesem Sinne schon *D. Murswiek*, NVwZ 1996, S. 417 ff.

233 Für die Einordnung als Steuer wegen Voraussetzungslosigkeit der Abgabenpflicht *S. Klinski/F. Keimeyer*, ZUR 2020, S. 342 (347).

234 *M. Steinbach/S. Valta*, JZ 2019, S. 1139 (1142 f.).

235 Ebenso *Antoni u. a.*, Verfassungsmäßigkeit des Entwurfs zum Brennstoffemissionshandelsgesetzes (BEHG-E), Rechtsgutachten im Auftrag der Stiftung Neue Energie, November 2019, nicht paginiert, 14.

236 Ebenso *I. Zenke/C. Telschow*, EnWZ 2020, S. 157 (162).

237 Zur Vollständigkeit des Haushaltsplans im Zusammenhang mit den Zertifikaten des TEHG s. BVerfG vom 5.3.2018 – 1 BvR 2864/13, Rn. 28.

Es wäre aber nicht das erste Mal, dass die Justiz einer besonderen Form der Abgabenerhöhung die Grenzen höherrangigen Rechts aufgezeigt hätte.

d. Das Verhältnis von BEHG und EU-ETS2

Wie erläutert, ist das BEHG in der Einführungsphase verfassungsrechtlich problematisch. Sie endet spätestens mit Ablauf des Jahre 2026 (§ 10 Abs. 2 S. 4 BEHG). Die anschließende Versteigerungsphase überlappt dann ab dem Jahr 2027 mit dem EU-ETS2.[238] Wenn und soweit das BEHG nicht vereinbar wäre mit dem EU-ETS2, ginge das Europarecht vor, so dass das BEHG entweder **richtlinienkonform** auszulegen wäre oder ein **Anwendungsstopp** des BEHG die Folge wäre. Bis dahin wäre es aber auch möglich, derartige Inkompatibilitäten durch eine Änderung des BEHG zu vermeiden und es als zukünftige Umsetzung des EU-ETS2 auszugestalten (S. §§ 41 – 44 TEHG).[239] Mit dem schon genannten Gesetz vom 27.2.2025 (BGBl. 2025 I Nr. 70) ist jedoch der Brennstoffemissionshandel zum Großteil in das TEHG integriert worden, so dass das Nebeneinander von nationaler und europäischer Lösung zugunsten der europäischen Vorgaben zumindest hinsichtlich des Straßenverkehrs und der Gebäude aufgelöst worden ist.

5. Spezifischer CO_2-Ausstoß

Die EU hat schon eine jahrzehntelange Tradition, Anforderungen an den typbezogenen spezifischen Ausstoß von Luftschadstoffen von Kraftfahrzeugen zu stellen – angefangen von Stickoxiden über Benzol bis hin zu

238 *UBA, DEHSt*, EU-ETS 2 Berichtphase 2024 bis 2026. In: Deutsche Emissionshandelsstelle, 7.7.2025, https://www.dehst.de/DE/Themen/nEHS/EU-ETS-2/eu-ets-2_node.html#:~:text=Dies%20bedeutet%2C%20dass%20der%20Großteil,und%20die%20Betreiber%20von%20Abfallverbrennungsanlagen. (27.1.25).

239 *M. Pahle*, Die CO_2-Bepreisung im Umbruch. In: FES impuls, 4.2024, https://library.fes.de/pdf-files/a-p-b/21122.pdf (27.1.2025); *Wissenschaftliche Dienste des Deutschen Bundestages*, Neuer EU-Emissionshandel für Gebäude und Straßenverkehr – Zum geplanten EU-ETS II und den Auswirkungen auf das nationale Emissionshandelssystem, Dokumentation (WD 8 – 3000 – 001/23), 2023, https://www.bundestag.de/resource/blob/935752/11ab46422ea31a5a3195319d5fa05f4d/WD-8-001-23-pdf-data.pdf, S. 5, 10 ff. (30.1.2025); *WPKS*, Auf dem Weg zur Klimaneutralität: Umsetzung des European Green Deal und Reform der Klimapolitik in Deutschland, Jahresgutachten 2021, 2022, https://wissenschaftsplattform-klimaschutz.de/veroeffentlichungen/22-02-18_jahresgutachten-wpks-2021.pdf, S. 17 (30.01.2025).

Partikelemissionen.[240] Diese Verfahren sind im Jahre 2009 um Vorgaben für den spezifischen CO_2-Ausstoß ergänzt worden.[241]

Zur Bewertung des Instruments ist darauf hinzuweisen, dass die zur Bestimmung des CO_2-Ausstoßes verwendeten Testverfahren nur bedingt Rückschlüsse auf das Emissionsverhalten von Fahrzeugen im realen Straßenverkehr geben und sich die Grenzwerte ohnehin nur auf das Sorgfaltsniveau beziehen und nicht auf das Aktivitätsniveau. Eine Verfälschung von Testergebnissen wie im Falle des Abgasskandals und der Verwendung so genannter Thermofenster, die als unzulässige Abschalteinrichtung vom EuGH bewertet worden sind, ist allerdings bei CO_2 **nahezu ausgeschlos-**

240 Verordnung (EG) Nr. 715/2007 des Europäischen Parlaments und des Rates vom 20.6.2007 über die Typgenehmigung von Kraftfahrzeugen hinsichtlich der Emissionen von leichten Personenkraftwagen und Nutzfahrzeugen (Euro 5 und Euro 6) und über den Zugang zu Reparatur- und Wartungsinformationen für Fahrzeuge; Verordnung (EG) Nr. 595/2009 des Europäischen Parlaments und des Rates vom 18.6.2009 über die Typgenehmigung von Kraftfahrzeugen und Motoren hinsichtlich der Emissionen von schweren Nutzfahrzeugen (Euro VI) und über den Zugang zu Fahrzeugreparatur- und -wartungsinformationen, zur Änderung der Verordnung (EG) Nr. 715/2007 und der Richtlinie 2007/46/EG sowie zur Aufhebung der Richtlinien 80/1269/EWG, 2005/55/EG und 2005/78/EG; Richtlinie (EU) 2014/45 des Europäischen Parlaments und des Rates vom 3.4.2014 über die regelmäßige technische Überwachung von Kraftfahrzeugen und Kraftfahrzeuganhägern und zur Aufhebung der Richtlinie 2009/40/EG; Verordnung (EU) 2018/858 des Europäischen Parlaments und des Rates vom 30.5.2018 über die Genehmigung und die Marktüberwachung von Kraftfahrzeugen und Kraftfahrzeuganhängern sowie von Systemen, Bauteilen und selbstständigen technischen Einheiten für diese Fahrzeuge, zur Änderung der Verordnungen (EG) Nr. 715/2007 und (EG) Nr. 595/2009 und zur Aufhebung der Richtlinie 2007/46/EG, zuletzt geändert durch Verordnung (EU) 2024/1610 vom 14.5.2024; Verordnung (EU) 2019/631 des Europäischen Parlaments und des Rates vom 17.4.2019 zur Festsetzung von CO_2-Emissionsnormen für neue Personenkraftwagen und für neue leichte Nutzfahrzeuge und zur Aufhebung der Verordnungen (EG) Nr. 443/2009 und (EU) Nr. 510/2011; Verordnung (EU) 2019/1242 des Europäischen Parlaments und des Rates vom 20.6.2019 zur Festlegung von CO_2-Emissionsnormen für neue schwere Nutzfahrzeuge und zur Änderung der Verordnungen (EG) Nr. 595/2009 und (EU) 2018/956 des Europäischen Parlaments und des Rates sowie der Richtlinie 96/53/EG des Rates; Verordnung (EU) 2024/1257 des Europäischen Parlaments und des Rates vom 24.4.2024 über die Typgenehmigung von Kraftfahrzeugen und Motoren sowie von Systemen, Bauteilen und selbstständigen technischen Einheiten für diese Fahrzeuge hinsichtlich ihrer Emissionen und der Dauerhaltbarkeit von Batterien (Euro 7), zur Änderung der Verordnung (EU) 2018/858 des Europäischen Parlaments und des Rates und zur Aufhebung der Verordnungen (EG) Nr. 715/2007 und (EG) Nr. 595/2009 des Europäischen Parlaments und des Rates, der Verordnung (EU) Nr. 582/2011 der Kommission, der Verordnung (EU) 2017/1151 der Kommission, der Verordnung (EU) 2017/2400 der Kommission und der Durchführungsverordnung (EU) 2022/1362 der Kommission; https://www.kba.de/DE

sen, da der CO_2-Ausstoß fast unbeeinflussbar mit dem Kraftstoffverbrauch korreliert.

6. Flottengrenzwerte

Das Instrument der **Flottengrenzwerte** geht einen deutlich anderen Weg (Verordnungen (EU) 2019/631 und 2019/1242). Die Verordnungen verlangen von den Autoherstellern, den spezifischen CO_2-Ausstoß der von ihnen produzierten Pkw und leichten Nutzfahrzeugen im arithmetischen Mittel auf in gCO_2/km festgelegte Werte zu senken. Die in den Verordnungen enthaltenen Anforderungen lassen sich vor allem für Hersteller schwererer Fahrzeuge trotz der Berücksichtigung des Fahrzeuggewichts bei der Festlegung der CO_2-Vorgaben nur einhalten, wenn sie entweder ihren **Anteil an Elektrofahrzeugen erhöhen** oder sich die Nullemissionen von Elektrofahrzeugen anderer Hersteller anrechnen lassen. Insgesamt zielen die Flottengrenzwert-Verordnungen auf eine durchschnittliche spezifische Reduktion der fahrzeugtypbedingten CO_2-Emissionen im Jahr 2030 um **37,5 %** gegenüber dem Jahr 2021.[242]

Diese Regelungen sind sanktionsbewehrt und vollzugstauglich: überschreitet ein Hersteller den für ihn geltenden Flottengrenzwert, muss er 95 € pro Gramm Überschreitung pro zugelassenem Fahrzeug entrichten.[243] Die Einnahmen aus dieser Abgabe kommen dem EU-Haushalt zugute (Art. 8 Abs. 4 Flottengrenzwert-VO). Das ist eine Sanktion in einer Höhe, die Auswirkungen auf den Automarkt hat, allerdings nicht immer die, die

---

/Themen/Typgenehmigung/CoC_Daten_Fahrzeugtypdaten/Veroeffentlichungen/veroeffentlichungen_tab.html (2.12.2025).

241 Verordnung (EG) 443/2009 des Europäisches Parlaments und des Rates vom 23.4.2009 zur Festsetzung von Emissionsnormen für neue Personenkraftwagen im Rahmen des Gesamtkonzepts der Gemeinschaft zur Verringerung der CO_2-Emissionen von Personenkraftwagen und leichten Nutzfahrzeugen, ABl. L 140 vom 5.6.2009, S. 1–15; aufgehoben durch Verordnung (EU) 2019/631 vom 17.4.2019 zur Festsetzung von CO_2-Emissionsnormen für neue Personenkraftwagen und für neue leichte Nutzfahrzeuge und zur Aufhebung der Verordnungen (EG) Nr. 443/2009 und (EU) Nr. 510/2011, ABl. L 111 vom 25/04/2019, p. 13–53, zuletzt geändert durch Delegierte Verordnung (EU) 2023/2502 vom 7.9.2023, ABl. C/2023/5957.

242 So jedenfalls die Berechnung der Bundesregierung, https://www.bmuv.de/fileadmin/Daten_BMU/Download_PDF/Luft/zusammenfassung_co2_flottengrenzwerte.pdf (2.12.2025).

243 Zu den einzelnen Voraussetzungen des Art. 8 Abs. 2 Flottengrenzwert-VO *M. Knauff*, in: Hofmann/Heß (Hrsg.), BeckOK Klimarecht, Flottengrenzwert-VO, Art. 8, Rn. 8 ff.

sich der Gesetzgeber erhofft haben mag. So suchen manche Hersteller die Kooperation mit Herstellern, die nur Elektroautos produzieren, und da die Zielwerte zum Teil so großzügig sind, dass die Hersteller sie übererfüllen konnten, schaffen sie Anreize, den Anteil batterieelektrischer Fahrzeuge langsamer zu erhöhen, als es möglich wäre, um die Margen nicht zu gefährden.[244]

Weiter einschränkend muss festgehalten werden, dass Flottengrenzwerte allein das **Sorgfaltsniveau** der Fahrzeuge betreffen, also den spezifischen CO_2-Ausstoß pro gefahrenem Kilometer eines Fahrzeugs eines bestimmten Fahrzeugtyps.[245] Die Fahrleistungen, also die Anzahl der von einem Fahrzeug oder einer ganzen Flotte absolvierten Strecken (das „Aktivitätsniveau"), sind davon unabhängig und können sogar steigen, da das verbesserte Sorgfaltsniveau den Preis pro gefahrenem Kilometer senkt. Hinter den selbst gesteckten Zielen (40 % Minderung im Verkehrssektor nach dem Klimaschutzplan der Bundesregierung) bleibt die reale Entwicklung jedenfalls noch deutlich zurück.[246]

7. Wegekostenrichtlinie

Mit der **Wegekostenrichtlinie** 1999/62/EG haben die Mitgliedstaaten die Möglichkeit, für die Benutzung bestimmter Straßen Abgaben zu erheben.[247] Die Richtlinie gibt sogar die Befugnis, Umweltkosten wie Luftschadstoffe und Lärm und nicht nur die der Straßenunterhaltung in die Berechnung der Höhe der Abgaben einzubeziehen (Art. 7c RL 1999/62/EG). Lenkungseffekte

---

244 *T. Hartman*, EuZW 2012, S. 413 (414f.); *M. Seiwert*, Warum VW seine E-Auto-Verkäufe selbst ausbremst. In: WirtschaftsWoche, 30.8.2024, https://www.wiwo.de/unternehmen/auto/volkswagen-sparkurs-warum-vw-seine-e-auto-verkaeufe-selbst-ausbremst/29963552.html (11.11.2024).

245 Zum Begriff des Sorgfaltsniveaus mit Bezug zum Verkehrssektor *E. Hofmann*, Der Schutz vor Immissionen des Verkehrs, 1997, S. 212.

246 *BMUV*, Das System der CO_2-Flottengrenzwerte für Pkw und leichte Nutzfahrzeuge, 4.5.2020, S. 9.

247 Richtlinie 1999/62/EG des Europäischen Parlaments und des Rates vom 17.6.1999 über die Erhebung von Gebühren für die Benutzung von Straßeninfrastrukturen durch Fahrzeuge, ABl. L 187 vom 20.7.1999, S. 42, zuletzt geändert durch Richtlinie (EU) 2022/362 des Europäisches Parlaments und des Rates vom 24.2.2022 zur Änderung der Richtlinien 1999/62/EG, 1999/37/EG und (EU) 2019/520 hinsichtlich der Erhebung von Gebühren für die Benutzung bestimmter Verkehrswege durch Fahrzeuge, ABl. L 69 vom 4.3.2022, S. 1–39.

erhofft man sich davon, dass emissionsärmere Fahrzeuge von den Abgaben befreit werden.[248]

Die Wegekostenrichtlinie ist auf die Erhebung von Abgaben auf bestimmte Straßenarten wie Autobahnen oder auf bestimmten Straßenstrecken wie Brücken oder Tunnel beschränkt. Sie findet keine Anwendung auf Privatstraßen, was einen Anreiz für die Staaten bedeuten kann, Straßen dem öffentlichen Verkehrsnetz durch Entwidmung zu entziehen und dann außerhalb des Rahmens der Wegekostenrichtlinie Abgaben erheben zu lassen. Ihre Wirkungsweise unterscheidet sich von vielen anderen wirtschaftlich wirkenden Instrumenten im Verkehrssektor, weil sie jedenfalls im Ansatz **fahrleistungsbezogen** und nicht nur sorgfaltsniveaubezogen erhoben wird. Wird für Autobahnen eine solche Abgabe erhoben, müssen in der Regel auch sekundäre Straßen als **Ausweichrouten** bepreist werden, was die Umsetzung komplizierter macht und die Installierung entsprechender Überwachungsgeräte auch auf dem untergeordneten Straßennetz nach sich ziehen kann.

Nicht zulässig ist die Erhebung von Wegekosten in einem Mitgliedstaat im unmittelbaren Zusammenhang mit der Entlastung inländischer Fahrzeughalter:innen, wie es die Bundesregierung vor ein paar Jahren versucht hatte und damit vor dem EuGH gescheitert ist.[249]

Damit die Abgaben **Lenkungswirkung** entfalten können, müssen sie in einer fühlbaren Höhe erhoben werden, was prinzipiell möglich und durch den Verhältnismäßigkeitsgrundsatz begrenzt ist, wovor aber die Mitgliedstaaten regelmäßig aus Gründen der Wirtschaftsförderung zurückscheuen. Benutzungsgebühren müssen im Verhältnis zur **Dauer der Benutzung des betreffenden Verkehrswegs** stehen (Art. 7a Abs. 1 RL 1999/62/EG). Bei Personenkraftwagen kann nach Tagen, Wochen oder Monaten differenziert werden (Art. 7a Abs. 3 RL 1999/62/EG). Mit Blick auf Infrastrukturgebühren für schwere Nutzfahrzeuge gibt Art. 7b Abs. 1 RL 1999/62/EG vor, dass den

248 Entschließung des Europäischen Parlaments v. 11.3.2009 zu den Lösungsansätzen für die Herausforderungen im Zusammenhang mit der Ölversorgung (2008/2212(INI)), ABlEG C 87 E/345.

249 EuGH, Urteil vom 18.6.2019 - Rs. C-591/17 (Republik Österreich/Bundesrepublik Deutschland), juris. *E. Hofmann*, Anmerkung zum Urteil des EuGH Pkw-Maut, Rs. C-591/17, NVwZ 2019, S. 1257 ff.; zuvor schon *ders.*, Infrastrukturabgaben als Instrument des Klimaschutzes? Zur möglichen Zukunft der Pkw-Maut, in: Hebeler/Hofmann/Proelß/Reiff (Hrsg.), Jahrbuch des Instituts für Umwelt- und Technikrecht der Universität Trier (IUTR), 2016, S. 279 (292 ff.).

Fahrzeughalter:innen die Infrastrukturkosten angelastet werden sollen und sich die Gebühren dabei an den Baukosten und den Kosten für Betrieb, Instandhaltung und Ausbau des betreffenden Verkehrswegenetzes orientieren müssen.

Ein unmittelbarer **Bezug der Abgabenhöhe zur Fahrleistung** ist auf dem Weg eines Zeitbezugs wie bei Pkw nicht zu erreichen. Das geht aber bei Lastkraftwagen mit Art. 7b Abs. 1 RL 1999/62/EG. Ein Beispiel hierfür ist die Lkw-Maut auf deutschen Autobahnen, die nach § 3 Abs. 1 BFStrMG kilometergenau erhoben wird.[250]

8. ÖPNV: Förderung sauberer und energieeffizienter Straßenfahrzeuge

Auch wenn der öffentliche Personennahverkehr (ÖPNV) strukturbedingt deutliche Vorteile im Bereich des Klimaschutzes gegenüber dem motorisierten Individualverkehr (MIV) aufweist, da das Verhältnis von der Anzahl der beförderten Personen und dem dazu erforderlichen Gewicht wegen der größeren Gefäße (Fahrzeuge) erheblich günstiger ist, lassen sich auch innerhalb des ÖPNV noch Verbesserungen erzielen. So verpflichtet das PBefG seit dem Jahr 2021 auf die **Berücksichtigung der Ziele des Klimaschutzes und der Nachhaltigkeit** (§ 1a PBefG).[251] Diese Ziele sind für den Klimaschutz bekanntlich durch das KSG quantifiziert, das für den Sektor Verkehr im Jahre 2030 nur noch eine Jahresemissionsmenge von 85 Mio. t CO_2-Äquivalent im Unterschied zu 150 Mio. t CO_2-Äquivalent im Jahr 2020 vorsieht. Eine Aufteilung nach Verkehrsträgern ist dem KSG nicht zu entnehmen; das Gesetz verlangt daher auch eine Reduzierung der Emissionen des ÖPNV – jedenfalls seinem Anteil nach. Die Pflicht zur Berücksichtigung hat aus diesem Grund immer dann Auswirkungen, wenn Spielräume bei der Rechtsanwendung bestehen, so insbesondere bei der Planfeststellung für Straßenbahnen (§ 28 PBefG) oder der Aufstellung von **Nahverkehrsplänen** nach § 8 Abs. 3 S. 2 PBefG. Letztere Norm verpflichtet

250 Bundesfernstraßenmautgesetz vom 12.7.2011 (BGBl. I S. 1378), zuletzt geändert durch Art. 3 des Gesetzes vom 21.11.2023 (BGBl. 2023 I Nr. 315).

251 G zur Modernisierung des Personenbeförderungsrechts v. 16.4.2021 BGBl. I S. 822.

ausdrücklich zur Berücksichtigung der Ziele des Klimaschutzes und der Nachhaltigkeit.[252]

Dass die Energieeffizienz auch mit Hilfe von Beschaffungsvorgängen gefördert werden kann, ist unausgesprochene Grundvoraussetzung der Richtlinie 2009/33/EG des Europäischen Parlamentes und des Rates vom 23.4.2009 über die Förderung sauberer und energieeffizienter Straßenfahrzeuge.[253] **Öffentliche Auftraggeber** werden mit der Umsetzung der Richtlinie verpflichtet, Umweltfolgen bestimmter Fahrzeugtypen bei der Ausschreibung zu berücksichtigen. Für den Klimaschutz bedeutsam ist, dass diese Folgen auch die CO_2-Emissionen über die gesamte Lebensdauer der Fahrzeuge (in der Regel: Busse) einschließen. Die Richtlinie ist ins deutsche Recht mit Hilfe des vorstehend erwähnten PBefG umgesetzt worden.

9. Biokraftstoffe

In Umsetzung der EE-RL verlangt das **Biokraftstoffquotengesetz**[254] die Zumischung von Biokraftstoffen zu Benzin, das das BImSchG geändert hat (Art. 3 Abs. 4 RL 2009/28, §§ 37a ff. BImSchG). Nach § 37a Abs. 4 S. 1 BImSchG haben Verpflichtete nach Abs. 1 sicherzustellen, dass die Treibhausgasemissionen der von ihnen in Verkehr gebrachten fossilen Otto- und fossilen Dieselkraftstoffe zuzüglich der Treibhausgasemissionen der von ihnen eingesetzten Erfüllungsoptionen um einen festgelegten Prozentsatz gegenüber dem Referenzwert nach Satz 3 gemindert werden. Die Höhe des in § 37a Abs. 4 S. 1 genannten Prozentsatzes beträgt ab dem Kalenderjahr 2020 6 % und steigt von Jahr zu bis zum Jahr 2030 auf 25 %.[255] Die ursprünglich geregelte einfache Quotenpflicht ist damit um die Vorgabe erweitert worden, dass die Treibstoffe ein bestimmtes Maß an **Treibhausgasminderungspotenzial** aufweisen müssen. Die Anforderungen an „Biokraftstoffe"

---

252 Näheres *E. Hofmann*, Klimaschutz und Nachhaltigkeit im Verkehr als neues Ziel des PBefG, in: Knauff (Hrsg.), Neuerungen im Rechtsrahmen für den ÖPNV – 7. Jenaer Gespräche zum Recht des ÖPNV, 2022, S. 49 (59).

253 Richtlinie 2009/33/EG des Europäischen Parlaments und des Rates vom 23.4.2009 über die Förderung sauberer und energieeffizienter Straßenfahrzeuge, ABl. Nr. I. 120, S. 5, zuletzt geändert durch Richtlinie (EU) 2019/1161 vom 20.06.2019, ABl. L 188, S. 116.

254 G vom 18.12.2006 (BGBl. I S. 3189), zuletzt geändert durch Gesetz zur Änderung der Förderung von Biokraftstoffen vom 15.7.2009 (BGBl. I S. 1804).

255 *C. Tünnesen-Harmes*, in: Giesberts/Reinhard (Hrsg.), Umweltrecht, BImSchG § 37a Rn. 24.

legt die Biokraftstoff-Nachhaltigkeitsverordnung fest, mit der Art. 19 EE-RL umgesetzt wird.

10. Elektromobilitätsgesetz

Batterieelektrische – und mit größeren Abstrichen auch mit Hybrid-Antrieben ausgerüstete – Fahrzeuge sind deutlich energieeffizienter als Fahrzeuge mit Verbrennungsmotoren,[256] so dass mit dem verstärkten Einsatz solcher Fahrzeuge Treibhausgasemissionen besonders bei Verwendung „grünen" Stroms eingespart werden können. Im Durchschnitt emittieren verbrennungsmotorgetriebene Fahrzeuge dreimal mehr CO_2 als Elektroautos. Die Anschaffung und Verwendung von Elektroautos zu fördern, ist daher ein Anliegen verschiedener Initiativen, von Förderprämien für den Kauf über Verwendungsvorteile, der **Verzicht auf die Erhebung des Kfz-Steuer** bis zum Jahr 2030, die Verringerung von Parkgebühren und die Zuweisung besonderer Parkplätze. Die Wirkungen des **Elektromobilitätsgesetze**s auf die Durchdringung der Fahrzeugflotte mit Elektrofahrzeugen sind allerdings angesichts vergleichsweise hoher **Anschaffungskosten** und einem in Deutschland nur bedingt befriedigenden Angebot an öffentlichen Ladesäulen mit schwer durchschaubarer Tarifstruktur als eher gering einzuschätzen. Der Anteil von batterieelektrischen Fahrzeugen an allen

---

256 *Y. Gimbert,* How clean are electric cars?. In: T&E, 30.5.2022, https://www.transportenvironment.org/articles/how-clean-are-electric-cars (30.11.2024); *BMUKN,* Effizienz und Kosten: Lohnt sich der Betrieb eines Elektroautos?. In: BMUKN, 1.10.2021, https://www.bmuv.de/themen/verkehr/elektromobilitaet/effizienz-und-kosten (23.1.2025); *TÜVNord,* Alternative Antirebe: Wasserstoff. In: TÜVNord, https://www.tuev-nord.de/de/privatkunden/verkehr/auto-motorrad-caravan/elektromobilitaet/wirkungsgrad/#:~:text=Dennoch%20kommt%20ein%20Elektrofahrzeug%20auf,30%2D35%20%25. (23.1.2025); *energieschweiz,* Fahr mit 3-4x höherer Energieeffizienz. In: Fahr mit dem Strom, https://www.energieschweiz.ch/programme/fahr-mit-dem-strom/energieeffizienz/ (23.1.2025).

Neuzulassungen betrug im Jahre 2023 18,4 %[257], was weit hinter den von der Bundesregierung gesteckten Zielen[258] zurückbleibt.[259]

11. Das Wichtigste im Überblick zum Verkehr

Der Verkehrssektor ist wie der Gebäudesektor bislang nicht in den EU-ETS einbezogen und gehört zu den Bereichen, in denen die geringsten Fortschritte bei der Reduzierung von THG-Emissionen erreicht werden konnten. Die Einbeziehung in den EU-ETS als EU-ETS 2 in den nächsten Jahren lässt hoffen, dass dann die erforderlichen preislichen Signale Wirkungen bei der Fahrzeugnutzung zeigen werden.

Bisher jedenfalls setzte die Umweltverkehrspolitik hauptsächlich am Sorgfaltsniveau an – also der Senkung der spezifischen Umweltbelastung pro gefahrenem Kilometer eines Fahrzeugtyps. Das greift schon bei toxischen Abgasbestandteilen zu kurz, ist aber im Klimaschutzbereich völlig untauglich, da sich die Kohlendioxid-Emissionen nicht über Filter oder Katalysatoren verringern lassen. Vielmehr besteht ein chemisch-physikalisch ziemlich stabiler Zusammenhang zwischen der Verbrennung fossiler Treibstoffe und der dabei entstehenden Kohlendioxid-Emissionen. Daher hilft nur die Reduzierung der Fahrleistungen oder die der Anzahl der Fahrzeuge bei Gesamtbetrachtung. Da batterieelektrische Fahrzeuge eine wichtige Rolle hierbei spielen können, ist ihre Förderung durch staatliche Anreize ein zielführendes Element der Dekarbonisierung der Verkehrspolitik. Dazu zählen die **Befreiung von der Kfz-Steuer** oder die Unterstützung bei der

---

257 *Redaktion*, Pkw-Neuzulassungen im Oktober 2025: E-Autos mit deutlichem Zuwachs. In: ADAC, 7.11.2025, https://www.kba.de/DE/Statistik/Fahrzeuge/Neuzulassungen/Jahresbilanz_Neuzulassungen/2023/2023_n_jahresbilanz_uebersicht.html (2.12.2025); Anzahl der Neuzulassungen von Elektroautos in Deutschland von 2003 bis Oktober 2025. In: statista, https://de.statista.com/statistik/daten/studie/244000/umfrage/neuzulassungen-von-elektroautos-in-deutschland/ (23.1.2025); Neuzulassungen: Anteil von Elektroautos bleibt gering. In: Destatis, 8.9.2025, https://www.destatis.de/Europa/DE/Thema/Verkehr/E_PKW_Neuzulassungen.html (23.1.2025).

258 *SPD, Die Grünen und FDP*, Koalitionsvertrag 2021–2025, https://www.spd.de/fileadmin/Dokumente/Koalitionsvertrag/Koalitionsvertrag_2021-2025.pdf, S. 40 (2.12.2025).

259 Mehr Fortschritt wagen Bündnis für Freiheit, Gerechtigkeit und Nachhaltigkeit, Koalitionsvertrag 2021–2025 zwischen der Sozialdemokratischen Partei Deutschlands (SPD), Bündnis 90/Die Grünen und den Freien Demokraten (FDP), S. 22, 40, https://www.spd.de/fileadmin/Dokumente/Koalitionsvertrag/Koalitionsvertrag_2021-2025.pdf (31.3.2025).

Anschaffung batterieelektrischer Fahrzeuge im Zuge des **Elektromobilitätsgesetzes** oder beim Ausbau der Ladeinfrastruktur.

Da aber auch Elektrofahrzeuge Treibhausgasemissionen verursachen, ist eine Verkehrswende nur durch eine Reduzierung des MIV und des Lkw-Verkehrs zu erreichen – also die Vermeidung unnötiger Verkehre und die Verlagerung auf umweltschonendere Verkehrsmittel. Für beides ist die Heranziehung wirtschaftspolitischer Instrumente notwendig, weshalb der deutsche Gesetzgeber mit dem **BEHG** ein nationales Zertifikatssystem für fossile Brennstoffe eingeführt hat. Das BEHG war in seiner Einführungsphase verfassungsrechtlich umstritten, weil es einer Steuer ähnelte, diese aber nicht so bezeichnete und damit haushaltsrechtliche Zweifel auslöste. In den kommenden Jahren wird das BEHG als nationale Umsetzung des EU-ETS 2 angepasst werden müssen (s. §§ 41-44 TEHG).

Eine ebenfalls wichtige Kenngröße ist der spezifische CO_2-Ausstoß der im Verkehr befindlichen Fahrzeuge. Er wird insbesondere über die **Flottengrenzwerte** ordnungsrechtlich bestimmt – die von einem Hersteller produzierten Fahrzeuge müssen insgesamt einem Durchschnittswert genügen, der gerade für die Hersteller schwerer Fahrzeuge nicht leicht zu erfüllen ist, aber mit Hilfe der Zusammenlegung mit anderen Herstellern, die batterieelektrische Fahrzeuge produzieren, leichter erfüllt werden können.

Auch der **ÖPNV** muss klimaneutral werden, so dass es zu begrüßen ist, wenn das neue Personenbeförderungsgesetz den Klimaschutz berücksichtigt und neue Fahrzeuge auch unter Heranziehung von Klimakriterien angeschafft werden dürfen. Eine ordnungsrechtliche Unterstützung erfährt der Sektor auch durch das **Biokraftstoffgesetz**, das verlangt, dass den fossilen Kraftstoffen weniger klimaschädliche Biokraftstoffe zugesetzt werden müssen.

VII. Gebäude

1. Einführung: die Belastungssituation und Regulierungsansätze

In Deutschland wie Europa ist der Gebäudesektor für rund 10 % der Treibhausgasemissionen verantwortlich – in Deutschland sogar für 15 %.[260]

260 *DGNB*, Wegweiser klimapositiver Gebäudebestand, S. 24; *Umwelt Bundesamt*, Energiesparende Gebäude, 5.9.2024, https://www.umweltbundesamt.de/themen/klima-ene

Der Sektor umfasst als größten Block die Heizung der Räume, in kleineren Anteilen auch die Warmwassererzeugung und sämtliche energieverbrauchende Geräte, die im Gebäude zum Einsatz kommen. Letztere sind vielfach anderweitig bereits Gegenstand von Regulierungen (Elektrogeräte).[261] Der Gebäudesektor gehört zu den besonders schwierigen Politikfeldern des Klimaschutzes, da Einsparungen auch im Gebäudebestand erforderlich sind und dies in der Regel Investitionen erfordert, die mit Fragen des Bestandsschutzes verbunden sind. Zurzeit ist nicht zu erwarten, dass der Gebäudesektor die Sektorenziele des KSG für das Jahr 2030 für sich genommen wird erfüllen können. Das sind schwierige Vorzeichen für die angestrebte Klimaneutralität im Jahre 2045, zumal die meisten der Gebäude, die in Deutschland dann stehen werden, bereits gebaut sind. Die daraus resultierende Pfadabhängigkeit bereits getroffener Investitionen bedeutet, dass gerade die **Sanierung des Bestands** eine der größten Herausforderungen darstellt.

2. Insbesondere: Regulierung der Beschaffenheit der Gebäudehülle oder Life Cycle Analysis?

Die Diskussion in jüngster Vergangenheit um das zwischenzeitlich als „Heizungsgesetz“ bezeichnete Gesetz zur **Einsparung von Energie** und zur **Nutzung erneuerbarer Energien** zur Wärme- und Kälteerzeugung in **Gebäuden** – Gebäudeenergiegesetz (GEG)[262] – kreiste um die Frage, in welchen Zeiträumen fossile Heizungen gegen EE-betriebene Heizungen ausgetauscht werden müssen. Wegen der Sorge um die Auswirkungen auf Eigentümer:innen von Wohnhäusern stand dieser Aspekt im Vordergrund, obwohl (i) das GEG insoweit nur zurückhaltende Anforderungen stellt und (ii) dieser Punkt im Zusammenhang mit der Klimarelevanz des Gebäudesektors insgesamt allenfalls ein (wichtiges) Element unter einer Vielzahl darstellt. Betrachtet man nämlich den Gebäudesektor im Sinne einer *Life Cycle Analysis*, so stellt es eine bedenkliche Verkürzung dar,

---

rgie/energiesparen/energiesparende-gebaeude#gebaude-wichtig-fur-den-klimaschutz (23.1.2025); Entwicklung der Treibhausgas-Emissionen des Gebäudesektors in Deutschland von 1990 bis 2024. In: statista, https://de.statista.com/statistik/daten/studie/1411542/umfrage/treibhausgas-emissionen-von-gebaeuden-in-deutschland/ (23.1.2025).

261 Zu dieser Problematik s. a. die Erläuterungen zur Ökodesign-Richtlinie in → D. V. 5.

262 Gebäudeenergiegesetz vom 8.8.2020 (BGBl. I S. 1728), zuletzt geändert durch Art. 1 des Gesetzes vom 16.10.2023 (BGBl. 2023 I Nr. 280).

nur auf die THG-Emissionen des jetzigen oder (neu zu errichtenden) zukünftigen Gebäudebestands während der aktiven Nutzung der Gebäude zu blicken, wie es das GEG tut – auch wenn drei Viertel der THG-Emissionen des Gebäudesektors auf Nutzung und Betrieb zurückgehen.[263] Geboten ist eine umfassende Betrachtung des Lebenszyklus` von Gebäuden (***Cradle-to-Cradle*-Prinzip**).[264]

Mit Blick auf das Ziel der Klimaneutralität ist dagegen erforderlich, beim Gebäudesektor die Produktion der Baustoffe, ihren Transport, ihren Einsatz bei der Errichtung des Gebäudes wie schließlich die THG-Emissionen beim Abriss des Gebäudes und der Wiedernutzung seiner Baustoffe ebenfalls einzubeziehen.[265] Allein die Beton- und Zementproduktion verursacht im Jahr 16 Mio. t. CO_2-Äq.[266] Ressourcenschonende Bauweisen sind geboten, will man die THG-Emissionen infolge von Herstellung, Transport, Lagerung, Verkauf und Entsorgung der Baustoffe reduzieren („graue" Emissionen).[267] Allerdings ist zu berücksichtigen, dass sich manche der genannten Vorgänge dem Zugriff des deutschen oder europäischen Gesetzgebers entziehen, etwa dann, wenn Baustoffe aus Drittstaaten bezogen werden.

Folgt man dennoch der gebotenen umfassenden Betrachtung des Gebäudesektors, so erweist sich die Sanierung gegenüber dem Abriss und Neubau von Gebäuden hinsichtlich der CO_2-Bilanz als regelmäßig deutlich überlegen. Umso bedauerlicher ist es, dass das geltende Recht kaum spezifische Anreize für eine energetische Sanierung bereithält, zumal die Erhöhung der gegenwärtigen **Sanierungsquote** von 1 % pro Jahr auf 2 bis 3 % mit gutem Grund gefordert wird.[268]

---

263 BBSR-Online-Publikation Nr. 17/2020, S. 1; *DGNB*, Wegweiser positiver Gebäudebestand, S. 24.

264 *DGNB*, Nachhaltigkeitsansatz der DGNB. In: DGNB, https://www.dgnb.de/de/nachhaltiges-bauen/nachhaltigkeitsansatz-der-dgnb; (17.3.2025); *BNP Paribas Real Estate Holding*, https://www.realestate.bnpparibas.de/blog/esg/cradle-to-cradle-in-der-immobilienbranche (17.3.2025).

265 *DGNB*, Wegweiser positiver Gebäudebestand, S. 23 f.

266 *Deutsche Energie-Agentur* (Hrsg.) (dena, 2021) „DENA-GEBÄUDEREPORT 2022. Zahlen, Daten, Fakten.", S. 69; *DGNB*, Wegweiser positiver Gebäudebestand, S. 24.

267 *BBSR (2019a)*, S. 3; *DGNB*, Wegweiser positiver Gebäudebestand, S. 25.

268 *DGNB*, Wegweiser positiver Gebäudebestand, S. 23 f.; für öffentliche Gebäude 3 %, *EPREU* (2021), S. 65.

3. Finanzielle Rahmenbedingungen

a. BEHG, EU-ETS 2

Dabei bestehen prinzipiell **Preissteuerungssignale**, die jedenfalls Teile der Gebäudenutzungskette erfassen, etwa den Transport der Baustoffe im Rahmen des BEHG (und zukünftig des EU-ETS2). Diese Signale erweisen sich jedoch in ihrer gegenwärtigen Form noch als zu schwach, um genügend Anreize zu bieten, den Hindernissen einer Sanierung im Vergleich zur Neuplanung und -errichtung etwas entgegensetzen zu können. Das hat verschiedene Ursachen, von denen die bislang niedrigen Energiekosten einen Faktor darstellen; für die Frage der Sanierung oder der Entscheidung für einen Neubau spielen andere Elemente eine wichtigere Rolle, etwa die größere Planungssicherheit. Ein weiterer Faktor liegt in den geringen Zertifikatspreisen des BEHG in der Einführungsphase (von 25 bis 65 Euro/t CO_2) und der ausgesprochen niedrigen Besteuerung von zum Heizen eingesetzter fossiler Brennstoffe durch die **Energiesteuer** (z. B. 6ct/l bei Heizöl).

Abgesehen von diesen bundesrechtlichen Vorgaben finden sich zum Teil auch im **Landesrecht** maßgeblich Bestimmung. So sieht das KSG Baden-Württemberg für die Planung öffentlicher Liegenschaften die Berücksichtigung eines **CO_2-Schattenpreises** vor, der auch bei der Beschaffung von Liefer- und Dienstleistungen durch das Land angewendet werden soll (§ 8 KlimaG BW).[269]

b. Mietwohnungen

Für den Bereich der Mietwohnungen gilt zudem, dass das BGB und die Heizkostenverordnung die Umlage der Kosten von Modernisierungsmaßnahmen auf die Mieter gestatten. Schon im Ausgangspunkt ungünstig ist, dass die Gebäudemaßnahmen, die zur Einsparung von THG-Emissionen führen, für die Mieter:innen vorteilhaft sein könnten, diese aber in aller Regel nicht die Entscheidung über die zu ergreifenden Maßnahmen treffen und auch nicht die Investitionskosten tragen („**Nutzer-Investor-Dilemma**").[270] Für die Wohnungseigentümer:innen sind die Heizungskosten dagegen nach der

269 Klimaschutz- und Klimawandelanpassungsgesetz (KlimaG) BW v. 7.2.2023, GBl. 2023, 26.

270 Früh schon *A. Enseling/E. Hinz*, Wirtschaftlichkeit energiesparender Maßnahmen (2008), S. 30 ff.; *S. Klinski*, in: Rodi (Hrsg.), Handbuch Klimaschutzrecht, § 35 Klimaschutz im Wärme- und Gebäudebereich, Rn. 9.

Heizkostenverordnung nur ein „durchlaufender Posten".[271] Es gibt unter diesen Bedingungen keinen selbständigen wirtschaftlichen Anreiz für die Investoren zum Ergreifen energiesparender Maßnahmen.

Darüber hinaus ist das einschlägige Zivilrecht nicht frei von Fehlsteuerungen: Unter Modernisierungsmaßnahmen begreift § 555b BGB bauliche Veränderungen, die insbesondere zur Einsparung von Primärenergie führen (§ 555b Nr. 1 BGB). Das ist aus Sicht des Klimaschutzes nicht zielführend; entscheidend wäre der Ausstoß von Treibhausgasen in Relation zur genutzten Gebäudefläche, der etwa bei Fernwärme aus der Kohleverstromung höher sein kann als im Vergleich mit der Technik der Wärmeerzeugung im Bestand, und trotzdem die Umstellung auf diese als Modernisierungsmaßnahmen im Sinne der genannten Vorschrift gälte, da sie zu Einsparungen an Primärenergie führen kann.[272]

Weitere Voraussetzungen hinsichtlich des Ausmaßes der **Endenergieeinsparung** oder des Kosten-Nutzen-Verhältnisses für die Mieter:innen enthält die Vorschrift nicht, was auf eine Verschlechterung der Mietsituation für die Mieter:innen hinauslaufen kann, zumal auch andere Maßnahmen zu den Modernisierungsmaßnahmen im Sinne des § 555b BGB zählen und daher auch Luxusmodernisierungen möglich sind, die die Verfügbarkeit preisgünstigen Wohnraums verkleinern.[273] Dieser Effekt wird etwas begrenzt durch § 559 Abs. 3a BGB, wonach sich die monatliche Miete innerhalb von sechs Jahren, von Erhöhungen nach § 558 oder § 560 abgesehen, nicht um mehr als 3 Euro je Quadratmeter Wohnfläche erhöhen darf.

4. Das GEG im Überblick: Neuerrichtung vs. Bestand, Wirtschaftlichkeitsprinzip

Mit den vorstehenden Überlegungen zur Reichweite des Gebäudesektors (*Cradle-to-Cradle*-Prinzip) erscheint das GEG nur noch als ein – allerdings unverzichtbares – Element der Klimarechtsregulierung bei Gebäuden, das sich auf die Energieeffizienz von Gebäuden während ihrer aktiven Nutzung

---

271 Verordnung über Heizkostenabrechnung in der Fassung der Bekanntmachung vom 5.10.2009 (BGBl. I S. 3250), zuletzt geändert durch Art. 3 des Gesetzes vom 16.10.2023 (BGBl. 2023 I Nr. 280); *S. Klinski*, in: Rodi (Hrsg.), Handbuch Klimaschutzrecht, § 35, Rn. 24, 47.

272 Ebenfalls kritisch *S. Klinski*, in: Rodi (Hrsg.), Handbuch Klimaschutzrecht, § 35, Rn. 25.

273 *S. Klinski*, in: Rodi (Hrsg.), Handbuch Klimaschutzrecht, § 35, Rn. 26.

beschränkt. Es richtet sich vornehmlich an Bauherr:innen und Eigentümer:innen (§ 8 Abs. 1 GEG).

a. Orientierung an Referenzgebäuden

Das GEG ist in weiten Teilen die deutsche Umsetzung der **Gebäudeenergierichtlinie 2010/31/EU** und deren Fortführung durch verschiedene Rechtsakte.[274] Das EU-Recht zielt auf die Verbesserung der Gesamtenergieeffizienz von Gebäuden und verlangt von den Mitgliedstaaten, entsprechende **Mindestanforderungen** aufzustellen, die sich auch am Maßstab der Kostenoptimalität ausrichten. Das GEG folgt dem unter Heranziehung des Primärenergieverbrauchs als maßgeblichem Indikator, was am aus Sicht des Klimaschutzes allein entscheidenden spezifischen Treibhausgasemissionsniveau vorbeigehen kann.[275]

Insoweit unterscheidet das GEG zwischen den Anforderungen an die **Neuerrichtung** von Gebäuden (§§ 10 bis 33) und an den **Bestand** (§§ 46 bis 51 GEG). Weitere Differenzierungen betreffen **Wohngebäude** und **Nichtwohngebäude**. Da es in aller Regel leichter fällt, Energiestandards bei der Neuerrichtung zu verwirklichen, ist das durch die Referenzgebäude bestimmte Niveau für Neubauten deutlich strenger als die Sanierungsanforderungen, die dem Bestand 40 % schlechtere Energiewerte zubilligen (etwa hinsichtlich des Primärenergiebedarfs, § 50 Abs. 1 Nr. 1 lit. a) GEG).[276]

Was die Mindestanforderungen angeht, so enthält das GEG eine Pflicht zur Errichtung von Gebäuden als „**Niedrigstenergiegebäude**“ (§ 10 Abs. 1 GEG). Das ist nach § 3 Nr. 25 GEG ein Gebäude, das eine sehr gute Gesamtenergieeffizienz aufweist und dessen Energiebedarf sehr gering ist und, soweit möglich, zu einem ganz wesentlichen Teil durch Energie aus erneuerbaren Quellen gedeckt werden soll. Das weckt trotz der semantischen Vagheit Erwartungen, die zum Teil nicht erfüllt werden. Quantifizierte Vorgaben für den Einsatz von erneuerbaren Energien sind damit jedenfalls nicht verbunden. Eine Ausnahme galt in dieser Hinsicht nach dem nunmehr weggefallenen § 52 GEG nur für öffentliche Gebäude im Falle einer grundlegenden Renovierung. Im geltenden Recht existiert in dieser

---

274 Richtlinie über die Gesamtenergieeffizienz von Gebäuden vom 19.5.2010 (ABl. L 153 vom 18.6.2010, S. 13), zuletzt geändert durch Verordnung 2018/1999 vom 11.12.2018 (ABl. L 328, S. 1).

275 *C. Reher*, in: Knauff (Hrsg.), GEG, vor §§ 92 ff., Rn. 34.

276 *S. Klinski*, in: Rodi (Hrsg.), Handbuch Klimaschutzrecht, § 35, Rn. 83.

Hinsicht lediglich die Möglichkeit, öffentliche Gebäude zur Stärkung der Vorbildfunktion entsprechend auszustatten (§ 4 Abs. 1 GEG). Die Länder dürfen über diese (schwache) Regelung hinausgehen (§ 4 Abs. 4 GEG).

Auch substantiell – in Bezug auf das zu erfüllende Energieeffizienzniveau der Gebäude – gehen die Anforderungen des GEG nicht über das vor seiner Einführung geltende Recht hinaus und erweisen sich als weniger anspruchsvoll als die Leitlinien der EU-Kommission.[277] Zum Teil fällt das GEG gegenüber dem früheren Recht sogar zurück.[278] Das GEG ist darüber hinaus in der Handhabung umständlich, weil das Konzept des Referenzgebäudes auf die Energieeffizienz der in den Anlagen zum Gesetz beschriebenen einzelnen Bauteile der Gebäude abstellt. Die fast unterschiedslose Behandlung der fossilen Energieträger in der **Berechnung des Primärenergieverbrauchs** des zu errichtenden Wohngebäudes und des Referenzgebäudes hinsichtlich der Treibhausgasemissionen (Anlage 4 zu § 22 GEG) ist aus Sicht des Klimaschutzes ebenfalls nicht zielführend.[279]

Besonders umstritten war eine Kernregelung des GEG, nach der neue Heizungsanlagen mindestens 65 % der mit der Anlage bereitgestellten Wärme mit erneuerbaren Energien oder unvermeidbarer Abwärme nach Maßgabe der Abs. 4 bis 6 sowie der §§ 71b bis 71h erzeugen müssen (§ 71 Abs. 1 GEG). Diese Pflicht zur Heranziehung von erneuerbaren Energien bei der dezentralen Wärmeerzeugung muss spätestens zum 30.6.2026 bzw. 30.6.2028 im Falle neuer Heizungsanlagen erfüllt werden.[280] Sie wurde teilweise verzerrt wahrgenommen und als sofort wirksames Verbot der Nutzung bereits existierender fossiler Heizungsanlagen empfunden. Dagegen ist darauf hinzuweisen, dass § 71 GEG an den Einbau oder die Aufstellung von Heizungsanlagen anknüpft. Ein Nutzungsverbot bestehender Heizungsanlagen liegt darin nicht. Ein solches folgt lediglich aus § 72 Abs. 4 GEG, der den Betrieb fossiler Heizungsanlagen nur bis Ablauf des 31.12.2044 gestattet.

b. Kostenoptimalität und Wirtschaftlichkeitsgrundsatz

Generell knüpft das GEG die Durchsetzung von Energieeinsparungsinvestitionen an ein **Wirtschaftlichkeitsprinzip**, nach welchem die Anforde-

---

277 *S. Klinski*, in: Rodi (Hrsg.), Handbuch Klimaschutzrecht, § 35, Rn. 77.

278 Zu Beispielen dieser Art *C. Reher*, in: Knauff (Hrsg.), GEG, vor §§ 92 ff., Rn. 33.

279 *S. Klinski*, in: Rodi (Hrsg.), Handbuch Klimaschutzrecht, § 35, Rn. 79.

280 Zur Verzahnung des GEG mit der kommunalen Wärmeplanung s. *F. Fründ/D. Schnittker*, NVwZ 2024, S. 289, 291.

rungen und Pflichten des GEG und seiner Rechtsverordnungen für Gebäude gleicher Art und Nutzung und für Anlagen oder Einrichtungen wirtschaftlich vertretbar sein müssen (§ 5 S. 1 GEG). Nach Satz 2 der Vorschrift gelten Anforderungen und Pflichten als wirtschaftlich vertretbar, wenn generell die erforderlichen Aufwendungen innerhalb der üblichen Nutzungsdauer durch die eintretenden Einsparungen erwirtschaftet werden können. Dabei ist nach Satz 3 die noch zu erwartende Nutzungsdauer zu berücksichtigen. Die „zu erwartende Nutzungsdauer“ ist eine ungenaue Vorgabe, die nach dem Gebäude, nach Anlagentechnik und Außenbauteilen differenziert betrachtet werden muss.[281]

Etwas verkürzt gesagt, stellt das GEG damit seine Energieeffizienzanforderungen unter den **Vorbehalt der gebäudetypsbezogenen Amortisierung** innerhalb der zu erwartenden Nutzungsdauer des Gebäudes (§§ 5, 102 Abs. 1 S. 2 GEG). Damit macht das GEG von den Spielräumen der zur Konkretisierung dieses Maßstabs erlassenen Delegierten Verordnung (EU) Nr. 244/2012 Gebrauch, wonach die Mitgliedstaaten die Wahl haben zwischen einer „finanziellen Methode" zur Bestimmung der Kostenoptimalität, die nur auf betriebswirtschaftlichen Parametern beruht, und einer „makroökonomischen Methode“, bei der auch die volkswirtschaftlichen Kosten berücksichtigt werden.

Die Wahl der „finanziellen Methode“ und die Ausgestaltung des Wirtschaftlichkeitsgrundsatzes im GEG sind angesichts der Dringlichkeit des Klimaschutzes als zu großzügig kritisiert worden, da das GEG damit in deutliche Spannung zu verfassungsrechtlichen Vorgaben insbesondere aus Art. 20a GG gerät, die dahin gehen, auch den Gebäudebestand bis 2045 klimaneutral zu machen.[282] Die individuelle Amortisation von Klimaschutzmaßnahmen an Gebäuden innerhalb ihrer **Nutzungsdauer** wäre nach der Rechtsprechung des BVerfG auch nicht erforderlich, um die Belastungen von Eigentümer:innen verfassungsmäßig auszugestalten, sondern lediglich die Zumutbarkeit der Belastungen.[283] Diese Grenze, selbst wenn man sie hier für maßgeblich hielte, wird durch das GEG nicht ausgeschöpft, indem § 5 GEG jede Investition unter einen betriebswirtschaftlichen Amortisationsvorbehalt stellt und mit § 102 Abs. 1 S. 1,2 GEG darüber hinaus die

---

281 *E. Hofmann*, in: Knauff (Hrsg.), GEG, § 5 Rn. 7.

282 *S. Klinski*, in: Rodi (Hrsg.), Handbuch Klimaschutzrecht, § 35, Rn. 43a, hält den Wirtschaftlichkeitsgrundsatz sogar für verfassungswidrig.

283 So etwa im Zusammenhang mit der Pflicht zur Schaffung von Kfz-Stellplätzen, BVerfG NVwZ 2009, 837 (838 f.) m.w.N.

Möglichkeit bereitstellt, von den Anforderungen des GEG zu befreien, wenn ein Fall einer **unbilligen Härte** vorliegt, der ähnlich wie § 5 S. 1 GEG die unbillige Härte insbesondere dann als gegeben annimmt, wenn die erforderlichen Aufwendungen innerhalb der üblichen Nutzungsdauer oder bei bestehenden Gebäuden innerhalb angemessener Frist durch die eintretenden Einsparungen nicht erwirtschaftet werden können, das heißt, wenn die notwendigen Investitionen nicht in einem angemessenen Verhältnis zum Ertrag stehen. Damit ist nach verbreiteter Ansicht die Einbeziehung von Klimaschutzaspekten als Nutzen der Aufwendungen ausgeschlossen, da „Ertrag“ im betriebswirtschaftlichen Sinne zu verstehen sei.[284]

Allerdings ist daran zu erinnern, dass der **Wirtschaftlichkeitsgrundsatz** des § 5 GEG nicht individuell, sondern ausweislich von § 5 S. 1 GEG im Vergleich der Aufwendungen für Gebäude *gleicher Art und Nutzung* gilt, also mit **Fallgruppenbezug**.[285] Trotzdem bleibt es dabei, dass jedenfalls implizit die volkswirtschaftlichen Klimakosten in dieser Betrachtung mit Null bewertet werden, was auch angesichts der Bepreisung von CO_2-Emissionen durch das BEHG und zukünftig durch den ETS2 nicht überzeugend erscheint.[286]

c. Geräte und Anlagen in Gebäuden

Das GEG schaut auf die Energieeffizienz des Gebäudes als Ganzes und bewertet dazu die einzelnen Bauteile anhand des Vergleichs mit Referenzbauteilen. Dazu zählen auch die Heizungsanlage und die Anlage zur Warmwasserbereitung. Nicht alle klimarelevanten Bestandteile eines Gebäudes sind aber im GEG und seinen Anlagen geregelt, so etwa die der Ökodesign-Richtlinie unterfallenden Elektrogeräte (s. o. V.5 – Ökodesign-Richtlinie). Auch die Heizungsanlagen, soweit sie in EU-Verordnungen geregelt sind (Verordnung (EU) 813/2013 über Zentralheizungsanlagen[287]), oder die Warmwasserbereitung (Verordnung (EU) 814/2013) unterfallen nicht dem GEG.[288] Diese Vorschriften stellen Anforderungen an die Energieeffizienz der eingesetzten Geräte, betreffen aber nicht die Brennstoffwahl, so dass das Verbot der Verwendung von Heizöl als Brennstoff zum 31.12.2044 (§ 72 Abs. 4

284 Vgl. etwa *T. Schomerus/P. Neidig*, in: Knauff (Hrsg.), GEG, § 102 Rn. 26.
285 *W. Frenz* EnWZ 2023, S. 435 (439); *E. Hofmann*, in: Knauff (Hrsg.), GEG, § 5 Rn. 6.
286 *E. Hofmann*, in: Knauff (Hrsg.), GEG, § 5 Rn. 8.
287 ABl. EU 2013 L 239, 136.
288 ABl. EU 2013 L 239, 162.

GEG) oder noch weitergehende Regelungen mit dem EU-Recht vereinbar sind bzw. wären.[289]

Was Solaranlagen (Photovoltaik-Anlagen) angeht, so finden sich auch im Landesrecht einschlägige Bestimmungen: Für im Eigentum des Landes Baden-Württemberg stehende Gebäude gilt eine **Photovoltaik-Pflicht** ab dem 1.1.2030 auch dann, wenn keine grundlegende Dachsanierung durchgeführt wird, sofern nicht andere öffentlich-rechtliche Pflichten und Vorschriften entgegenstehen (§ 24 Abs. 1 KlimaG BW).[290] Von größerer Reichweite ist es, wenn die Photovoltaik-Pflicht auf andere Gebäude – die nicht im Eigentum des Landes stehen – ausgeweitet wird, wie etwa durch § 4 **Landessolargesetz** RhPf[291] und die bauplanungsrechtliche Norm des § 9 Abs. 1 Nr. 23 b) BauGB. Danach ist bei Errichtung eines gewerblich genutzten **Neubaus**, bei Errichtung eines Neubaus eines öffentlichen Gebäudes und bei **grundlegender Dachsanierung** eines öffentlichen Gebäudes mit jeweils mehr als 100 m² Nutzfläche und einem bestehenden Anschluss an ein Stromnetz der öffentlichen Versorgung auf den Solarinstallations-Eignungsflächen eine Photovoltaikanlage zur Stromerzeugung zu installieren.

5. Kommunale Wärmeplanung

Während das GEG mit seinem ordnungsrechtlichen Ansatz Bauherr:innen und Eigentümer:innen von Gebäuden in die Pflicht nimmt, die Wärmeversorgung einzelner Gebäude klimaneutral zu gestalten, verlangt die kommunale Wärmeplanung von den Städten und Gemeinden, strategisch-planerisch für ganze Gemeindegebiete dafür Sorge zu tragen, dass die leitungsgebundene Wärmeversorgung ihren Beitrag zur Klimaneutralität des Wärmesektors leistet.[292] Mit dem zum 1.1.2024 in Kraft getretenen Gesetz für die Wärmeplanung und zur Dekarbonisierung der Wärmenetze – **Wärmeplanungsgesetz** (WPG) – steht hierfür seit neuestem ein bundesgesetzlicher Rechtsrahmen zur Verfügung.[293] Soweit bereits landesrechtliche Vorschriften bestehen und diese mit dem WPG nicht vereinbar sind, geht das

---

289 *S. Klinski*, in: Rodi (Hrsg.), Handbuch Klimaschutzrecht, § 35, Rn. 87.

290 Klimaschutz- und Klimawandelanpassungsgesetz (KlimaG) BW v. 7.2.2023, GBl. 2023, 26.

291 GVBl. Rheinland-Pfalz 2021, 550, zuletzt geändert durch Gesetz vom 22.11.2023 (GVBl. S. 367).

292 Instruktiver Überblick *L. Radimeczky-Krekel/S. Hentschel/K. von Schack*, ZUR 2024, S. 269 ff.

293 Wärmeplanungsgesetz vom 20.12.2023 (BGBl. 2023 I Nr. 394).

Bundesrecht schon wegen Art. 72 Abs. 1 GG vor.[294] Wärmeplanungen, die bereits in Kraft getreten sind, genießen allerdings weitgehenden Bestandsschutz (§ 5 WPG).[295] Große praktische Bedeutung haben die in diesem Zusammenhang entwickelten Leitfäden zur Durchführung der Wärmeplanung.[296]

Das WPG ist zunächst auf die Erhöhung des Anteils erneuerbarer Energie bei der Wärmeversorgung gerichtet. So soll nach § 2 Abs. 1 WPG der Anteil von Wärme aus erneuerbaren Energien, aus unvermeidbarer Abwärme oder einer Kombination hieraus an der jährlichen Nettowärmeerzeugung in Wärmenetzen im bundesweiten Mittel ab dem 1.1.2030 50 % betragen. Das WPG schafft vor allem aber eine **Pflicht zur Wärmeplanung**.[297] Unter Wärmeplanung versteht das Gesetz nach § 3 Nr. 20 WPG eine rechtlich unverbindliche, strategische Fachplanung, die

a) Möglichkeiten für den **Ausbau** und die **Weiterentwicklung** leitungsgebundener Energieinfrastrukturen für die Wärmeversorgung, die Nutzung von Wärme aus erneuerbaren Energien, aus unvermeidbarer Abwärme oder einer Kombination hieraus sowie zur Einsparung von Wärme aufzeigt und

b) die **mittel- und langfristige Gestaltung** der Wärmeversorgung für das beplante Gebiet beschreibt.

---

294 Pflichten zur Aufstellung von Wärmeplanungen enthalten § 25 HmbKliSchG, §§ 7, 8 EWKG SH, §§ 7c und 7d KSG BW.

295 *F. Fründ/D. Schnittker*, NVwZ 2024, S. 289 (290).

296 *Ministerium für Umwelt, Klima und Energiewirtschaft Baden-Württemberg*, Handlungsleitfaden Kommunale Wärmeplanung, 2020, https://www.kea-bw.de/fileadmin/user_upload/Publikationen/094_Leitfaden-Kommunale-Waermeplanung-022021.pdf (2.12.2025); BMWK, BMWSB, Leitfaden Wärmeplanung, 2024, https://www.bmwsb.bund.de/SharedDocs/downloads/DE/veroeffentlichungen/wohnen/leitfaden-waermeplanung-lang.pdf?__blob=publicationFile&v=2 (2.12.2025); *Klimaschutz- und Energieagentur Niedersachen*, Leitfaden Kommunale Wärmeplanung https://www.klimaschutz-niedersachsen.de/_downloads/FaktenpapiereLeitfaeden/LeifadeKommWaermeplanung/2023_04_Leitfaden-Waermeplanung_gesamt.pdf (3.4.2025); *LEA Hessen*, Leitfaden kommunale Wärmeplanung in Hessen, https://redaktion.hessen-agentur.de/publication/2021/3443_LEA_Hessen_Leitfaden_Kommunale_Wrmeplanung_2024.pdf (3.4.2025); *EKI Schleswig-Holstein*, Kommunale Wärme- und Kälteplanung in Schleswig-Holstein Teil I, https://www.eki.sh/fileadmin/user_upload/eki/downloads/211220_kommunale_waermeplanung_teil_1.pdf (3.4.2025); *EKI Schleswig-Holstein*, Kommunale Wärme- und Kälteplanung in Schleswig-Holstein Teil II, https://www.eki.sh/fileadmin/user_upload/eki/downloads/211220_kommunale_waermeplanung_teil_2.pdf (3.4.2025); BT-Drs. 20/8654, 1.

297 Zur Entstehungsgeschichte *J. Wagner*, UPR 2024, S. 88 f.

Da der Bund diese Pflicht wegen Art. 84 Abs. 1 S. 7 GG nicht unmittelbar den Gemeinden auferlegen kann, diese aber als Träger einer Wärmeplanung in vielen Fällen in Frage kommen, verpflichtet das Gesetz die Länder, sicherzustellen, dass die Wärmeplanungen erstellt werden (§ 4 Abs. 1 WPG). Die Länder werden die Aufgabe regelmäßig an die Gemeinden weiterreichen, obwohl das WPG einer Wahrnehmung durch landeseigene Behörden nicht entgegenstehen würde.[298] Daher nennt das Gesetz seine Adressaten etwas blass „planungsverantwortliche Stelle".[299] Dabei unterscheidet das WPG hinsichtlich der geltenden Fristen und des heranzuziehenden Verfahrens gemäß § 4 Abs. 2 WPG nach größeren Städten mit mehr als 100.000 Einwohner:innen, Gemeinden mit 100.000 Einwohner:innen oder weniger, solchen mit weniger als 10.000 Einwohner:innen, und schließlich solchen mit mehr als 45.000 (§ 21 WPG).

Die Pflicht zur Wärmeplanung verlangt am Ende die Erstellung eines **Zielszenarios** (§ 17 WPG) und einer auf das Szenario gerichteten Umsetzungsstrategie (§ 20 WPG). Gerade die Umsetzungsstrategie kann die Verzahnung mit der kommunalen Bauleitplanung erfordern.[300] Das Zielszenario beschreibt für das beplante Gebiet als Ganzes die langfristige Entwicklung der Wärmeversorgung, die im Einklang mit der Einteilung des beplanten Gebiets in voraussichtliche Wärmeversorgungsgebiete nach § 18, der Darstellung der Wärmeversorgungsarten für das Zieljahr nach § 19 und mit den Zielen dieses Gesetzes stehen muss (§ 17 Abs. 1 WPG). Das Zieljahr ist das Jahr 2045 (§ 1 WPG) – also das Jahr der zu erreichenden Klimaneutralität. Um ein Zielszenario erstellen zu können, das diesen Anforderungen genügt, muss dem eine ordentliche Ermittlung des Status quo und der in ihm enthaltenen Möglichkeiten zur Förderung einer klimaneutralen Wärmeversorgung vorausgehen, was das WPG „Bestandsanalyse" (§ 15 WPG) und „Potenzialanalyse" (§ 16 WPG) nennt. Diese Pläne werden unter Beteiligung der Öffentlichkeit erarbeitet (§ 7 WPG) und im Internet veröffentlicht (§ 34 WPG).[301]

Das WPG und insbesondere die mit ihm geschaffene **Pflicht zur Wärmeplanung** ist ein hilfreiches Instrument zur planerischen Bewältigung der Aufgaben, die sich mit der Dekarbonisierung der Wärmeversorgung stellen.

---

298 *C. Conrad*, Kommunale, NJW-Spezial 2025, S. 44 ff.
299 Kritisch daher *B. Gwiasda*, NVwZ 2025, S. 28 (32 f.).
300 *J. Marschall*, UPR 2024, S. 461 ff.
301 *T. Heinicke*, ZUR 2024, S. 451 ff.

Sie spielt insbesondere eine große Rolle bei der Fernwärme.[302] Kritisch ist folgendes anzumerken: inhaltliche Anforderungen an die Qualität der Pläne stellt das WPG nur unzureichend. Es verzichtet etwa auf die Heranziehung von Wirksamkeitsanalysen hinsichtlich der in das Zielszenario aufzunehmenden Maßnahmen – ob also die Umsetzungsstrategien wirklich die erhofften Erfolge bringen können, wird nicht systematisch ermittelt. Auch die Unverbindlichkeit der Planung (§ 23 Abs. 4 WPG) kann zwar ein Segen sein, weil sie es ermöglicht, flexibel auf geänderte Umstände oder Erkenntnisse zu reagieren ohne dafür förmliche Verfahren und/oder gerichtliche Interventionen fürchten zu müssen. Sie verkennt aber auch, dass Wärmeplanungen im Einzelfall durchaus Rechtswirkungen nach außen entfalten können und schon mit Blick auf die gebotenen Rechtsschutzmöglichkeiten nach Art. 9 Abs. 3 Aarhus-Konvention Gegenstand von Gerichtsverfahren sein können – gerade, wenn sie hinter den gesetzlichen Anforderungen zurückbleiben sollten.

Neue Instrumente oder auch nur die Verschärfung schon bestehender enthält das WPG nicht – dabei wäre es angezeigt gewesen, den Anschluss- und Benutzungszwang bei Wärmenetzen nach dem Vorbild des § 109 GEG neu zu regeln oder weiteres zu schaffen.[303]

6. Das Wichtigste im Überblick zu den Gebäuden

Der Gebäudesektor ist mit rund 15 % der Treibhausgasemissionen ein kleiner, aber nicht marginaler Teil der Aufgabe der Dekarbonisierung. Der Sektor ist vor allem deshalb eine große Herausforderung, weil die allermeisten der Häuser, die Mitte des Jahrhunderts in Deutschland und Europa stehen werden, bereits gebaut sind. Den daher erforderlichen **Sanierungen im Bestand** stehen verschiedene wirtschaftliche, politische und rechtliche Schwierigkeiten entgegen. Die von der Bundesregierung zum Teil angenommene Sanierungsquote von 1 % pro Jahr wird jedenfalls nicht genügen, um im Jahr 2045 oder kurz danach Klimaneutralität zu erreichen. Besondere Herausforderungen stellen sich im Bereich der **Mietwohnungen**, bei denen diejenigen, die von einer Sanierung am meisten profitieren würden, die Mieter:innen, nicht diejenigen sind, die über die Investitionen entscheiden.

302 *W. Erbguth*, NVwZ 2024, S. 1066 ff.

303 Ebenso *F. Fründ/D. Schnittker*, NVwZ 2024, S. 289 (295).

Was die finanziellen Anreize angeht, Gebäude klimakompatibel zu bauen oder entsprechend zu sanieren, so werden sich diese in Zukunft verschärfen, da der Gebäudesektor in einen zukünftigen **EU-ETS 2** einbezogen wird. Momentan ist das zentrale gesetzgeberische Instrument zur Transformation des Gebäudesektors das **Gebäudeenergiegesetz (GEG)**. Das Gesetz erweist sich aus Klimaschutzsicht aus mehreren Gründen **defizitär**. Das Gesetz blickt nur auf die Anforderungen an Gebäude während der aktiven Zeit der Nutzung, also nicht auf den Bau, die Baustoffe, den Transport der Baustoffe oder die Wiederverwertbarkeit eines Gebäudes nach Ende seiner Nutzungszeit. Auf den Gebäudesektor als Treibhausgasemittent muss man jedoch in einer Gesamtbetrachtung sehen, wie es das *Cradle-to-Cradle*-Prinzip tut. Die Anforderungen an den **Neubau** übersteigen nicht die vor Erlass des GEG schon geltenden. Insofern ist das GEG nur eine Kodifikation des Bestehenden. Was die Sanierungsanforderungen angeht, ist das GEG aus Klimaschutzsicht mangelhaft, da es alle Maßnahmen unter den Vorbehalt eines **Wirtschaftlichkeitsgrundsatzes** stellt – der mit dem harten verfassungsrechtlichen Gebot zur Dekarbonisierung in Spannung geraten kann.

Der Gebäudesektor wird nur klimaneutral werden können, wenn auch die Wärmeversorgung dekarbonisiert wird. Ein Instrument zur Erreichung dieses Ziels ist die nun verbindlich vorgeschriebene **Wärmeplanung**, die die Länder – auch mit Hilfe der Gemeinden – ab dem Jahr 2025 aufstellen müssen. Die Wärmeplanung soll dazu dienen, einen plausiblen Pfad zur Klimaneutralität in diesem Bereich zu entwickeln und umzusetzen.

VIII. Landwirtschaft

1. Die Problemlage im Überblick: die ambivalente Natur der Landnutzung

Wie vorstehend im Abschnitt über die Ziele dargestellt, gehört die Landnutzung – und damit die Landwirtschaft, die Forstwirtschaft wie sonstige Landnutzungsänderungen – zu den Bereichen, die etwa durch Aufforstungs- und Renaturierungsmaßnahmen einerseits Treibhausgassenken darstellen können, andererseits aber auch Treibhausgasemissionen verursachen. Welche Tätigkeiten im Einzelnen darunter gefasst werden, ist in der so genannten

LULUCF-Verordnung (*Land Use, Land Use-Change and Forestry* – LULUCF) geregelt.[304] Auf die Instrumente zu deren Reduzierung blicken die folgenden Ausführungen.

2. Instrumente

a. THG-Emissionshandel oder THG-Abgaben?

Der europäische Emissionshandel schließt die von der **LULUCF-Verordnung** geregelten Tätigkeiten nicht ein. Das ist im Wesentlichen darauf zurückzuführen, dass ein *Downstream*-Ansatz wie der des EU-ETS[305] am einzelnen Betreiber als Emittent ansetzt und damit zwanglos bei Anlagen angewendet werden kann – insbesondere also bei genehmigungsbedürftigen Anlagen, wie sie auch das BImSchG definiert. Stationäre Emittenten wie Kohlekraftwerke oder Chemiefabriken sind ab einer bestimmten Betriebsgröße auch in der Lage, den mit der Beteiligung an einem Emissionshandelssystem verbundenen organisatorischen Aufwand zu schultern. Demgegenüber ist die Landwirtschaft in großen Teilen nicht durch industrielle Großbetriebe, sondern durch **kleinere Familienunternehmen** geprägt,[306] die den Eigentümer:innen zum Teil nur als Nebenerwerb dienen. Auch würde es beim Vollzug des Emissionshandels Schwierigkeiten bereiten, die Angaben der Betriebe über Anzahl und Art der gehaltenen Tiere oder des Pflanzenbaus zu überprüfen, da diese Daten bei nicht-genehmigungsbedürftigen Betrieben nicht ohne weiteres den Behörden vorliegen.

Auf ähnliche Schwierigkeiten würde es stoßen, würde man erwägen, die im Rahmen der Landwirtschaft für Treibhausgasemissionen kausalen Tätigkeiten mit einer hoheitlichen Abgabe zu belegen[307] – woran auch immer angeknüpft werden könnte, der Vollzug würde ein Mindestmaß

---

304 Verordnung (EU) 2018/841 des Europäischen Parlaments und des Rates vom 30.5.2018 über die Einbeziehung der Emissionen und des Abbaus von Treibhausgasen aus Landnutzung, Landnutzungsänderungen und Forstwirtschaft in den Rahmen für die Klima- und Energiepolitik bis 2030 und zur Änderung der Verordnung (EU) Nr. 525/2013 und des Beschlusses Nr. 529/2013/EU (ABl. 2018 L 156/1).

305 Im Überblick zu den Begrifflichkeiten: *Deutsche Emissionshandelsstelle*, Nationalen Emissionshandel verstehen. In: DEHSt, 23.9.2025, https://www.dehst.de/DE/Themen/nEHS/nEHS-verstehen/nehs-verstehen_node.html#Start (1.12.2025).

306 *Statistisches Bundesamt*, Strukturwandel in der Landwirtschaft hält an. In: Destatis, Pressemitteilung Nr. 028 vom 21.1.2021, https://www.destatis.de/DE/Presse/Pressemitteilungen/2021/01/PD21_028_412.html (21.1.2021).

307 Näheres unter *E. Hofmann*, in: Rodi (Hrsg.), Handbuch Klimaschutzrecht, § 37, Rn.9 ff.

an Kontrolle voraussetzen.[308] Das gälte sowohl für die Tierhaltung, die besteuert werden könnte, oder die Ausbringung von Dünger beim Pflanzenbau.[309] Über beides müsste die Verwaltung hinreichend informiert sein, um wenigstens krasse Fälle des Steuerbetrugs und der damit einhergehenden Gefahr der Ungleichbehandlung zu verhindern. Das ist sie aber vielfach nicht.

b. Förderung klimafreundlicher Landwirtschaft (GAP)

Die Einbeziehung in den Emissionshandel oder die Erhebung von klimareduzierenden Abgaben ist daher nicht kurzfristig zu erwarten. Es ist daher hilfreich, auf die schon bestehenden Instrumente und deren mögliche Fortentwicklung zu schauen. Dazu zählt die Förderung klimafreundlichen Verhaltens, die im Rahmen der **Gemeinsamen Agrarpolitik (GAP)** zumindest in Ansätzen bereits verwirklicht wird. Klimafreundliche Bewirtschaftungsmethoden haben in diesem Rahmen Auswirkungen auf die Förderung.[310] Man muss allerdings auch sehen, dass die GAP in erster Linie ein Instrument der **regionalen Wirtschaftsförderung** ist und weniger eines der Klimapolitik. Das hat sich nicht zuletzt an den enttäuschenden Beschlüssen der EU zur Fortentwicklung der GAP im Jahre 2018 gezeigt.[311]

Ohnehin stellt die finanzielle Förderung klimafreundlichen Verhaltens die Schaffung entsprechender Anreize dar, von denen die erhofften Auswirkungen allein dann ausgehen, wenn sich die Akteure auch wie erwartet verhalten. Das ist an weitere Voraussetzungen gebunden, die nicht in jedem Fall vorliegen, etwa der Zugang zu den erforderlichen Informationen über die Fördervoraussetzungen, die Erwartung der Adressaten, die Förderung

---

308 Solche Abgaben sind nicht ganz ohne Vorbild: *World Bank Group*, State Trends of Carbon Pricing 2018, 2018, 32 ff., http://www.worldbank.org/en/programs/pricing-carbon (16.3.2021); sowie *S. Götz*, Wie eine Steuer den Klimawandel aufhalten könnte. In: Die Zeit, 5.9.2017, https://documents1.worldbank.org/curated/en/480621554812881664/pdf/State-and-Trends-of-Carbon-Pricing-2018.pdf (2.12.2025).

309 S. den Überblick bei *Umweltbundesamt*, Klimaschutz und Emissionshandel in der Landwirtschaft, 2013, 13 ff.

310 Art. 43 Verordnung (EU) Nr. 1307/2013 des Europäischen Parlaments und des Rates vom 17.12.2013 mit Vorschriften über Direktzahlungen an Inhaber landwirtschaftlicher Betriebe im Rahmen von Stützungsregelungen der Gemeinsamen Agrarpolitik und zur Aufhebung der Verordnung (EG) Nr. 637/2008 des Rates und der Verordnung (EG) Nr. 73/2009 des Rates (ABl. 2013 L 347,608).

311 Rat der Europäischen Union, 2018/0216(COD), 2018/0217(COD), 2018/0218(COD).

auch zu erhalten und dies in einer Höhe, die die mit der Beantragung verbundenen Kosten auch rechtfertigen kann.

c. Die „gute fachliche Praxis“: Bundes-Bodenschutzgesetz, Düngegesetz

Ist also der Weg über die Schaffung finanzieller Anreize im Wege des Emissionshandels, der Schaffung einer THG-Abgabe oder der Förderung klimafreundlichen Verhaltens nur bedingt geeignet, die Landwirtschaft auf den Weg zur Klimaneutralität zu bringen, kann das **Ordnungsrecht** möglicherweise seinen Beitrag leisten.[312] Sowohl das **Bundes-Bodenschutzgesetz** als auch das **Düngegesetz** verlangen die Beachtung der „guten fachlichen Praxis“, was einen Anknüpfungspunkt für eine nachhaltige und klimakompatible Landwirtschaft darstellen könnte (§ 17 Abs. 2 BBodSchG, § 11a Abs. 1 DüngG).

Allerdings ist der Begriff semantisch vage und im Bundes-Bodenschutzgesetz vor allem auf die Sicherung der Bodenfruchtbarkeit und Leistungsfähigkeit des Bodens als natürlicher Ressource ausgerichtet (§ 17 Abs. 2 BBodSchG), was an der für den Klimaschutz erforderlichen Konturierung vorbeigeht. Ein wenig spezifischer sind das Düngegesetz (§ 11a Abs. 1 DüngG) und die auf das Gesetz gestützte Düngeverordnung, indem sie an den auf die Verwendung von Dünger zurückgehenden THG-Emissionen ansetzen. Die Vorschriften geben im Rahmen der so genannten **Düngebedarfsermittlung** vor, welche Mengen Dünger bei welcher Pflanzensorte ausgebracht werden dürfen (§ 4 Abs. 1 und 2 DüV). Das leuchtet im Ansatz ein, denn nur dann, wenn Dünger ausgebracht wird, der von den Pflanzen nicht aufgenommen werden kann, wird der für die Pflanzen nicht verwertbare Dünger entweder zum Grundwasserrisiko oder zur Quelle von Treibhausgasemissionen. Eine „korrekte“ Düngung kann daher jedenfalls in der Theorie zur Vermeidung beider Nebenfolgen dienen.[313] Hilfreich ist hierfür die seit dem 1.1.2023 von den Landwirten den zuständigen Behörden vorzulegende **Stoffstrombilanz**.[314]

---

312 S. im Überblick auch *J. Martinez*, in: Koch/Hofmann/Reese (Hrsg.), Handbuch Umweltrecht, § 17 Rn. 41 ff.

313 *E. Hofmann*, in Rodi (Hrsg.), Handbuch Klimaschutzrecht, § 37, Rn. 18 ff.

314 Stoffstrombilanzverordnung vom 14.12.2017 (BGBl. I S. 3942; 2018 I S. 360), die durch Art. 98 des Gesetzes vom 10.8.2021 (BGBl. I S. 3436) geändert worden ist.

In der Praxis jedoch setzt der Vollzug der entsprechenden Vorschriften ein hohes Maß an **behördlicher Kontrolle** über die angebauten Pflanzen hinsichtlich von Art und Anzahl sowie des auf die Felder aufgebrachten Düngers voraus. Die hierfür erforderlichen Informationen liegen den Behörden aber regelmäßig nicht in geeigneter Form vor. In der Zukunft mag sich das ändern, wenn etwa digitale Möglichkeiten zum Abgleich der auf die Felder aufgebrachten Art und Menge der Düngemittel genutzt werden. Aber selbst das würde nur dann den erhofften Erfolg bringen können, wenn auch die Art der Pflanzen erfasst würde, was weitere erhebliche Schwierigkeiten mit sich brächte.

d. Tierbesatzquoten

Da auch die Tierhaltung – und insbesondere die von Wiederkäuern, also Kühen und Schafen – mit Methanemissionen unweigerlich verbunden ist, wäre allein die Reduzierung des Tierbesatzes eine Maßnahme zur Verringerung der THG-Emissionen. Ordnungsrechtliche oder planerische Instrumente dieser Art können Ausweichreaktionen hervorrufen, die die Klimawirksamkeit verringern oder zumindest beseitigen können. Dazu würde die Verlagerung der Tierhaltung ins Ausland zählen. Hält man diesen Effekt nicht für entscheidend, könnte man erwägen, eine **Tierbesatzquote** als Ziel der Raumordnung im Sinne von § 3 Abs. 1 Ziff. 2 ROG in einen **Landesentwicklungsplan** aufzunehmen.[315] Rechtlich wäre das allerdings nur zulässig, würde sich das Ziel auch als vereinbar mit dem Bundesrecht erweisen, also insbesondere mit dem BImSchG, das keine solchen Beschränkungen vorsieht, auch nicht für genehmigungsbedürftige Anlagen. Da das BImSchG aber auch kein Verbot einer Tierbesatzquote enthält und dementsprechende Überlegungen weder dem Gesetzgebungsverfahren noch dem aktuell geltenden Text des Gesetzes entnommen werden können, dürfte viel für die Annahme ihrer Zulässigkeit sprechen.[316]

Durchsetzbar wäre ein solches Ziel für genehmigungsbedürftige Anlagen im Falle einer Neuerrichtung eines großindustriellen Bauernhofs oder mit Hilfe von nachträglichen Anordnungen beim Bestand. Für **nicht-genehmigungsbedürftige Anlagen** und damit für die allermeisten Betriebe

---

315 S. etwa *Umweltbundesamt*, Klimaschutz und Emissionshandel in der Landwirtschaft, 2013, 37.

316 *E. Hofmann*, in Rodi (Hrsg.), Handbuch Klimaschutzrecht, § 37, Rn. 22 f.

in Deutschland (und der EU) findet sich eine derartige Möglichkeit zur Anknüpfung nicht. Für Anlagen dieser Art müssten einzelne Anordnungen in Deutschland auf § 24 BImSchG gestützt werden, was mit noch größerem Aufwand als bei genehmigungsbedürftigen landwirtschaftlichen Betrieben verbunden sein dürfte, da die Behörden bei nicht-genehmigungsbedürftigen Anlagen über nur geringe Informationen verfügen und diese zum Teil den Umweltbehörden gar nicht vorliegen (etwa bei Daten, die im Zusammenhang mit Steuerpflichten den Finanzämtern bekannt gemacht worden sind). Die vorstehend genannten Anforderungen der Düngeverordnung sind darüber nicht ohne weiteres, wenn überhaupt, mit Hilfe von § 24 BImSchG oder anderen Vorschriften durchsetzbar, da sich § 24 BImSchG auf Verordnungen beschränkt, die zur Durchführung des BImSchG ergangen sind – was auf die DüngeV nicht zutrifft.

e. Grünlandumbruchsverbote

Da Wiesen und Felder Treibhausgase speichern und darüber hinaus keine Düngung erfordern, sind sie klimafreundlicher als Äcker. Die Umwandlung von Grünland in Ackerland ist daher ein Vorgang, der aus Sicht des Klimaschutzes problematisch ist. Einige Bundesländer haben daher auf naturschutzrechtlicher Grundlage (insb. §§ 23, 26 BNatSchG) ein Verbot des Grünlandumbruchs verhängt, welches für die Landwirtschaft mit betriebswirtschaftlichen Einbußen verbunden sein kann und daher in rechtlicher Hinsicht rechtfertigungsbedürftig ist und Entschädigungen für die betroffenen Betriebe nach sich ziehen kann.[317]

3. Das Wichtigste im Überblick zur Landwirtschaft

Nimmt man die vorstehenden Überlegungen zusammen, so ergibt sich folgendes Bild:

Land- und Forstwirtschaft sind Bereiche, in denen THG-Emissionen aus der Atmosphäre entnommen werden können. Solche **Senken** können

317 S. aus jüngster Zeit das Grünlandumbruchsverbot nach § 27a des Landwirtschafts- und Landeskulturgesetzes Baden-Württemberg vom 14.3.1972 idF v. 15.12.2015, hierzu BVerwG Beschl. v. 13.12.2018 – 3 B 37/17; zu den Schutzregimen einschließlich erforderlicher Verbote *M. Heugel*, in: Lütkes/Ewer, BNatSchG § 23 Rn. 11, § 26 Rn. 9 ff.; *J. Schumacher/A. Schumacher/P.Fischer-Hüftle*, in: Schumacher/Fischer-Hüftle (Hrsg.), BNatSchG, § 26, Rn. 20 ff.; *M. Appel*, in: W. Frenz/H.-J. Müggenborg (Hrsg.), BNatSchG,§ 26 Rn. 23.

in **Aufforstungsmaßnahmen**, der **Renaturierung von Mooren** oder dem Anbei klimafreundlicher Pflanzen bestehen. Die Landwirtschaft ist aber auch ein Sektor, der Treibhausgase emittiert, insbesondere im Falle der Düngung von Ackerland oder der Tierhaltung. Auch wenn sich bei einer wachsenden Weltbevölkerung die THG-Emissionen nicht auf Null zurückführen lassen werden, so sind doch Einsparungen möglich. Die **Reduzierung der Tierhaltung** und damit des Fleischkonsums gerade mit Blick auf das Fleisch von Wiederkäuern ist in diesem Sinne zielführend. Alternativen der fleischlosen Ernährung können hier wertvolle Beiträge leisten. Auch die Vermeidung einer Überdüngung der Böden ist nicht nur hilfreich zur Reduzierung der Nitratbelastung der Oberflächengewässer wie des Grundwassers, sie ist auch eine Maßnahme des Klimaschutzes.

Instrumentell ist allerdings zu berücksichtigen, dass die Unternehmensstruktur, die vielfach durch eine Dominanz von Familienbetrieben geprägt ist, die Anknüpfung an eine schon erteilte oder zukünftig zu beantragende Genehmigung nicht gestattet. **Nicht-genehmigungsbedürftige Betriebe** stellen insofern eine große Herausforderung für den Vollzug und die Überwachung ordnungsrechtlicher oder abgabenrechtlicher Maßnahmen dar. Die Digitalisierung könnte aber in Zukunft helfen, Düngemittel sparsam einzusetzen. An einer **Reduzierung des Fleischkonsums** führt allerdings vermutlich kein Weg vorbei.

IX. CCS: Carbon Capture and Storage

Da nicht alle Treibhausgasemissionen auf Null zurückgeführt werden können[318], müssen Möglichkeiten geschaffen werden, bereits in der Atmosphäre enthaltenes CO_2 wieder aus ihr zu entfernen.[319] Dazu hat die EU den rechtlichen Rahmen mit der Richtlinie über die geologische Speicherung von Kohlendioxid (*Carbon Capture and Storage*, CCS-Richtlinie) geschaffen.[320] Die Richtlinie war bis zum Jahr 2011 umzusetzen und erlaubt die Erforschung der entsprechenden Technologien und die dazu gehörenden

318 Bsp. Nahrungsmittelproduktion, *E. Hofmann*, in Rodi (Hrsg.), Handbuch Klimaschutzrecht, § 37, Rn. 2.

319 *BMWK*, Eckpunkte der Bundesregierung für eine Carbon Management-Strategie vom 26.2.2024; BT-Drs. 20/11585; *Markus/Otto/Thrän*, ZUR 2024, 387, 389.

320 Richtlinie 2009/31/EG des Europäischen Parlaments und des Rates vom 23.4.2009 über die geologische Speicherung von Kohlendioxid und zur Änderung der Richtlinie 85/337/EWG des Rates sowie der Richtlinie 2000/60/EG, 2001/80/EG, 2004/35/EG,

Überwachungs- und Berichterstattungspflichten in dafür geeigneten geologischen Formationen. Verboten ist allerdings eine Speicherung in der Wassersäule des Meeres. Die Umsetzung in Deutschland ist etwas verspätet erfolgt.[321] Die Genehmigung entsprechender Vorhaben erfolgt nach dem Bundes-Berggesetz.[322]

CCS ist nur ein Ansatz der Speicherung von Kohlendioxid. Daneben existiert noch *Carbon Capture and Utilization* (CCU), *Bio-Energy with Carbon Capture, Utilisation and Storage* (BECCU/S) und *Direct Air Carbon Capture, Utilisation and Storage/Sequestration* (DACCU/S). All diese Methoden sind Teil der **Langfriststrategie „Negativ-Emissionen**" der Bundesregierung.[323] Sie soll Wege dafür bereiten, die unvermeidbaren Restemissionen, für die Deutschland verantwortlich ist, auf deutschem Territorium zu entsorgen. Das ist begrüßenswert, auch wenn schon Befürchtungen geäußert wurden, entsprechende Bemühungen könnten zu Verzögerungen bei der Ergreifung von Maßnahmen zur Reduzierung von Treibhausgasemissionen führen.[324]

2006/12/EG und 2008/1/EG des Europäischen Parlaments und des Rates sowie der Verordnung (EG) Nr. 1013/2006, ABl. Nr. L 140, S. 114.

321 Gesetz vom 17.8.2012, BGBl. I S. 1726; zur Umsetzungsgeschichte *T. Markus/D. Otto/D. Thrän*, ZUR 2024, S. 387, 389 f.; früh zu CCS schon *M. Doppelhammer*, ZUR 2008, S. 250 ff.; *S. Much*, in: Scharrer u. a., Risiko im Recht – Recht im Risiko, 2011, S. 85 ff.; *M. Wickel*, ZUR 2011, S. 115 ff.

322 *A. Herrfurth*, Planung im Untergrund, 2021, S. 80 ff.

323 *Bundesministerium für Wirtschaft und Klimaschutz (BMWK)*, Langfriststrategie Negativ-Emissionen zum Umgang mit unvermeidbaren Restemissionen (LNe). Eckpunkte, Februar 2024, S. 9.

324 *T. Markus/D.Otto/D. Thrän*, ZUR 2024, S. 387 (394).

E. Das Planungsrecht der Energiewende

Die Transformation des geltenden Rechts angesichts der Herausforderungen des Klimawandels schließt die Planung und Verwirklichung raumbeanspruchender Vorhaben ein: wenn die Stromerzeugung auf erneuerbare Energien umgestellt werden soll, müssen Standorte für Windenergieanlagen, Photovoltaik-Anlagen und andere bestimmt und rechtlich gesichert werden. Die Änderungen der Standorte und physikalischer Eigenschaften von stromerzeugenden Anlagen ziehen auch Anpassungen der Stromnetze – vor allem der Übertragungsnetze – nach sich. Standortsicherung für Stromerzeugung und Speicher sowie der Netzausbau sind damit aufs Engste mit dem Gelingen der Energiewende verbunden.

In der rechtlichen Umsetzung sind damit zwei Planungsgebiete angesprochen: die überörtliche Gesamtplanung, auch Raumplanung genannt, und die auf die Verwirklichung bestimmter Vorhaben gerichtete (sektorielle) **Fachplanung**. Die **überörtliche Raumplanung** (→ E. I.) trifft Festlegungen über die Zulässigkeit raumbeanspruchender Vorhaben für ein bestimmtes Territorium aus holistischer Sicht, also unter Einbeziehung aller möglichen Nutzungen. Genehmigungen im üblichen Sinne einer Gestattung von Bautätigkeit sind damit regelmäßig nicht verbunden; die Instrumente des Raumplanungsrechts sind übergeordneter Natur und haben Einfluss auf nachgeordnete staatliche **Zulassungsentscheidungen** (→ E. II.). Zu letzteren zählen **Planfeststellungsbeschlüsse** (→ E. IV.). Planfeststellungsbeschlüsse stellen fachplanungsrechtliche Verwaltungsakte dar, mit denen in sektorieller Betrachtung bestimmte Vorhaben genehmigt werden, etwa der Bau einer Hochspannungsleitung.[325]

I. Gesamtplanung: Ziele und Grundsätze der Raumordnung

Das Raumplanungsrecht der Bundesrepublik Deutschland ist im Wesentlichen im **Raumordnungsgesetz** des Bundes (ROG) und den Planungsgesetzen der Länder verankert. Nach Art. 72 Abs. 3 S. 1 Nr. 3 GG können die Länder von dem auf die konkurrierende Gesetzgebungskompetenz des

325 §§ 18 ff. NABEG.

Bundes (Art. 74 Nr. 31 GG) gestützten ROG abweichen, weshalb sich das für den Einzelfall geltende Recht erst in der Zusammenschau von Bundes- und Landesrecht ergibt. Das gilt umso mehr, als nach Art. 72 Abs. 3 S. 3 GG im Verhältnis von Bundes- und Landesrecht das jeweils spätere Gesetz vorgeht („Ping-Pong-Gesetzgebung"). Was die Bundesländer aber noch nie geändert haben und wohl auch nicht ändern dürfen,[326] ist das Grundkonzept des ROG, wie es in der Leitvorstellung nach § 1 und in den Begriffsbestimmungen nach § 3 ROG zum Ausdruck kommt. Nach § 1 Abs. 1 ROG ist der Gesamtraum der Bundesrepublik Deutschland und seine Teilräume sind durch Raumordnungspläne, durch raumordnerische Zusammenarbeit und durch Abstimmung raumbedeutsamer Planungen und Maßnahmen zu entwickeln, zu ordnen und zu sichern. Zentral ist hierfür ausweislich von § 1 Abs. 2 ROG die Leitvorstellung einer nachhaltigen Raumentwicklung, die die sozialen und wirtschaftlichen Ansprüche an den Raum mit seinen ökologischen Funktionen in Einklang bringt und zu einer dauerhaften, großräumig ausgewogenen Ordnung mit gleichwertigen Lebensverhältnissen in den Teilräumen führt.

Die **Raumordnungspläne** der Länder konkretisieren diese abstrakten Vorgaben für ihr Territorium unter Heranziehung der gesetzlich vorgegebenen Grundsätze der Raumordnung (§ 2 ROG), weiterer in den Raumordnungsplänen geschaffener Grundsätze – und durch Ziele der Raumordnung im Sinne § 3 Abs. 1 Nr. 2 ROG. Während Grundsätze in nachfolgenden Verfahren – etwa im Zusammenhang mit der Planfeststellung raumbeanspruchender Vorhaben – überwunden werden können, setzen sich die abschließend abgewogenen Ziele im Sinne des § 3 Abs. 1 Nr. 2 ROG gegenüber nachfolgenden behördlichen Entscheidungen durch, wie sich aus § 4 Abs. 1 S. 1 ROG ergibt („beachten"). Von diesen Zielen darf nur im Rahmen geordneter Verfahren nachträglich abgewichen werden, wenn keine Ausnahmen im Sinne von § 6 Abs. 1 ROG vorgesehen sind („Zielabweichungsverfahren", § 6 Abs. 2 ROG). Der Vorrang der Ziele der Raumordnung geht so weit, dass Gemeinden ihre Bauleitplanung an sie anpassen müssen (§ 1 Abs. 4 BauGB). Demgegenüber müssen Grundsätze der Raumordnung nur „berücksichtigt" werden, was die Grundsätze zu einem grundsätzlich überwindbaren Element der Abwägung macht.

326 Zum so genannten „abweichungsfesten Kern" der Gesetzgebungskompetenz des Bundes s. *M. Kment*, in: Kment (Hrsg.), ROG, B. Gesetzgebungskompetenzen, Rn 13 ff.

1. Insbesondere: Raumplanung für EE-Anlagen

Im Kontext der Standortsicherung für EE-Anlagen wie etwa Windenergieanlagen stellt das Raumordnungsrecht erhebliche Vorleistungen bereit. Zwar ist eine kleine einzelne Windenergieanlage nicht raumbedeutsam im Sinne von § 3 Abs. 1 Nr. 6 ROG, so dass sie keine raumplanerischen Konsequenzen gemäß § 4 Abs. 1 S. 1 Nr. 1 ROG nach sich zieht. Ein **Windpark** oder auch eine einzelne Anlage von einer Nabenhöhe von mehr als 100 m erfüllt jedoch diesen Begriff durchaus.[327]

a. Raumplanung für Windenergie an Land

Auch insgesamt ist die **Standortsicherung durch Raumplanung** für die erneuerbaren Energien von Bedeutung. So hatte das Land Rheinland-Pfalz schon im Jahr 2017, also lange vor dem WindBG, einen Grundsatz im Landesentwicklungsplan verankert, nach dem 2 % der Landesfläche für die Windenergienutzung bereitgestellt werden sollen (Grundsatz 163a LEP RhPf 2017). Die **Schwäche** dieser Festlegung besteht zum ersten darin, dass sie nicht strikt formuliert ist, sondern nur als **Sollens-Satz**, der Abweichungen in atypischen Fällen erlaubt. Zum zweiten ist unklar, wie die Bereitstellung erfolgen soll – wer also welche Entscheidungen darüber trifft, eine Fläche für die Windenergie zur Verfügung zu stellen. Zum dritten handelt es sich um einen Grundsatz der Raumordnung und damit um eine Regelung, die in der Abwägung nachfolgender Entscheidungen überwunden werden kann. Und schließlich – viertens – fehlt es an wirksamen Sanktionen bei Nichtbeachtung des Grundsatzes.

Es kann daher auch als Reaktion auf Defizite dieser Art verstanden werden, wenn der Bund mit dem WindBG den Ländern strikte Vorgaben für die Ausweisung eines prozentualen Anteils an der Landesfläche macht (§ 3 Abs. 1 WindBG), der bei den Flächenstaaten in der Regel 2 % beträgt (s. Anlage zum WindBG) und durch Ausweisung in den landesweiten oder regionalen Raumordnungsplänen erfüllt wird (§ 3 Abs. 2 WindBG). Diese Pflicht ist auch in gewisser Weise sanktionsbewährt, indem sie – wie vorstehend schon erläutert[328] – vor ihrer Erfüllung den Gemeinden eine **Standortsteuerung von Windenergieanlagen** nicht erlaubt, im Falle

327 BVerwG, Beschluss vom 2.8.2002 – 4 B 36.02, juris Rn. 6; BVerwG, Urteil vom 13.3.2003 – 4 C 4.02, NVwZ 2003, S. 738 (739).

328 → D. IV. 4.

ihrer Erfüllung hingegen eine Konzentration solcher Anlagen in den so genannten Windenergiegebieten bewirkt (§ 249 BauGB).[329]

Bis zum Erreichen der gesetzlich vorgesehenen **Flächenbeitragswerte** gilt im Außenbereich folgendes: Windenergieanlagen sind nach Maßgabe des § 35 Abs. 1 Nr. 5 BauGB zulässig, Photovoltaik-Anlagen nach § 35 Abs. 1 Nr. 8 BauGB. Danach dürfen der Anlage keine öffentlichen Belange entgegenstehen, zu denen nach § 35 Abs. 3 BauGB auch schädliche Umwelteinwirkungen – insbesondere also Lärm- und Lichtimmissionen – rechnen. Das wird bei Windenergieanlagen regelmäßig der Fall sein, zumal § 35 Abs. 3 S. 3 BauGB bestimmt, dass öffentliche Belange einem Vorhaben nach Abs. 1 Nr. 2 bis 6 in der Regel auch dann entgegenstehen, soweit hierfür durch Darstellungen im Flächennutzungsplan oder als Ziele der Raumordnung eine Ausweisung *an anderer Stelle* erfolgt ist.

Im Ergebnis konnten Flächennutzungspläne **Vorranggebiete für Windenergieanlagen** vorsehen, was zur Folge hat, dass im verbleibenden Teil des Gemeindegebiets Windenergieanlagen unzulässig sind. Mit der Ende 2023 erlassenen Neufassung des § 249 Abs. 1 BauGB ist § 35 Abs. 3 S. 3 BauGB allerdings nicht mehr auf Windenergieanlagen anzuwenden.[330] Man darf aber nicht übersehen, nach § 245e Abs. 1 S. 1 BauGB Raumordnungs- oder Flächennutzungspläne fortgelten, wenn sie bis 1.2.2024 wirksam geworden sind. Ihre Rechtswirkungen entfallen endgültig erst mit dem 31.12.2027 (§ 245e Abs. 1 S. 2 BauGB).[331]

Um das Verfahren zu beschleunigen, war bei Anträgen für Windenergieanlagen, die bis zum Ablauf des 30.6.2025 gestellt wurden, unter bestimmten Voraussetzungen keine **Umweltverträglichkeitsprüfung** erforderlich (§ 6 Abs. 1,2 WindBG). Darüber hinaus sind im nachfolgenden Genehmigungsverfahren für Windenergieanlagen, die bereits bestehende schwächere Anlagen ersetzen (*Repowering*), nur Anforderungen zu prüfen, die für die immissionsschutzrechtliche Genehmigung nach § 6 Abs. 1 BImSchG erheblich sein können (§ 16b Abs. 1 BImSchG).

---

329 *I. Appel/A. Stark*, in: Koch/Hofmann/Reese (Hrsg.), Handbuch Umweltrecht, § 15 Rn. 6 ff.; *G. Schmidt-Eichstaedt*, ZfBR 2023, S. 10 ff.; *M. Jaenicke*, ZUR 2023, S. 291; *M. Raschke/M. Roscher*, ZfBR 2022, S. 531; *M. Kment*, NVwZ 2022, S. 1153.

330 Gesetz vom 20.12.2023 (BGBl. 2023 I Nr. 394).

331 Instruktiv *G. Schmidt-Eichstaedt*, ZfBR 2023, S. 10 ff.

b. Vorrang- und Ausschlussgebiete

Abgesehen von den spezifischen Vorgaben im Bereich der Windenergie ist es zulässig, in Raumordnungsplänen so genannte **Vorranggebiete** festzulegen. Vorranggebiete sind nach § 7 Abs. 3 Nr. 1 ROG Gebiete, die für bestimmte raumbedeutsame Funktionen oder Nutzungen vorgesehen sind und andere raumbedeutsame Funktionen oder Nutzungen in diesem Gebiet ausschließen, soweit diese mit den vorrangigen Funktionen oder Nutzungen nicht vereinbar sind. Das eröffnet einen weiten Anwendungsbereich für EE-Anlagen und schließt auch **Stromspeicher** sowie **Geothermie**-Anlagen ein.

So beachtlich die raumplanerischen Instrumente für die Bereitstellung geeigneter Flächen für EE-Anlagen sein können, darf man auch nicht vergessen, dass die Raumordnung aber auch zuungunsten von EE-Anlagen genutzt werden kann, wenn und soweit Gebiete identifiziert werden, die für eine EE-Nutzung ungeeignet sind, etwa aus Gründen des Naturschutzes (s. etwa Ziel 163d LEP IV RhPf – **Ausschlussgebiete** für Windenergie).

2. Anpassung an geänderte Verhältnisse: Zielabweichungsverfahren

Die raumplanerischen Ziele mit ihrer strikten Bindungswirkung müssen in Zeiten sich wandelnder Nutzungsansprüche auch angepasst werden können – Landespläne werden nicht selten erst nach Jahrzehnten grundlegend reformiert. So sieht etwa Z 83 des Regionalen Raumordnungsplans Rheinhessen-Nahe vor, dass in Vorranggebieten für die Landwirtschaft die nachhaltige landwirtschaftliche Bodennutzung Vorrang vor konkurrierenden raumbedeutsamen Nutzungsansprüchen habe.[332] Nach Z 83 sind dort nur Maßnahmen und Vorhaben zulässig, die auf Dauer mit der landwirtschaftlichen Nutzung vereinbar sind. Das ist im Einzelfall zu prüfen. Gewisse Anhaltspunkte für die Vereinbarkeit können sich aus der DIN-Norm DIN SPEC 91434 ergeben.

Generell betrachtet sind **Agri-PV-Anlagen** in landwirtschaftlichen Vorranggebieten zulässig, wenn sie entsprechend § 7 Abs. 3 Nr. 1 ROG auf Dauer mit der landwirtschaftlichen Nutzung vereinbar sind. Das trifft auf die

---

332 Planungsgemeinschaft Rheinhessen-Nahe, Regionaler Raumordnungsplan 2014, Zweite Teilfortschreibung 2022 https://www.pg-rheinhessen-nahe.de/projekte/reg-raumordnungsplan-2014/ (18.3.2025).

Agri-PV in vielen Fällen zu, da der Flächenverlust bei Installation auf hohen Stelzen („Aufständerung") gering ist und sie den Landwirten/Landwirtinnen ein zusätzliches und ertragsunabhängiges Einkommen sichert. Überdies wirkt sich die PV zum Teil wegen der geringeren Verdunstung auf solchen Feldern günstig auf das Pflanzenwachstum aus. Es sind allerdings auch Fälle vorstellbar, in denen der Anbau bestimmter Pflanzenarten mit der Agri-PV nicht harmoniert und die Anpassungen in der Fruchtfolge nach sich ziehen können. Die Landwirtschaftskammern weisen in diesen Fällen regelmäßig darauf hin, dass auf die landwirtschaftliche Eignung der Flächen Rücksicht genommen werden muss und Ertrags- und Ackerzahl der Agri-PV nicht entgegenstehen darf. Ohnehin ist die Agri-PV jedenfalls dann, wenn sie landwirtschaftsschonend aufgeständert errichtet wird, eine aufwendige und damit teure Lösung. § 35 Abs. 1 Nr. 9 BauGB ist jedenfalls als Privilegierung dieser Nutzung zu begrüßen.[333]

Die Voraussetzungen für ein **Zielabweichungsverfahren** dürften aber darüber hinaus im Falle der Agri-PV regelmäßig erfüllt sein. Anlass für ein Zielabweichungsverfahren kann Unterschiedliches geben, von geänderten tatsächlichen Umständen bis hin zu Rechtsänderungen.[334] Letzteres spielt für die EE-Anlagen eine bedeutende Rolle. Nach Art. 3 Abs. 1 S. 1 EU-Notfall-Verordnung 2022/2577 liegt die Erzeugung von Energie aus erneuerbaren Quellen nunmehr im **überwiegenden öffentlichen Interesse;** die Agri-PV ist als Technik bei Erlass des Regionalplans nicht entwickelt gewesen. Weiter verlangt § 6 Abs. 2 ROG die raumordnerische Vertretbarkeit,[335] was jedenfalls im Falle keiner Schmälerung landwirtschaftlicher Erträge bejaht werden kann. Schließlich darf die Zielabweichung die **Grundzüge des regionalen Raumordnungsplans nicht berühren**. Das liegt nach der Rechtsprechung des BVerwG vor, wenn die Abweichung noch im Bereich dessen liegt, was der Plangeber gewollt hat oder gewollt hätte, wenn er den Grund für die Abweichung gekannt hätte.[336] Auch das lässt sich mit dem Argument bejahen, dass die ursprünglich vorgesehene und vorrangige Nutzung im Wesentlichen ja nicht verdrängt wird, sondern um die **Agri-PV** ohne weitreichende konkurrierende Nutzungskonflikte

---

333 *J. Otto/N. Wegner*, ZUR 2024, S. 154 (156).

334 Für Zielabweichungsverfahren bei Regionalplänen in Rheinland-Pfalz s. § 10 Abs. 6 LPlG Rh-Pf („aufgrund veränderter Tatsachen oder Erkenntnisse").

335 Zu den Voraussetzungen im einzelnen *M. Kment*, in: Kment (Hrsg.), ROG, § 6 Rn. 68 ff.

336 BVerwG, Urteil vom 16.12.2010 – 4 C 8/10, NVwZ 2011, S. 821; *M. Kment*, in: Kment (Hrsg.), ROG, § 6 Rn. 71 m.w.N.

ergänzt wird. Schließlich sieht die Bestimmung des § 6 Abs. 2 ROG in der nun geltenden Fassung vor, dass dem Zielabweichungsantrag entsprochen werden soll und daher eine Versagung nur dann in Betracht kommt, wenn ein atypischer Fall vorliegt, der es rechtfertigt, vom intendierten Ermessen abzuweichen.[337]

Zielabweichungsbeschlüsse sind Verwaltungsakte, gegen die Rechtsschutzmöglichkeiten vor den Verwaltungsgerichten bestehen.[338]

3. Windenergie auf See

Für die **Windenergie auf See** sieht das ROG die Aufstellung eines Raumordnungsplans als Rechtsverordnung für die deutsche ausschließliche Wirtschaftszone (AWZ) nach § 17 ROG vor. Die deutsche AWZ in Nord- und Ostsee folgt den Vorgaben der Seerechtskonvention.[339] Der Plan bildet die Grundlage für die Fachplanung der Windenergieanlagen nach dem Wind-auf-See-Gesetz (§ 2 Abs. 1 WindSeeG). Zwischen Raumordnung und Fachplanung steht regelmäßig die in § 15 ROG geregelte **Raumverträglichkeitsprüfung**, deren zentrale Aufgabe es ist, raumverträgliche Trassenkorridore im Fall linearer Planungen zu identifizieren. Ähnliches soll die Flächenentwicklungsplanung für Windenergieanlagen auf Hoher See nach § 5 WindSeeG leisten.[340]

337 Umstr.; nach *M. Kment*, in: Kment (Hrsg.), ROG, § 6 Rn. 76, muss die Abweichung selbst atypisch sein, also einen Sonderfall darstellen.

338 S. etwa im Einzelnen die Kommentierung von *K. Goppel*, in: Spannowsky/Runkel/(Hrsg.), ROG, § 6 Rn. 47 ff. (zur früheren Fassung des § 6 ROG); *J. Kerkmann*, in: Cholewa/Dyong/von der Heide, ROG, 5. Aufl. 2021, § 6 Rn. 81 ff. (ebenfalls zur früheren Fassung des § 6 ROG); *B. Kümper*, ZfBR 2023, S. 633 (635 ff.).

339 Verordnung über die Raumordnung in der deutschen ausschließlichen Wirtschaftszone in der Nordsee und in der Ostsee (AWZROV), BGBl. I 2021, 3886. Einen Überblick gibt auch https://www.bmwsb.bund.de/SharedDocs/topthemen/DE/topthema-raumordnung-awz/topthema-raumordnung-awz.html (2.12.2025).

340 *Bundesamt für Seeschiffahrt und Hydrographie*, Flächenentwicklungsplan 2020 für Nord- und Ostsee, 18.12.2020. Der Plan wird derzeit überarbeitet https://www.bsh.de/DE/THEMEN/Offshore/Meeresfachplanung/Flaechenentwicklungsplan/flaechenentwicklungsplan_node.html (21.1.2025).

4. Rechtsschutz

Die genannten Pläne bereiten weitere hoheitliche Entscheidungen – etwa Planfeststellungsbeschlüsse – vor. Sie sind aber schon selbst zum Teil nicht nur von verwaltungsinterner Bedeutung. Von der Rechtsform her ergehen Landesentwicklungsprogramme vielfach als Landesrechtsverordnung. Dagegen bestehen Rechtsschutzmöglichkeiten, in Rheinland-Pfalz etwa durch Verfassungsbeschwerde (Art. 130a LVerfRhPf). Problematisch erscheint allerdings, dass **§ 48 S. 2 UVPG** die Verbandsklage gegen Raumordnungspläne ausschließt, die Flächen für die Windenergienutzung ausweisen. Dieser Ausschluss dürfte gegen **Art. 9 Abs. 3 Aarhus-Konvention** verstoßen, nach der jede Vertragspartei sicherstellt, dass Mitglieder der Öffentlichkeit, sofern sie etwaige in ihrem innerstaatlichen Recht festgelegte Kriterien erfüllen, Zugang zu verwaltungsbehördlichen oder gerichtlichen Verfahren haben, um die von Privatpersonen und Behörden vorgenommenen Handlungen und begangenen Unterlassungen anzufechten, die gegen umweltbezogene Bestimmungen ihres innerstaatlichen Rechts verstoßen.[341] Verstößt also ein solcher Raumordnungsplan selbst gegen umweltrechtliche Vorschriften oder lässt er Handlungen zu, die das möglicherweise tun, muss nach Art. 9 Abs. 3 Arhus-Konvention Rechtsschutz gewährt werden.[342]

5. Fazit

Auf einen kurzen Nenner gebracht, hilft die Raumplanung – zumeist in der Gestalt von Landesraumordnungsplänen oder Regionalplänen –, Standorte für raumbeanspruchende Elemente der Energiewende vorausschauend zu sichern und Nutzungskonflikte im Vorwege zu vermeiden. Sie ist eine Angebotsplanung – Durchsetzungsinstrumente, die es gestatten würden, die zur Planung und Durchführung erforderlichen Projekte behördlich anzuordnen, gibt es nicht. Insoweit ist der Plangeber vom Willen der Projektträger:innen abhängig, deren Anreize hauptsächlich wirtschaftlicher Natur sind.

---

341 *W. Erbguth*, Rechtsschutz gegen Raumordnungspläne unter besonderer Berücksichtigung des § 48 UVPG, in: Fassbender/Köck (Hrsg.), Querschnittsprobleme des Umwelt- und Planungsrechts – Rechtsschutz und Umweltprüfungen, 2019, S. 59 (83 ff.).

342 Im Überblick zu Art. 9 Aarhus-Konvention *A. Schwerdtfeger*, in: Koch/Hofmann/Reese (Hrsg.), Handbuch Umweltrecht, §4 Rn. 5, 99 f.

II. Der Netzausbau als gestuftes Verwaltungsverfahren

Das Stromnetz ist in Deutschland in die Fernverbindungen („**Übertragungsnetz**") und die verbrauchsnahe Versorgung unterteilt („**Verteilungsnetz**"). Besonders das Übertragungsnetz steht unter erheblichem Anpassungsdruck infolge der sich ändernden Stromerzeugungsstruktur. Wurden in früheren Jahrzehnten die Kraftwerke häufig dort gebaut, wo es Brennstoffe gab und Endverbraucher wie etwa die Industrie angesiedelt waren, ändert sich dieses eher **zentralistische Modell** mit wenigen Kraftwerksstandorten ganz erheblich. Typisch für die Stromerzeugung durch erneuerbare Energien ist das Fehlen von derartigen Großstandorten. Dagegen ist die Erzeugungsstruktur besonders bei der Windenergie und der Photovoltaik dadurch geprägt, dass eine große und weiterwachsende Vielzahl kleinerer Anlagen ins Netz einspeist, die tendenziell dort errichtet werden, wo die geographischen und/oder meteorologischen Bedingungen für Anlagen dieser Art am besten sind – also bei Windenergieanlagen ausreichend Wind weht und bei Photovoltaikanlagen die Sonnenscheindauer entsprechend lang ist. Das ist in Deutschland für die Windenergie eher im Norden des Landes der Fall und für die Photovoltaik eher im Süden. Beides erfolgt eher **dezentral**.

Der hierfür erforderliche Umbau des Übertragungsnetzes verlangt in einem **ersten Schritt** die Bestimmung der Endpunkte der Verbindungen. § 12a EnWG **verpflichtet** hierfür zunächst die **Übertragungsnetzbetreiber:innen**, jedes zweite Jahr einen Szenariorahmen vorzulegen, der dann Grundlage des Netzentwicklungsplans nach § 12b EnWG wird. Der Szenariorahmen als erste Planungsstufe stellt drei mögliche Pfade nach § 12a Abs. 1 S. 2 EnWG dar, die für die mindestens nächsten zehn und höchstens 15 Jahre die Bandbreite wahrscheinlicher Entwicklungen im Rahmen der klima- und energiepolitischen Ziele der Bundesregierung abdecken. Der von den Übertragungsnetzbetreiber:innen zu erarbeitende und von der Bundesnetzagentur dann zu bestätigende **Netzentwicklungsplan** ist dann die nächste Ebene **(zweiter Schritt)** der Konkretisierung und muss nach § 12b Abs. 1 S. 2 EnWG alle wirksamen Maßnahmen zur bedarfsgerechten Optimierung, Verstärkung und zum Ausbau des Netzes enthalten, die spätestens zum Ende der jeweiligen Betrachtungszeiträume im Sinne des § 12a Abs. 1 für einen sicheren und zuverlässigen Netzbetrieb erforderlich sind.

Die im Netzentwicklungsplan vorgeschlagenen Maßnahmen stellen die Grundlage für die gesetzliche Festlegung des **Bundesbedarfsplans** dar

(§ 12e EnWG, **dritter Schritt**). Mit Erlass des Bundesbedarfsplans durch den Bundesgesetzgeber[343] werden nach § 12e Abs. 4 EnWG für die darin enthaltenen Vorhaben die energiewirtschaftliche Notwendigkeit und der vordringliche Bedarf festgestellt. Der Bundesbedarfsplan muss dann die Vorhaben enthalten, die für die Erreichung des Ziels von § 1 Abs. 2 EEG erforderlich sind,[344] den Anteil des aus erneuerbaren Energien erzeugten Stroms am Bruttostromverbrauch im Staatsgebiet der Bundesrepublik Deutschland einschließlich der deutschen ausschließlichen Wirtschaftszone (Bundesgebiet) **auf mindestens 80 % im Jahr 2030** zu steigern.

III. Die Bundesfachplanung

Im nächsten **(vierten)** Schritt folgt dann die **Festlegung von Trassenkorridoren** durch die **Bundesfachplanung** nach § 4 NABEG für die als länderübergreifend oder grenzüberschreitend oder als Offshore-Anbindungsleitungen gekennzeichneten Höchstspannungsleitungen. Die durch den Antrag des Vorhabenträgers eingeleitete Bundesfachplanung (§ 6 NABEG) prüft dabei im Sinne der **Verknüpfung mit den raumplanerischen Vorgaben** nach § 5 Abs. 2 NABEG die Übereinstimmung mit den Erfordernissen der Raumordnung im Sinne von § 3 Abs. 1 Nr. 1 des Raumordnungsgesetzes und die Abstimmung mit anderen raumbedeutsamen Planungen und Maßnahmen im Sinne von § 3 Abs. 1 Nr. 6 des Raumordnungsgesetzes. Die Bundesfachplanung unterliegt einer Pflicht zur Durchführung einer Umweltverträglichkeitsprüfung in Gestalt einer Strategischen Umweltprüfung und damit der Pflicht zur Beteiligung der **Öffentlichkeit** (§§ 5 Abs. 7; 9 NABEG).

Schon im Rahmen der Bundesfachplanung findet ein **Erörterungstermin** statt (§ 10 NABEG). Der Termin kann auch im Internet bekannt gemacht werden (§ 10 Abs. 2 S. 3 NABEG). Neben der Festlegung der Trassenkorridore enthält die Entscheidung über die Bundesfachplanung eine Bewertung der Umweltauswirkungen der Korridore, eine Alternativenprüfung und die Identifizierung der Vorhaben, die sich als Erdkabel verwirklichen lassen (§ 12

343 Bundesbedarfsplangesetz vom 23.7.2013 (BGBl. I S. 2543; 2014 I S. 148, 271), zuletzt geändert durch Art. 1 des Gesetzes vom 16.7.2024 (BGBl. 2024 I Nr. 239).

344 Erneuerbare-Energien-Gesetz vom 21.7.2014 (BGBl. I S. 1066), zuletzt geändert durch Art. 4 des Gesetzes vom 23.10.2024 (BGBl. 2024 I Nr. 327).

Abs. 2 NABEG). Sie ist für die nachfolgenden Planfeststellungsverfahren verbindlich (§ 15 Abs. 1 NABEG).

IV. Planfeststellungs- und Genehmigungsverfahren

1. Planfeststellung als förmliches Genehmigungsverfahren

Erst im **fünften Schritt** erfolgt dann die **Planfeststellung für Hochspannungsleitungen**, also die konkrete, eine Baugenehmigung einschließende Erlaubnis, ein Vorhaben zu realisieren (§ 18 NABEG). Die Planfeststellung ist ein vorbehaltlich von Spezialregelungen wie denen des NABEG in §§ 72 ff. VwVfG geregeltes förmliches Verwaltungsverfahren, das materiell-rechtlich dem Gebot einer umfassenden **Abwägung** aller privaten und öffentlichen Belange (§ 18 Abs. 4 NABEG) und der Pflicht zur Durchführung einer **Umweltverträglichkeitsprüfung** (§ 23 NABEG) unterliegt.[345] Auch findet in ihrem Rahmen ein **Erörterungstermin** statt (§ 22 NABEG).[346]

Neben Hochspannungsleitungen sind auch **Gasleitungen** regelmäßig planfeststellungsbedürftig, was beim Ausbau des **Wasserstoffnetzes** in Deutschland eine erhebliche Bedeutung hat. Auch sie unterliegen in den meisten Fällen der Pflicht zur Durchführung einer Umweltverträglichkeitsprüfung.[347]

Die Verfahrensdauer solch aufwendiger Projekte ist beträchtlich, auch und gerade weil die **Umweltverträglichkeitsprüfung** regelmäßig zusätzlich eine Beteiligung der Öffentlichkeit im Rahmen des Erörterungstermins verlangt.[348] Im Fall des NABEG kommt noch hinzu, dass das NABEG in einer frühen Phase des Verfahrens eine **Antragskonferenz** von federführender Behörde, Vorhabenträger und den weiteren Beteiligten einschließlich der Umweltverbände vorsieht (§ 20 NABEG). Dass solche Verfahren im Ergebnis Jahre beanspruchen ist keine Seltenheit, und für die Erreichung der Klima-

---

345 Zum Planfeststellungsverfahren im Überblick *E. Hofmann*, in: Kahl/Ludwigs (Hrsg.), Handbuch des Verwaltungsrechts IV, § 120 Rn. 1 ff.

346 *E. Hofmann*, in: Kahl/Ludwigs (Hrsg.), Handbuch Verwaltungsrecht IV, § 120 Rn. 70; *H.-T.Weiß*, in: Schoch/Schneider Hrsg., VwVfG § 73 Rn. 299–348; *W. Neumann/ C. Külpmann*, in: Stelkens/Bonk/Sachs (Hrsg.), VwVfG § 73 Rn. 112-113c.

347 Nr. 19.2 Anlage UVPG in Verbindung mit § 3a ChemG und § 43 Abs. 1 Nr. 5 EnWG.

348 Zu den einzelnen Schritten einer UVP im Rahmen eines Planfeststellungsverfahrens im Überblick *E. Hofmann*, in: Kahl/Ludwigs (Hrsg.), Handbuch des Verwaltungsrechts IV, § 120 Rn. 6 ff., 43 ff.

ziele schon deshalb von erheblicher Bedeutung, weil Rechtsunsicherheiten und eine unabsehbare Projektverwirklichungsdauer der zeitnahen Realisierung des EE-Anlagenbaus entgegenstehen oder sie sogar ganz verhindern können.

2. Beschleunigungsgesetzgebung

Um die Dauer von Planungsverfahren zu verkürzen, sind in den vergangenen drei Jahrzehnten vielfältige Ansätze unter dem Stichwort „Beschleunigungsgesetzgebung“ verfolgt worden. Besonders in jüngerer Vergangenheit scheint auch die Summe der einzelnen Instrumente eine Verkürzung der Planungszeiten bewirkt zu haben. Einige Elemente sind bereits im Zusammenhang mit der Windenergie an Land in Abschnitt → D. IV. 4. erläutert worden.

Unabhängig von technologiespezifischen Beschleunigungsmaßnahmen lässt sich folgendes festhalten: Mit Blick auf das Verwaltungsverfahren wäre es auf den ersten Blick eine verlockende, weil radikale Verkürzung der Verfahrensdauer, den Gesetzgeber für die Planung heranzuziehen (Legalplanung).[349] Das wieder aufgehobene **Maßnahmengesetzvorbereitungsgesetz**[350] galt für Verkehrsinfrastrukturvorhaben und sollte zwischenzeitlich auch auf Energieleitungen ausgeweitet werden. Dazu ist es nicht gekommen. In der Legalplanung liegt ohnehin eine nicht ganz unproblematische Rollenverschiebung bei der Wahrnehmung der legislativen Aufgabe; die Legalplanung wird daher über Einzelfälle wohl nicht hinausgehen.

Soweit die Verwaltung selbst plant, wurde im Zuge der Beschleunigungsbemühungen auf bestimmte Verfahrenselemente ganz verzichtet oder sie mit **Fristen** für die Geltendmachung von Einwendungen oder deren Begründung versehen, was zusätzlich mit einer Genehmigungsfiktion verbunden sein kann. All diese auf das Verwaltungsverfahren bezogenen Elemente gehen aber tendenziell zu Lasten einer ordentlichen Sachverhaltsermittlung und am Ende auch auf Kosten einer gründlichen gerichtlichen Kontrolle, welche aber beide für die Wahl überzeugender Handlungsalternativen hilfreich sind. Eine Verschlechterung der Qualität der Ergebnisse von Ver-

---

349 Überblick bei *J. Wulff*, EurUP 2023, S. 320 (321 ff.); *T. Groß*, ZUR 2024, S. 210 ff.

350 Gesetz zur Vorbereitung der Schaffung von Baurecht durch Maßnahmengesetz im Verkehrsbereich (Maßnahmengesetzvorbereitungsgesetz – MgvG) v. 22.3.2020 BGBl. I S. 640 (Nr. 15); aufgehoben durch Art. 13 Gesetz vom 22.12.2023 (BGBl. 2023 I Nr. 409).

waltungsverfahren ist daher zu erwarten. Auch darf man nicht vergessen, dass dies bei aller Freude über reduzierte Verfahrensdauern gleichzeitig eine Verringerung der Steuerungswirkung von Gesetzen und damit einen **Konflikt mit dem Demokratieprinzip** bedeutet.[351] Schließlich wird die Dauer von Genehmigungsverfahren häufig von Faktoren bestimmt, die sich einer gesetzlichen Regulierung durch Verschlankung des Verfahrens entziehen – wie etwa Personal- und Materialengpässen.[352]

Für **Energieleitungen** gilt im Übrigen das **Energieleitungsausbaugesetz**, das verschiedene dieser Beschleunigungselemente enthält: erstens steht für die dort geregelten Vorhaben die energiewirtschaftliche Notwendigkeit und der vordringliche Bedarf im Sinne des Bedarfsplangesetzes fest (§ 1 Abs. 2 EnLAG). Das erhöht die Durchsetzungschancen der im Gesetz geregelten Energieleitungsprojekte. Zweitens ist das BVerwG in erster und letzter Instanz für Rechtsstreitigkeiten im Zusammenhang mit den Vorhaben einschließlich der Zulassungen des vorzeitigen Baubeginns und der Anzeigeverfahren zuständig (§ 1 Abs. 3 EnLAG).

Noch drastischer greift die bereits im Zusammenhang mit dem Bau von EE-Anlagen erwähnte[353] **EU-Notfallverordnung** in das Verwaltungsverfahren ein, indem Art. 6 der Verordnung die von ihr betroffenen Vorhaben von der Pflicht zur Durchführung einer UVP und einer Artenschutzprüfung befreit, sofern das Projekt in einem für erneuerbare Energien oder Stromnetze vorgesehenen Gebiet für damit verbundene Netzinfrastruktur, die für die Integration erneuerbarer Energie in das Elektrizitätssystem erforderlich ist, durchgeführt wird, falls die Mitgliedstaaten ein solches Gebiet ausgewiesen haben, und dieses Gebiet einer strategischen Umweltprüfung gemäß der Richtlinie 2001/42/EG des Europäischen Parlaments und des Rates unterzogen worden ist.[354] Von den Möglichkeiten der EU-Notfallverordnung hat die Bundesrepublik Deutschland durch den Erlass verschiedener Vorschriften Gebrauch gemacht (§ 43 m EnWG, § 72a WindSeeG und Neufassung von § 6 WindBG).[355]

---

351 *E. Hofmann*, ZUR 2024, S. 201 (203).
352 Ebenso *J. Wulff*, EurUP 2023, S. 320 (326).
353 → D. IV. 4. und → D. IV. 6.
354 Verordnung (EU) 2022/2577 des Rates vom 22.12.2022 zur Festlegung eines Rahmens für einen beschleunigten Ausbau der Nutzung erneuerbarer Energien, ABl. L 335/36.
355 *J. Wulff*, EurUP 2023, S. 320 (324).

3. Naturschutzrecht als Hindernis des Anlagenbaus?

Maßnahmen, die dem Klimaschutz dienen – wie etwa der Bau von Windenergieanlagen – können mit verschiedenen Konflikten belastet sein, etwa in Gestalt von Eigentumsbeeinträchtigungen, anderen rechtlich geschützten Nutzungen der Flächen oder dem Naturschutz. Gerade letzterer ist nicht selten, da Windenergieanlagen an Land aus Gründen der Windhöffigkeit gerade dort aufgestellt werden müssen, wo die Windverhältnisse günstig sind und keine größeren Konflikte mit der Nachbarschaft wegen Lärm und Verschattung befürchtet werden müssen. Geeignete Standorte auf Freiflächen und im Wald, soweit sie nicht aus gebietsbezogenen Schutzvorschriften heraus ohnehin nicht in Frage kommen, geraten daher nicht selten in Konflikt mit Anliegen des Naturschutzes. Besonders brisant ist dann der **Vogelschutz**, da nicht nur die Umsetzung der **FFH-Richtlinie** durch das Bundesnaturschutzgesetz dem Bau und Betrieb von Windenergieanlagen entgegenstehen kann, sondern auch der Schutz der wildlebenden Vögel durch die **Vogelschutzrichtlinie**. Gerade Raubvögel können durch Rotoren der Windenergieanlagen zu Tode kommen.

Das ist rechtlich relevant, da beide genannten Richtlinien die Tötung geschützter Tierarten verbieten – im Falle der Vogelschutzrichtlinie sind das **alle wildlebenden Vögel**, im Falle der FFH-Richtlinie die in Anhang IV und V genannten Tierarten wie etwa bestimmte Fledermäuse (Art. 12 Abs. 1 FFH-Richtlinie). Da es beim Betrieb von Windenergieanlagen nicht um den Fang dieser Tiere oder die zweckgerichtete Tötung geht, sondern der Tod der Tiere eine Nebenfolge des auf die Energieerzeugung gerichteten Betriebs geht, ist umstritten, welche Anforderungen an den Betrieb solcher Anlagen in naturschutzrechtlicher Hinsicht zu stellen sind.

Das Bundesverwaltungsgericht begreift die entsprechenden Bestimmungen des BNatSchG – insbesondere § 44 Abs. 5 Nr. 1 BNatSchG – als das Verbot, die geschützten Tiere einem nicht zu rechtfertigenden **signifikanten Tötungsrisiko** auszusetzen.[356] Erforderlich ist damit auf objektiver Seite ein ursächlicher Zusammenhang zwischen dem Betrieb der Anlage und einer hinreichend erhöhten Tötungswahrscheinlichkeit, die anhand der artspezifischen Verhaltensweisen, der Häufigkeit des Aufenthaltes im Ge-

356 BVerwG, Urteil vom 9.7.2008 – 9 A 14/07, juris Rn. 91; Urteil vom 28.4.2016 – 9 A 9/15, juris Rn. 141; Urteil vom 10.11.2016 – 9 A 18/15, juris Rn. 82f.; Urteil vom 6.4.2017 – 4 A 16/16, juris Rn. 73; aus jüngerer Zeit BVerwG, Beschluss vom 8.3.2018 – 9 B 25/17, juris Rn. 11. (st. Rspr.).

fährdungsbereich und der Wirksamkeit vorgesehener Schutzmaßnahmen zu bewerten ist. Für den subjektiven Tatbestand genügt ein billiges in Kauf nehmen eines Kollateralschadens. Eine Differenzierung nach den beiden EU-Richtlinien – FFH-RL und Vogelschutzrichtlinie – gibt es im deutschen Recht an dieser Stelle nicht.

Eine Unterscheidung wäre aber schon deshalb hilfreich, weil sich die Rechtfertigungsgründe, mit denen Tötungen geschützter Tierarten zugelassen werden können, in den beiden Richtlinien stark unterscheiden. Während die FFH-Richtlinie einen sehr weiten Auffangtatbestand enthält, nach dem im Falle „zwingender Gründe des überwiegenden öffentlichen Interesses einschließlich solcher sozialer oder wirtschaftlicher Art. Tötungsverbote überwunden werden können, enthält die Vogelschutzrichtlinie einen vergleichsweise engen Katalog an Rechtfertigungsgründen.[357] Eine Übertragung der „zwingenden Gründe des überwiegenden öffentlichen Interesses" auf den Anwendungsbereich der Vogelschutzrichtlinie ist nach Auffassung des EuGH nicht zulässig.[358] Es ist daher zwischen der Umsetzung der beiden Richtlinien zu unterscheiden:

Im deutschen Recht findet sich der Tatbestand der „zwingenden Gründe des überwiegenden öffentlichen Interesses" (§ 45 Abs. 7 S. 1 Nr. 5 BNatSchG), was den Wortlaut der FFH-Richtlinie aufgreift, und weitere Erlaubnistatbestände, insbesondere: die Gesundheit des Menschen, die öffentliche Sicherheit und die maßgeblich günstigen Auswirkungen auf die Umwelt (§ 45 Abs. 7 S. 1 Nr. 4 BNatSchG). Damit setzt das BNatSchG im Wesentlichen Art. 9 Abs. 1 lit. a) 1. Spiegelstrich V-RL um, der bestimmt, dass die Mitgliedstaaten, sofern es keine andere zufriedenstellende Lösung gibt, von den Art. 5 bis 8 im **Interesse der Gesundheit und der öffentlichen Sicherheit** abweichen können.

Versteht man diese Rechtfertigungsgründe sehr streng, wie es das VG Gießen mit seinem Urteil vom 22.1.2020 tut,[359] wird man in vielen Fällen zur Unzulässigkeit von Windenergieanlagen kommen – da die Vogelschutzrichtlinie alle wildlebenden Vögel vor menschlichen Handlungen schützt,

---

357 *E. Hofmann*, NuR 2021, S. 217 (218 ff.).

358 EuGH, Urteil vom 26.1.2012 – Rs. C-192/11 (Europäische Kommission/Republik Polen), juris, Rn. 39.

359 VG Gießen, Urteil vom 22.1.2020 – 1 K 6019/18.GI, juris Rn. 117; *K.-U. Battefeld*, Anm. zu VG Gießen, Urteil vom 22.1.2020 – 1 K 6019/18.GI, ZUR 2020, S. 436 f.; *H. Karpenstein/ S. Engel*, Anm. zu VG Gießen, Urteil vom 22.1.2020 – 1 K 6019/18.GI, ZUR 2020, S. 437 ff.; *M. Müller/L. Klostermeier*, NVwZ 2020, S. 774 ff.

die als Tötung zu verstehen sind, können Windenergieanlagen an Land eigentlich nur noch als unzulässig beurteilt werden, sobald und soweit eine **signifikante Erhöhung des Tötungsrisikos** festgestellt wird. Gegen das Urteil ist Berufung eingelegt worden, über die noch nicht entschieden ist. Das Berufungsgericht wird zu erwägen haben, ob das VG Gießen das deutsche Naturschutzrecht angesichts der europäischen Vorgaben zutreffend ausgelegt hat. Daran sind Zweifel geäußert worden, unter anderem weil der EuGH verschiedentlich die Energieversorgung als staatliches Sicherheitsinteresse gewürdigt hat[360] und schon das im Zusammenhang mit Windenergieanlagen Anlass und Grund sein kann, bestimmte Vogelschlagrisiken zu tolerieren.[361]

Wer mit dem VG Gießen verlangt, zur Berücksichtigung des Klimaschutzes sei es notwendig, den Nachweis zu erbringen, dass jede einzelne Windenergieanlage einen nicht nur unerheblichen Beitrag zur Reduzierung von Treibhausgasemissionen erbringt, verkennt die **systemische Bedeutung der Energiewende**. Sicher ist eine einzelne Windenergieanlage für den Klimawandel nahezu irrelevant; aber erstens sind hinsichtlich des **Gesamtziels der Klimaneutralität** der gesamten Energieversorgung auch inkrementelle Veränderungen von Bedeutung, und zweitens gilt das Ziel der Klimaneutralität in Deutschland unabhängig davon, ob die deutschen Bemühungen genügend Gewicht haben, tatsächlich deutliche THG-Einsparungen zu verursachen.

Wer so argumentiert wie das VG Gießen, müsste auch einräumen, dass der einzelne getötete Vogel keinen Einfluss auf die Biodiversität hat. Die Förderung des Klimaschutzes ist im Übrigen auch dem Vogelschutz dienlich, da er hilft, Lebensräume zu sichern. Die Lasten des Klimaschutzes müssen fair verteilt werden, was bedeutet, dass auch Deutschland negative Folgen der Energiewende zu schultern hat, wenn es von den anderen Akteuren erwartet, dies ebenfalls zu tun. Eine Position, nach der Deutschland aus Gründen des Klimaschutzes nur noch grünen Strom importiert, anderen Staaten aber die Bewältigung der Herausforderungen auch naturschutzrechtlicher Art abverlangt, wäre nicht nur europarechtswidrig, sondern auch politisch schwer durchsetzbar.

---

360 EuGH, Urteile vom 4.6.2002 – Rs. C-483/99 (Europäische Kommission/Republik Frankreich), Slg. 2002, I-04781, Rn. 47; vom 13.5.2003 – Rs. C-63/00 (Europäische Kommission/Republik Spanien), Slg. 2002, I-04483, Rn. 71.

361 So im Ergebnis auch *K. Wulfert/H. Köstermeyer/M. Lau*, Vögel und Windenergienutzung, 2022, S. 184.

Schließlich ist es alles andere als trivial, das jeweilige Risiko für die betroffenen Vogelarten zu bestimmen, liegen doch nur selten zuverlässige Daten über Aufenthaltsort, Flugverhalten und Populationsstärke der Vögel vor.[362] Nimmt man die rechtlichen Voraussetzungen für die Genehmigung von Windenergieanlagen in naturschutzrechtlicher Hinsicht insgesamt in den Blick, so lässt sich eine ganze Reihe von Vorkehrungen beobachten, die den Konflikt zwischen Klima- und Biodiversitätsschutz minimieren sollen:

Wissen | Danach sind Windenergieanlagen

- nur dort zulässig, wo sie nicht aus gebietsbezogenen Vorgaben heraus verboten sind,
- zumutbare (Standort-)*Alternativen nicht* gegeben sind (§ 45 Abs. 7 S. 1 Nr. 5 S. 2 1. Alt. BNatSchG, Art. 9 V-RL),
- sich der *Erhaltungszustand* der betroffenen Populationen nicht verschlechtert (§ 45 Abs. 7 S. 1 Nr. 5 S. 2 2. Alt. BNatSchG, Art. 13 V-RL),
- ein vollständiger *Ausgleich der Eingriffe* zulasten betroffener europäischer Vogelarten angeordnet worden ist,
- die Rechtfertigung des Tötungsrisikos über in *primärrechtskonformer* Auslegung der Vogelschutzrichtlinie *öffentliche Sicherheit* (1. Spiegelstrich), Abwendung von *Gefahren für die Pflanzen- und Tierwelt* (4. Spiegelstrich) oder für *die Kulturen und Viehbestände* (3. Spiegelstrich) in hinreichendem Maß gelingt,
- zusammengenommen also die Zahl der zu erwartenden toten Tiere gering ist, die *Erhaltung* der Populationen nicht *gefährdet* wird und das Eingehen des Risikos *zur Erreichung der Klimaschutzziele notwendig* ist.[363]

---

362 Zu Einzelheiten der Signifikanzbewertung *K. Wulfert/H. Köstermeyer/M. Lau*, Vögel und Windenergienutzung, 2022, S. 70 ff.

363 *E. Hofmann*, NuR 2021, S. 217 (226 r. Sp.).

V. Wind-auf-See-Gesetz: Standortsicherung für Windenergieanlagen auf Hoher See

Die **Offshore-Windenergie** (Windenergie auf See) spielt in allen Szenarien für die Transformation der deutschen Energieversorgung eine zentrale Rolle. Rund ein Drittel des gesamten in Deutschland verbrauchten Stroms soll nach verlässlichen Abschätzungen auf Hoher See erzeugt werden. Dementsprechend hoch ist der Druck, die hierfür erforderlichen rechtlichen Rahmenbedingungen auch hinsichtlich der Standorte für die Anlagen und ihrer Anbindung an das Stromnetz zu schaffen. Dazu zählt zunächst die raumplanungsrechtliche Vorbereitung von Windenergieanlagen in der deutschen Ausschließlichen Wirtschaftszone (also auf Hoher See), wie sie vorstehend unter → D. IV. 5. umrissen worden ist: nach § 17 ROG wird zunächst ein Raumordnungsplan für Nord- und Ostsee erlassen, der dann in die Flächenentwicklungsplanung mündet (§ 5 WindSeeG).

1. Flächenentwicklungsplanung

Die Flächenentwicklungsplanung[364] trifft dann bezüglich der Windenergie insbesondere Festlegungen über

- die in den festgelegten Gebieten und auf den festgelegten Flächen jeweils voraussichtlich zu installierende Leistung von Windenergieanlagen auf See,
- Standorte von Konverterplattformen, Sammelplattformen und, so weit wie möglich, Umspannanlagen,
- Trassen oder Trassenkorridore für Offshore-Anbindungsleitungen,
- Orte, an denen die Offshore-Anbindungsleitungen die Grenze zwischen der ausschließlichen Wirtschaftszone und dem Küstenmeer überschreiten,
- Trassen oder Trassenkorridore für grenzüberschreitende Stromleitungen,

364 *Bundesamt für Seeschiffahrt und Hydrographie*, Flächenentwicklungsplan 2020 für Nord- und Ostsee, 18.12.2020. Der Plan wird derzeit überarbeitet, https://www.bsh.de/DE/THEMEN/Offshore/Meeresfachplanung/Flaechenentwicklungsplan/flaechenentwicklungsplan_node.html (21.1.2025).

- Trassen oder Trassenkorridore für mögliche Verbindungen der in den Nummern 1, 2, 6, 7 und 9 genannten Anlagen, Trassen oder Trassenkorridore untereinander und
- standardisierte Technikgrundsätze und Planungsgrundsätze.

Das sind zusammengenommen vielfältige und umfassende Bestimmungen, die die Nutzung der Windenergie auf Hoher See betreffen. Gesetzliche Grenzen werden derartigen Festlegungen im Flächenentwicklungsplan dadurch auferlegt, dass sie unzulässig sind, wenn überwiegende öffentliche oder private Belange entgegenstehen (§ 5 Abs. 3 S. 1 WindSeeG).

Unzulässig sind nach § 5 Abs. 3 S. 2 WindSeeG insbesondere Festlegungen,

- die mit den Erfordernissen der Raumordnung nach § 17 Abs. 1 des Raumordnungsgesetzes nicht übereinstimmen,
- die die Meeresumwelt gefährden,
- die die Sicherheit und Leichtigkeit des Verkehrs beeinträchtigen,
- die die Sicherheit der Landes- und Bündnisverteidigung beeinträchtigen.

Nach § 5 Abs. 3 S. 3 WindSeeG ist bei der Abwägung das überragende öffentliche Interesse an der Errichtung von Windenergieanlagen auf See und Offshore-Anbindungsleitungen und deren Bedeutung für die öffentliche Sicherheit nach § 1 Abs. 3 WindSeeG zu berücksichtigen.

2. Ausschreibung und Planfeststellung

Sind also hinsichtlich der möglichen Standorte der Windenergieanlagen, der Konverterplattformen und anderer stationärer Einrichtungen wie der denkbare Verlauf von Stromleitungstrassen durch die Flächenentwicklungsplanung Vorklärungen getroffen, führt die Bundesnetzagentur **Ausschreibungen** für die in Frage kommenden Gebiete durch (§§ 26 ff. WindSeeG). Nur der Anbieter, der den Zuschlag bekommt, ist berechtigt, einen Antrag auf **Planfeststellung** zu stellen (§ 67 Abs. 1 S. 1 WindSeeG). Hinter dieser wohl einmaligen Verbindung von Ausschreibungs- und Planfeststellungsverfahren bei einem Infrastrukturprojekt steht die Konkurrenz der Interessenten um die aus ihrer Sicht besten Standorte. Für die Standortwahl ist insbesondere die Entfernung zur Küste ausschlaggebend, daneben sind aber auch die zu erwartenden Konflikte mit konkurrierenden Belangen – vom Naturschutz über die Schifffahrt bis hin zu militärischen Interessen von Bedeutung.

Die Ausschreibung soll sicherstellen, dass die Investor:innen über ausreichende wirtschaftliche Ressourcen verfügen, um das Projekt zu realisieren, und dies zu einem staatlichen Zuschuss, der bei dem zum Zuge kommenden Antragsteller niedriger ist als bei anderen Projektträgern. Nicht endgültig gelöst ist, wie verfahren werden kann, wenn mehrere Gebote zum gleichen Preis die Stromproduktion anbieten, etwa zum Nulltarif, wie es bei der Offshore-Windenergie schon vorgekommen ist.[365] Dann ist ein weiteres Gebotsverfahren nach § 21 WindSeeG durchzuführen, mit dem dann der/die Investor:in ermittelt werden soll, der/die den höchsten Preis für den Zuschlag zu zahlen bereit ist (dynamisches Gebotsverfahren). Diese Mittel müssen dann für die Senkung des Strompreises, den Naturschutz und die Förderung einer umweltschonenden Fischerei verwendet werden (§ 23 WindSeeG). Das können beträchtliche Summen sein, die helfen, die Akzeptanz des Anlagenbaus zu erhöhen.[366]

3. Entwicklungen des Rechtsrahmens als Klimaschutzfrage: Veränderungen im Zeitablauf

Das geschilderte gegenwärtig geltende System hat sich erst im Laufe eines Jahrzehnts entwickelt. Der ursprüngliche Rechtsrahmen sah einen Anspruch auf Erteilung einer Genehmigung für eine Windenergieanlage nach der Seeanlagenverordnung vor, der es bei freier Standortwahl den Antragstellern überließ, wann und wo sie die Anlagen errichten wollen. Da aber eine Windenergieanlage auch auf Hoher See nur dann wirtschaftlich etwas nützt, wenn es auch eine Stromleitung gibt, die die Anlage mit dem Stromnetz verbindet, war zunächst ein Anspruch der Windenergieanlagen-

365 Ausschreibung von Offshore-Windenergie: Mehrere Null-Cent-Gebote. In: Solarserver, 16.6.2023 https://www.solarserver.de/2023/06/16/ausschreibung-von-offshore-windenergie-mehrere-null-cent-gebote/ (26.1.2025)

366 Bei vier Standorten in der Nordsee sind insgesamt rund 13 Mrd. Euro im dynamischen Gebotsverfahren geboten worden, Ausschreibung für Offshore-Windenergie: Einnahmen von fast 13 Milliarden Euro. In: Solarserver, 13.7.2023, https://www.solarserver.de/2023/07/13/ausschreibung-fuer-offshore-windenergie-einnahmen-von-fast-13-milliarden-euro/ (26.1.2025).

betreiber:innen auf Anbindung an das Stromnetz vorgesehen, der im Falle einer nicht rechtzeitig vorhandenen Anbindung zu einem Schadensersatzanspruch gegen den/die Übertragungsnetzbetreiber:in führte.[367]

Da sich dieses System als wenig praktikabel herausstellte, wurde zunächst eine Priorisierung der Anbindungsleitung gegenüber den Anlagen eingeführt, nach der Anträge auf Erlass eines Planfeststellungsbeschlusses nur für bereits erschlossene Flächen in Nord- und Ostsee gestellt werden durften. Als auch dies nicht reichte, um eine geordnete Bewirtschaftung der AWZ zu erzielen, wurde das vorstehend umrissene System der vorausgehenden Ausschreibungen geschaffen. Weitere Einzelheiten sind in Abschnitt ⟶ D. IV. 5. erläutert worden.

4. Rechtsfragen der Transformation: Übergangsregelungen und Schadensersatz

Bei einer solchen Vielzahl von Reformen ist es zu erwarten, dass Übergangsprobleme entstehen, bei denen die Erwartungen der Verfahrensbeteiligten enttäuscht werden können. Die Erwartung, dass sich ein einmal geschaffenes System nicht zuungunsten der Rechtsunterworfenen ändert, ist dabei nach der Rechtsprechung des Bundesverwaltungsgerichts durch das Grundgesetz nicht geschützt.[368] Der verfassungsrechtliche Vertrauensschutz gehe nicht so weit, die Adressaten grundsätzlich vor Enttäuschungen ihrer in die Dauerhaftigkeit der Rechtslage gesetzten Erwartungen zu bewahren.[369] Insbesondere sei der Gesetzgeber nicht gehalten, bei Systemwechseln und der Umstellung von Rechtslagen die Betroffenen von jeder Belastung zu verschonen oder jeglicher Sonderlast mit einer Übergangsregelung zu begegnen.

Von Verfassungs wegen geschützt sei aber die Erwartung gegenüber dem Gesetzgeber, nicht mit in unzulässiger Weise rückwirkenden Gesetzen belastet zu werden.[370] Weiter formuliert das Gericht, Art. 2 Abs. 1 in Verbindung mit Art. 20 Abs. 3 GG schütze das Vertrauen, nicht mit in unzulässiger Weise rückwirkenden Gesetzen belastet zu werden. Es würde Einzelne in ihrer Freiheit erheblich gefährden, dürfte die öffentliche Gewalt

367 ⟶ D. IV. 5.

368 BVerfG, Urteil vom 30.6.2020 – 1 BvR 1679/17, Rn. 125.

369 BVerfG, Urteil vom 30.6.2020 – 1 BvR 1679/17, Rn. 125.

370 BVerfG, Urteil vom 30.6.2020 – 1 BvR 1679/17, Rn. 127, unter Hinweis auf BVerfGE 148, 217 (254 Rn. 132); stRspr.

an ihr Verhalten oder an sie betreffende Umstände ohne Weiteres im Nachhinein belastendere Rechtsfolgen knüpfen, als sie zum Zeitpunkt ihres rechtserheblichen Verhaltens galten (BVerfGE 132, 302 <317 Rn. 41>).[371]

Das lässt sich so verstehen, dass die deutsche Verfassung die Erwartung schützt, im Falle berechtigten und damit schützenswerten Vertrauens nicht abrupt vor geänderte und vollendete Tatsachen gestellt zu werden. Im Falle enttäuschter Investor:innen, die im Jahre 2008 die Genehmigung von Offshore-Windenergieanlagen beantragt hatten, dann aber mit den Übergangsvorschriften des WindSeeG im Jahre 2016 leer ausgegangen waren, billigte das Gericht den Antragsteller:innen einen Anspruch auf Schadensersatz wegen Entwertung ihrer Verfahrenspositionen sogar dann zu, wenn sie noch keine Genehmigung erhalten hatten.[372] Dieser Schadensersatzanspruch sei jedoch in seiner Höhe beschränkt auf die Kosten der Untersuchungen, deren Ergebnisse auch heute noch nach geltendem Recht Verwendung finden könnten[373] und daher dem heutigen Stand von Wissenschaft und Technik entsprächen (§ 10 Abs. 1 S. 2 WindSeeG).

Diese Voraussetzung dürfte nur auf einen geringen Teil der den Investor:innen entstandenen Kosten zutreffen, da Untersuchungsergebnisse, die älter als 10 Jahre sind, dem Stand von Wissenschaft und Technik des heutigen Tages in der Regel nicht entsprechen, da er damals noch nicht bekannt war. Die Bundesrepublik Deutschland ist daher nach dem *Energy Charter Treaty* auf Schadensersatz von betroffenen ausländischen Investor:innen verklagt worden.[374] Ein Urteil des Schiedsgerichts steht noch aus. Unabhängig vom Ausgang des Rechtsstreits gilt, dass sich Rechtsänderungen, die die Erwartungen an die Berechenbarkeit legislativen wie administrativen Verhaltens enttäuschen, erheblich auf die Bereitschaft ausländischer Investor:innen auswirken können, Projekte dieser Art in Deutschland durchzuführen, und sich damit im Ergebnis als Klimaschutzhindernis erweisen.

371 BVerfG, Urteil vom 30.6.2020 – 1 BvR 1679/17, Rn. 127.

372 BVerfG, Urteil vom 30.6.2020 – 1 BvR 1679/17, Rn. 141.

373 BVerfG, Urteil vom 30.6.2020 – 1 BvR 1679/17, Rn. 150.

374 Mainstream Renewable Power Ltd and others v. Federal Republic of Germany (ICSID Case No. ARB/21/26), https://icsid.worldbank.org/cases/case-database/case-detail?CaseNo=ARB/21/26 (25.1.2025).

VI. Rechtsschutz im Planungsrecht der Energiewende: insbesondere die Umweltverbandsklage

Windenergie- und PV-Anlagen, Stromspeicher wie Stromleitungen – all diese flächenbeanspruchenden Vorhaben können in Rechte Dritter eingreifen. Das reicht von den Nachbarn/Nachbarinnen, die sich durch den Anblick der Anlagen gestört fühlen, über Befürchtungen von Gesundheitsbeeinträchtigungen durch Lärm und Schattenwurf bis hin zu Enteignungen, wenn Grundstücke für die Verwirklichung von Vorhaben der genannten Art benötigt werden. Daher müssen schon wegen der Garantie effektiven Rechtsschutzes aus Art. 19 Abs. 4 GG Klagemöglichkeiten bestehen. Diese sind jedoch nach der ursprünglichen Grundkonzeption des deutschen Verwaltungsprozessrechts im Ausgangspunkt auf die Verteidigung subjektiv-öffentlicher Rechte im Sinne von § 113 Abs. 1 S. 1 VwGO gerichtet, die nur einen Ausschnitt aus dem Kreis möglicher Rechtsverstöße darstellen, so dass ohne zusätzliche Instrumente das umweltbezogene Verwaltungshandeln in weiten Teilen dem Zugriff der Verwaltungsgerichte entzogen wäre.[375]

Neben die individualrechtliche Klage gegen belastendes Verwaltungshandeln ist daher die ursprünglich schon im Jahr 2006 eingeführte **Umweltverbandsklage** getreten, die wegen des Umweltbezugs der genannten Vorhaben regelmäßig neben die Individualklagen tritt und die auch heute noch Gegenstand einer lebhaften wissenschaftlichen Diskussion ist.[376] Die Verbandsklage geht in Deutschland und Europa auf die Aarhus-Konvention und die sie ins Unionsrecht überführenden EU-Richtlinien zurück, die in Deutschland vor allem mit dem **Umweltrechtsbehelfsgesetz** ins deutsche Recht transformiert worden ist.[377]

Das Umweltrechtsbehelfsgesetz gibt anerkannten Umweltverbänden die Möglichkeit, auch ohne die Geltendmachung der Verletzung eigener Rechte gegen Rechtsverstöße durch bestimmte Vorhaben zu klagen (§ 2 Abs. 1 UmwRG). Zu diesen Vorhaben zählen nach § 1 Abs. 1 Nr. 1 UmwRG

---

375 Zu den Möglichkeiten und Grenzen einklagbarer Rechte im Umweltrecht *A. Schwerdtfeger*, in: Koch/Hofmann/Reese (Hrsg.), Handbuch Umweltrecht, § 4 Rn. 35 ff.

376 *E. Banz*, Perspektiven des Verbandsklagerechts, 2024; *Karoline Borwieck*, Der Missbrauch der Umweltverbandsklage: eine Betrachtung der Umweltverbandsklage unter dem besonderen Aspekt ihrer missbräuchlichen Geltendmachung, 2024; *S. Langstädtler*, Effektiver Umweltrechtsschutz in Planungskaskaden-Untersucht für die Planungsverfahren des FStrG, NABEG und StandAG, 2021.

377 Zur Entstehungsgeschichte des UmwRG *C. Simon*, Das Umwelt-Rechtsbehelfsgesetz im Spannungsfeld zwischen Artenschutz und Klimaschutz, 2025, S. 66 ff.

auch viele, die in den Anwendungsbereich des UVPG fallen und für die Energiewende von Bedeutung sind, von Hochspannungsleitungen[378] über Windparks[379] bis hin zu großen Photovoltaik-Anlagen.[380] Die Klagen können Verstöße gegen das materielle Recht rügen, führen aber im Erfolgsfall auch dann zu einer Aufhebung einer Verwaltungsentscheidung, wenn bestimmte Verfahrensfehler festgestellt werden, etwa das Fehlen einer UVP oder ihre nicht rechtskonforme Durchführung (§ 4 Abs. 1 S. 1, 3 UVPG). Um die Reichweite dieser Klagemöglichkeiten wird seit Jahren mit einer Vielzahl von Verfahren vor den Verwaltungsgerichten gestritten. Zwei Beispiele werden nachstehend unter → F. II. 2. erläutert.

Wissen | Soweit es um planfeststellungsbedürftige Vorhaben geht, gelten noch weitere Besonderheiten, die vor allem ihren Rechtsgrund in § 75 Abs. 1a VwVfG haben und zumeist als **Grundsatz der Planerhaltung** bezeichnet werden.[381]

Die eigentlich vorgesehene gerichtliche Aufhebung einer Verwaltungsentscheidung im Falle ihrer Rechtswidrigkeit (§ 113 Abs. 1 S. 1 VwGO) ist zur Ausnahme geworden, nachdem das Fachplanungsrecht den Behörden regelmäßig die Möglichkeit einräumt, Planungsfehler über ein ergänzendes Verfahren zu beheben.[382] Die Gerichte erklären in diesen Fällen den Planfeststellungsbeschluss für nicht vollziehbar und geben den Behörden zunächst die Möglichkeit zur Fehlerkorrektur, wie es § 75 Abs. 1a VwVfG gestattet. Erst wenn das nicht möglich ist oder die Behörden von der Option der Planergänzung Abstand nehmen, kann es zu einer Aufhebung kommen.

---

378 Nr. 19 Anlage 1 UVPG.

379 Nr. 1.6 Anlage 1 UVPG.

380 Freiflächen-PV-Anlagen sind nur unter bestimmten Voraussetzungen als sonstige bauliche Anlagen nach Nr. 18.7.1. und 18.7.2 Anlage 1 UVPG UVP-pflichtig, insbesondere abhängig von der in Anspruch genommenen Fläche (ab zwei Hektar).

381 BVerwG, Beschluss vom 27.1.2022 – 9 B 36.21, juris Rn. 4; *Neumann/Külpmann*, in: Stelkens/Bonk/Sachs, Verwaltungsverfahrensgesetz, 10. Auflage 2023, § 75 Rn. 35 ff. Früh in der Literatur bereits *W. Hoppe* DVBl 1996, 12 ff.; *G. Gaentzsch* UPR 2001, 201 ff.

382 § 75 Abs. 1a S. 3 VwVfG; § 17c Nr. 4 FStrG.

VII. Das Wichtigste im Überblick zum Planungsrecht der Energiewende

Die durch den Klimawandel geforderte Transformation der Energieerzeugung und -speicherung verlangt nach der Bereitstellung entsprechender Flächen. In einem industrialisierten Land wie Deutschland ist das eine große Herausforderung, da unterschiedliche **Nutzungsansprüche** miteinander **konkurrieren**: Wohnungsbau, Industrie, Verkehrsflächen, Naturschutz, Erholung – all das ist raumbeanspruchend. Zur Ordnung der Identifizierung geeigneter Flächen ist daher ein umfassendes Planungsrecht entwickelt worden, bei dem sich zunächst zwischen der **überörtlichen** Gesamtbetrachtung aller in Frage kommenden Nutzungen im **Raumplanungsrecht** und dem sektoriellen **Fachplanungsrecht** für einzelne Planfeststellungsvorhaben unterscheiden lässt. Zum Teil ist ein eigenes Raumplanungsrecht geschaffen worden, insbesondere bei der Windenergie auf See (Wind auf See-G) und den Hochspannungsleitungen (NABEG). Soweit das Raumplanungsrecht bereits Festlegungen als „Ziele der Raumordnung" trifft, etwa über den Vorrang bestimmter Nutzungen vor anderen, sind diese solange verbindlich, wie sie nicht aufgehoben oder durch ein Zielabweichungsverfahren inhaltlich abgeschwächt werden.

Bei der **Windenergie auf See** ist der enge wirtschaftliche Zusammenhang zwischen der einzelnen Anlage oder einem Windpark auf der einen Seite und der Netzanbindung auf der anderen zu beachten: schon die Reihenfolge der Projekte – erst die Schaffung einer Netzanbindung oder erst die der Anlage? – führte zu jahrelangem Streit um den besten Pfad zum Ausbau der Windenergieanlagen auf See. Mittlerweile müssen die Investoren zunächst eine **Ausschreibung** um den Zuschlag für die ausgelobten Flächen in Nord- und Ostsee gewinnen, bevor dann eine Planfeststellung für die untersuchten und an das Netz angebundenen Flächen durchgeführt wird.

Stets ist bei solchen raumplanungsrechtlichen Vorarbeiten auf die Verzahnung der überörtlichen Vorgaben mit der Prüfung der konkreten Verhältnisse vor Ort verbunden. Dieses häufig als **Trassensuchverfahren** ausgestaltete **Raumordnungsverfahren** beansprucht weiter Zeit und Ressourcen, so dass vom Beginn der Planungen bis zur Inbetriebnahme der Anlage regelmäßig einige Jahre vergehen. Der Gesetzgeber gibt sich daher seit mehr als drei Jahrzehnten Mühe, das Verwaltungsverfahren zu beschleunigen. Das hat auch zu Erfolgen im Sinne der Verkürzung der Verfahrensdauern geführt, birgt aber die Gefahr, dass die Verwaltungspraxis inhaltlich von den Vorstellungen des Gesetzgebers abweicht. Darin liegt eine deutliche Spannung zum **Demokratieprinzip**, die nur durch Erhöhung des Einsatzes von Personal und sachlichen Ressourcen gemindert werden kann, soll sie nicht zu Lasten des Umwelt- und Klimaschutzes gehen.

Die **Beschleunigungsgesetzgebung** ist aber nur eine der auf die Zeit bezogenen Herausforderungen des Klimarechts: eine andere liegt in der permanent erforderlichen Anpassung des Rechtsrahmens an geänderte Verhältnisse oder Erkenntnisse. Fehlsteuerungen wie etwa die eine Zeitlang exzessive Tarifierung der Photovoltaik ist ein Beispiel, ein weiteres der Paradigmenwechsel bei der Offshore-Windenergie in den Jahren 2010 bis 2012. Er führte zu Entschädigungsansprüchen gegen die Bundesrepublik Deutschland, über die bis heute noch nicht endgültig entschieden ist.

Schließlich stehen nicht nur die Verwaltungsverfahren unter erheblichem Zeitdruck, sondern auch die **Gerichte**, weshalb das Planungsrecht der Energiewende von dem Konflikt zwischen sorgfältiger Prüfung von Rechtsschutzbegehren einerseits und der gebotenen Eile der verwaltungsgerichtlichen Verfahren andererseits geprägt ist. Eine besondere Rolle spielt die **Umweltverbandsklage**, um deren Reichweite auch heute noch intensiv vor den Gerichten gestritten wird.

F. Rechtsschutz: Climate Change Litigation

Wie schon am Ende des vorstehenden Kapitels zu sehen, spielen die Gerichte bei einem der zentralen Elemente des Klimarechts eine herausragende Rolle; der Bestimmung geeigneter Standorte für die erforderlichen Anlagen und Leitungen. Das Klimarecht ist jedoch auch in vielen anderen Hinsichten auf die Mitwirkung der Gerichte angewiesen. Das fängt schon bei der Ausstrahlungswirkung völkerrechtlicher Verträge auf die Auslegung des Europarechts und/oder des nationalen Rechts an.

Wissen | Über diesen Gegenstand hinaus lassen sich unter *Climate Change Litigation* alle Bemühungen vor staatlichen Gerichten fassen, die den Klimawandel zum Gegenstand haben.[383] Damit sind sowohl Klimaschutzklagen (*Mitigation*) als auch Klagen im Zusammenhang mit der Klimaanpassung gemeint (*Adaptation*).

Dementsprechend lässt sich zwischen **Klimaschutzklagen** und **Klimaanpassungsklagen** unterscheiden. Klimaschutzklagen richten sich auf die Verringerung von THG-Emissionen in Zukunft, entweder gegen private Verursacher:innen oder Staaten. **Klimaanpassungsklagen** haben ihren Anlass in den Folgen des bereits eingetretenen oder zu erwartenden Klimawandels. Die Rolle der Gerichte im Klimarecht ist Gegenstand einer intensiv geführten Diskussion, die nachstehend im Wesentlichen nachgezeichnet werden soll.[384]

I. Globale Perspektive

Die Mehrzahl der *Climate-Litigation*-Verfahren betrifft den Klimaschutz, also zumeist die Verringerung der Treibhausgasemissionen; der häufigste

383 Noch weiter, da auch Aspekte der Rechte von indigenen Stämmen umfassend, ist die Begriffsbeschreibung von *D. Markell/J.B. Ruhl*, Florida Law Review 2012, Band 64, Issue 1, S. 27; s. ebenso weit *J. Setzer/C. Higham*, Global trends in climate change litigation. A snapshot, 2022, S. 3.

384 S. zuletzt *F. Kirchhof*, KlimaRZ 2024, S. 134–140; guter Überblick in Abel, Nachhaltigkeitsrecht 2023, S. 13 ff.

Fall einer Klimaschutzklage ist gekennzeichnet durch das Ziel der Kläger:innen, Aufmerksamkeit für das Thema und im besten Fall auch Druck auf die politischen Akteure zu erzeugen, wirksame Klimaschutzmaßnahmen zu ergreifen. Das setzt funktionierende Institutionen eines Rechtsstaats voraus, weshalb global die meisten dieser Verfahren in Nordamerika, Europa und Australien zu beobachten sind. Die größte Zahl aller Klagen dieser Art ist in den USA festzustellen.[385] Es gibt aber auch eine zunehmende Zahl von Klimaklagen in Südostasien (Indonesien und Malaysia).[386]

Über die Differenzierung der Klageziele hinaus lässt sich nach der Art der Beklagten unterscheiden: geht es den Kläger:innen um Forderungen gegen **privatwirtschaftliche Unternehmen** oder um die Handlungen oder Unterlassungen staatlicher Institutionen? Aus kontinental-europäischer, deutscher Sicht lässt sich das dann übersetzen in die Unterscheidung zwischen **zivilrechtlichen und öffentlich-rechtlichen Klagen**, für die unterschiedliche Gerichte zuständig sind – der ordentliche Rechtsweg zu den Zivilgerichten einerseits, der Verwaltungsrechtsweg oder gar Klagen vor den Verfassungsgerichten andererseits.[387] Rund 70 % aller derzeit weltweit zu beobachtenden Klimaklagen gehen gegen Regierungseinrichtungen.[388]

1. Zivilrechtliche Klimaklagen: Unterlassungs- und Schadensersatzansprüche

Das heißt aber nicht, dass man dem Zivilrechtsweg keine Aufmerksamkeit schenken sollte. Vielmehr stehen vor allem Unternehmen in der fossilen Energiebranche häufig in der Kritik. Verfahren wurden geführt insbesondere gegen Exxon, Santos, Eni und Sasol.[389] Aber auch Unternehmen aus anderen Branchen sind verklagt worden, etwa aus der Agrarwirtschaft, dem Verkehrssektor, der Kunststoffherstellung, der Bekleidungsindustrie und

---

385 *J. Setzer/K. Higham*, Global trends in climate change litigation. A snapshot, 2022, S. 9.

386 *L.-M. Ross/K. Asschenfeldt*, ZfU 2024, S. 44.

387 S. den instruktiven Überblick in *J. Lorenzen*, in: Kahl/Gärditz (Hrsg.), Umweltrecht, § 6, Rn. 140 ff.

388 Siehe z. B. OVG Berlin-Brandenburg, Urteil vom 16.5.2024 – OVG 11 A 31/22.

389 Exxon Mobil Corp. v. Superior Court of the State of California; Munkara v Santos NA Barossa Pty Ltd (No 3) [2024] FCA 9; Greenpeace Italy et. Al. v. ENI S.p.A., the Italian Ministry of Economy and Finance and Cassa Depositi e Prestiti S.p.A; Urt. v. 11.7.2014, Sasol, T-541/08, ECLI:EU:T:2014:62.

der Montanindustrie.[390] Dabei reichen die Klageziele von der Durchsetzung von THG-Reduzierungszielen (*Milieudefensie et al. v. Royal Dutch Shell plc.*[391]) über die Bekämpfung des so genannten *Greenwashing* (*Australasian Centre for Corporate Responsibility v. Santos*[392]) und die persönliche Verantwortung des Managements bestimmter Unternehmen (*ClientEarth v. Board of Directors of Shell*[393]; *ClientEarth v. Enea*[394]) bis hin zu Schadensersatzklagen (*Luciano Lliuya v. RWE*[395], dazu mehr in Kapitel → F. II. 3.). Auch die Lieferkette mancher Unternehmen wird zum Gegenstand gerichtlich kanalisierter Kritik gemacht.[396]

Unabhängig von dem beschrittenen Rechtsweg sind diese Klagen insgesamt durchaus erfolgreich, schaut man auf die Ergebnisse der als strategisch zu begreifenden Verfahren.[397]

Wissen | Als **strategisch** werden die Prozesse bezeichnet, bei denen der Klimaschutz nicht nur am Rande irgendeine Rolle bei der Verfolgung anderer Hauptziele steht, sondern in denen es den Kläger:innen gerade darum geht, die generellen Ziele des Klimaschutzes im engeren Sinn und der Klimaanpassung zu fördern.[398]

Das kann von der Erzeugung von Aufmerksamkeit für das Thema (*awareness*) bis zur Durchsetzung spezifischer Schadensersatz- oder Reduzierungsverpflichtungen reichen.

---

390 Siehe z. B. Lizama et al v H&M Hennes & Mauritz LP; Milieudefensive et al. v. Royal Dutch Shell plc., ECLI: NL: RBDHA: 2021:5337; LG München, Urteil vom 7.2.2023 - 3 O 12581/2.

391 Milieudefensive et al. v. Royal Dutch Shell plc., ECLI: NL: RBDHA: 2021:5337.

392 Australasian Centre for Corporate Responsibility v. Santos.

393 ClientEarth v. Board of Directors of Shell, 23 EWHC 1897 (Ch).

394 ClientEarth v. Enea.

395 LG Essen, Urteil vom 15.12.2016 – 2 O 285/15.

396 Envol Vert et al. am Schluss: (2.12.2025).

397 Mehr als die Hälfte der Verfahren gehen für die Kläger günstig aus, *J. Setzer/C. Higham*, Global trends in climate change litigation: 2022 snapshot, 2022, S. 26 f.

398 *J. Setzer/C. Higham*, Global trends in climate change litigation: 2022 snapshot, 2022, S. 15; *B. Batros/T. Khan*, in: Rodríguez-Gravito (Hrsg.), Litigating the Climate Emergency, 2022, S. 97, 99.

2. Öffentlich-rechtliche Klagen: der Staat in der Verantwortung

Die geschilderte Inanspruchnahme Privater für staatliche Klimaschutzziele ist jedoch mit Blick auf die Förderung klimaschützender Maßnahmen eher ein Umweg, der sich durch Klagen direkt gegen den Staat vermeiden ließe. Auch insoweit ist mittlerweile eine große Zahl von Verfahren zu beobachten, von denen einige Berühmtheit erlangt haben. Zu ihnen zählen das Urgenda-Verfahren in den Niederlanden,[399] die Klage der Schweizer „Klima-Seniorinnen" vor dem EGMR[400] und das **IGH-Gutachten vom 23.7.2025 zu Menschenrechtsverstößen** durch den Klimawandel.[401]

Der IGH vertritt in seinem Gutachten einstimmig die Auffassung, dass die Vertragsparteien der UN-Klimarahmenkonvention und des Pariser Übereinkommens rechtlich verbindliche Pflichten eingegangen sind, bestimmte Beiträge zur Reduktion der Treibhausgasemissionen und zur Klimaanpassung zu leisten, und dass Vertragsverletzungen durch Untätigkeit oder nicht hinreichende Bemühungen Rechtsfolgen haben. Diese Konsequenzen schließen eine Pflicht zum vollen Ersatz des Schadens ein, der infolge einer Vertragsverletzung entstanden ist (Rn. 445, 450). Der Gerichtshof begründet damit eine Staatshaftung für klimaschädliches Verhalten - einschließlich des Unterlassens erforderlicher Maßnahmen.

Im **Urgenda-Verfahren** war es den Kläger:innen gelungen, eine Verurteilung der Niederlande zur Ergreifung wirksamer und völkerrechtskompatibler Maßnahmen zur Reduzierung von Treibhausgasemissionen durch den Hoge Raad zu erreichen.[402] Der Hoge Raad stützte sich insbesondere auf Art. 2 (Recht auf Leben) und 8 EMRK (Recht auf Achtung des Privat- und Familienlebens), also völkerrechtlich verbindliche Menschenrechte, denen das Gericht eine Schutzpflicht gegenüber Einzelpersonen vor potenziell

---

399 *Hoge Raad*, Rs. 19/00135, ECLI:NL.HR:2019 : 2006, vgl. https://uitspraken.rechtspraak.nl; s. a. https://climatecasechart.com/non-us-case/urgenda-foundation-v-kingdom-of-the-netherlands/.

400 Verein KlimaSeniorinnen Schweiz and Others v. Switzerland, 2020 https://climatecasechart.com/non-us-case/union-of-swiss-senior-women-for-climate-protection-v-swiss-federal-council-and-others/ (2.12.2025).

401 ICJ, Obligations of States in Respect of Climate Change, 23 July 2025, General List No 187 https://www.icj-cij.org/case/187; *M. Schröder*, EurUP 2023, 330 ff.

402 *Hoge Raad*, Rs. 19/00135, ECLI:NL.HR:2019 : 2006, vgl. https://uitspraken.rechtspraak.nl; s. a. https://climatecasechart.com/non-us-case/urgenda-foundation-v-kingdom-of-the-netherlands/ (2.12.2025); *Backes/v. der Veen* JEEPL 2020, 307 ff.; *Brewsters Soyapi* RECIEL 2019, 152 ff.; *M.-C. Stürmlinger*, EurUP 2020, 169 ff.

schweren Schäden an ihrer Umwelt entnahm.[403] Dieser Schutzpflicht werde nur Genüge getan, wenn die Niederlande ihre THG-Emissionen bis zum Jahr 2020 um 25 % reduziere. Materiell-rechtlich ist das ein weiter Weg, da völkerrechtliche Ansprüche nicht ohne weiteres – in deutscher Ausdrucksweise – subjektive Rechte Einzelner begründen, und darüber hinaus es nicht selbstverständlich ist, in Art. 2 und 8 EMRK einen Bezug zum Schutz der Umwelt zu erkennen. Aus prozessualer Sicht stellt sich weiter die Frage, wie das Gericht seine Entscheidung gegenüber den Niederlanden, im Falle des Widerstands der anderen Staatsorgane oder auch nur deren Unterlassen der erforderlichen Maßnahmen, durchsetzen könnte. Da derartige Vollstreckungsmöglichkeiten entweder nicht bestehen oder für die Rolle der Justiz gegenüber den anderen Gewalten als Anmaßung empfunden und daher als hoch problematisch gesehen werden könnten, sind die Auffassungen über diese Gerichtsentscheidung geteilt.[404]

Das gilt auch für die anderen genannten Verfahren:[405] Die auch im Falle der Klima-Seniorinnen und der Klage von sechs portugiesischen Kindern gegen 33 Staaten einschlägige Schutzpflichtenfrage läuft auf eine Umdeutung von ursprünglich als Abwehrrechte gegenüber dem Staat gedachten Normen in Ermächtigungsgrundlagen hinaus, die auch hinsichtlich ihrer weiteren Voraussetzungen und ihrer möglichen Rechtsfolgen in Bezug auf die Reichweite derartiger Ansprüche geklärt werden muss. Darüber hinaus gab es derartige Verfahren in Irland, Brasilien und den USA[406] sowie in Norwegen.

Im Urteil der Großen Kammer des **EGMR** vom 9.4.2024 stellt der Gerichtshof eine Verletzung von Art. 8 EMRK durch die Schweiz fest.[407] Art. 8 EMRK schütze zwar nicht die individuellen Klägerinnen, sehr wohl

---

403 *Hoge Raad*, Rs. 19/00135, ECLI:NL.HR:2019 : 2006, 5.2.1 bis 5.3.4, vgl. https://www.climatecasechart.com/document/urgenda-foundation-v-state-of-the-netherlands_3297 (2.12.2025).

404 *W. Köck*, ZUR 2024, S. 658, S. 658 (661 f.); *B. Wegener*, NJW 2022, S. 425 Rn. 10; *B. Wegener*, ZUR 2019, S. 10 ff.

405 *D. Hanschel/M.Schultze* KlimR 2022, S. 166 ff.; GRCh und EMRK *J. van Zeben*, GLJ 22 (2021), S. 1499 ff.; zur GRCh *W. Frenz* EuR 2022, 3 ff.; *ders.* EWS 2023, S. 18 ff.; *Rodríguez-Garavitoin* ders. (Hrsg.), Litigating the Climate Emergency, 2022, S. 9, 40 ff.

406 Nachweise bei *W. Kahl/K.-F. Gärditz* (Hrsg.), Umweltrecht, Rn. 146.

407 Europäischer Gerichtshof für Menschenrechte, Urteil vom 9.4.2024, Klimaseniorinnen v. Schweiz, Application no. 53600/20, Rn. 573 f.; Anm. *E. Hofmann*, ZfU 2024, S. 336, 337; Anm. *M.Fremuth*, EuZW 2024, S. 697; Anm. *M. Payandeh*, JuS 2024, S. 896; Anm. *P. Czech*, NLMR 2024, S. 106.

aber den von ihnen gegründeten Verein **KlimaSeniorinnen Schweiz**, der ebenfalls Klage erhoben hatte. Keinen Erfolg hatten portugiesische Jugendliche, deren gegen verschiedene Vertragsstaaten der EMRK gerichtete Klage der Gerichtshof unter Hinweis auf den in Portugal nicht ausgeschöpften Rechtsweg für unzulässig erklärte.[408] Auch wenn man in der Sache dem Gerichtshof beipflichten möchte, wenn er festhält, dass die Schweiz – wie andere Staaten auch – ihre Pflichten zur durchgreifenden Bekämpfung des Klimawandels vernachlässigt haben und dies durchaus gegen völkerrechtliche Verpflichtungen verstößt, so ist die Ableitung einer **staatlichen Pflicht zum Schutz von Leben, körperlicher Unversehrtheit und Lebensqualität gegen Gefahren des Klimawandels** textlich kaum noch mit Art. 8 EGMR in Verbindung zu bringen („*Everyone has the right to respect for his private and family life, his home and his correspondence*", Art. 8 (1) ECHR).[409] Das führt den Gerichtshof an die Grenzen seines Mandats und macht die Entscheidungen angreifbar. Man darf aber auch nicht vergessen, dass auch die verurteilte Schweiz das Pariser Übereinkommen und die auf den verbesserten Rechtsschutz in Umweltangelegenheiten zielende Aarhus-Konvention wie die übrigen 46 Signatarstaaten der EMRK unterzeichnet hat. In dieser Perspektive erscheint die Feststellung des EGMR, die Staaten hätten ihre klimaschutzrechtlichen Verpflichtungen nicht erfüllt und dies sei auch gerichtlich einklagbar, in einem günstigeren Licht.

Nimmt man diese Bemühungen zusammen, die Gerichte zur Durchsetzung von Klimaschutzzielen zu instrumentalisieren, so kann man zunächst mit Bestimmtheit sagen, dass sie dem Thema Aufmerksamkeit sichern und damit in gewisser Weise Druck auf die Entscheidungsträger:innen in Wirtschaft, Politik und Verwaltung ausüben. Sie werfen aber auch grundsätzliche Fragen bezüglich der Rolle der Gerichtsbarkeit in gesellschaftlichen Entwicklungen auf, die von einigen kritisch beurteilt werden. Anstoß kann man insbesondere daran nehmen, dass politische Wertentscheidungen, die in einer Demokratie in allererster Linie von der Legislative getroffen werden müssen, auf die Justiz verlagert werden, die dafür weder hinrei-

---

408 Europäischer Gerichtshof für Menschenrechte, Urteil vom 9.4.2024, Duarte Agostinho and Others v. Portugal and 32 Others, Application no. 39371/20 (https://hudoc.echr.coe.int/eng#{%22itemid%22:[%22001-233261%22]} (2.12.2025).

409 Europäischer Gerichtshof für Menschenrechte, Urteil vom 9.4.2024, Klimaseniorinnen v. Schweiz, Application no. 53600/20, Rn. 514ff. zur Begründung einer Verletzung von Art. 8 EMRK.

chend legitimiert noch sachlich wie personell ausgerüstet ist.[410] Gerichtliche Entscheidungen können jedoch auch helfen, Blockaden im Parlament zu überwinden, wie das Beispiel des Klimaschutzbeschlusses des BVerfG aus dem März 2021 zeigt.

II. Climate Change Litigation in Deutschland

Um den Klimaschutzbeschluss des Bundesverwaltungsgerichts einordnen zu können, ist vorweg folgendes zu berücksichtigen: Gerichtsverfahren im Zusammenhang mit dem Klimawandel berühren häufig Grundfragen über die Rolle der Gerichte bei der Bewältigung gesellschaftlicher Herausforderungen. Das eben geschilderte Urteil des EGMR zu den KlimaSeniorinnen ist ein gutes Beispiel hierfür. Generell gilt gerade mit Blick auf die vagen Vorgaben des materiellen Klimarechts, dass sie zum Teil eher an Programmsätze erinnern als an funktionale Normen. Die dadurch entstehenden Spielräume bieten den Gerichten Möglichkeiten, im Rahmen des Gesetzesrechts ihnen angemessen erscheinende Maßnahmen zu unterstützen, über die in Politik und Gesellschaft unterschiedliche Auffassungen herrschen, da der Gesetzgeber sie nicht endgültig und definitiv vorentschieden hat. Der forensische Lückenschluss zur Rechtfertigung der Reparatur legislativer Unvollkommenheiten kann im Wege einer begrenzten **Rechtsfortbildung** zur Weiterentwicklung des Rechts beitragen, darf allerdings nicht dazu verleiten, ganze Rechtsbereiche neu zu ordnen.[411] Die Aufgabe der Rechtsprechung nach dem Grundgesetz ist im Kern die **Kontrolle** (insbesondere des Staates), nicht die eines Aufbaus einer Gegenposition zum Gesetzgeber[412] oder Instrument der Verwirklichung der materiellen Gerechtigkeitsvorstellungen der Richter:innen. Dass das gerade für das Bundesverwaltungsgericht eine große Herausforderung darstellt, zeigt sich an dem viel beachteten Klimaschutzbeschluss des BVerfG vom 24.3.2021.

---

410 S. etwa *B. Wegener*, NJW 2022, S. 425 (426).

411 *F. Kirchhof*, KlimaRZ 2024, S. 134 (138).

412 BVerfG, Beschluss vom 6.6.2018 – 1 BvL 7/14 u. a., Befristung von Arbeitsverhältnissen; *BVerfGE* 149, 126 (154), Rn. 73; BVerfG, Beschluss vom 25.1.2011 – 1 BvR 918/10, Dreiteilung, BVerfGE 128, 193 (210); *F. Kirchhof*, KlimaRZ 2024, S. 134 (138).

1. Bundesverfassungsgericht: der Klimaschutzbeschluss vom 24. März 2021

Das Bundes-Klimaschutzgesetz (KSG) sah in seiner bis zum Juli 2021 geltenden Fassung vor, dass die Treibhausgasemissionen, die der Bundesrepublik Deutschland zugerechnet werden, bis zum Jahr 2030 um nicht einmal durchschnittlich 35 % gegenüber dem Jahr 2020 gesenkt werden müssen.[413] Für die Jahre danach traf das Gesetz selbst keine Regelungen, sondern überließ es einer Rechtsverordnung der Bundesregierung, weitere Vorgaben zu machen.[414] Der durch das KSG a.F. vorgesehene Reduktionspfad war damit für das erste Jahrzehnt der Geltung des KSG so flach abfallend, dass das der Bundesrepublik Deutschland zustehende **THG-Budget** im Jahre 2031 fast schon aufgebraucht worden wäre, hätte das Bundesverwaltungsgericht nicht in seinem Beschluss vom 24.3.2021 Änderungen angemahnt. Auf die Verfassungsbeschwerde einer größeren Zahl von unterschiedlichen Individualklägern und Umweltverbänden befand es, dass zwar gegenwärtig – bis zum Jahr 2031 – noch keine Grundrechtsverletzung festzustellen sei, die dann aber unumkehrbare Lage als eingriffsähnliche Vorwirkung begriffen werden müsse,[415] für die es an einer verfassungsrechtlichen Rechtfertigung fehle.[416]

Die für das Gericht zentrale Idee eines THG-Budgets bedarf der Erläuterung: Das Gericht folgt der Linie der Wissenschaft, indem es bei allen Unsicherheiten natur- und gesellschaftswissenschaftlicher Art davon ausgeht, dass die Gesamtmenge der globalen THG-Emissionen mit der Erwärmung der Erdatmosphäre korrespondiert. Will man mit den Vorgaben des Pariser Übereinkommens verhindern, dass die Erwärmung über 1,5 Grad Celsius oder wenigstens nicht über 2 Grad Celsius steigt, muss jede Vertragspartei des Abkommens gewährleisten, dass die von seinem Territorium ausgehenden THG-Emissionen kompatibel sind mit dem Hauptziel des Abkommens, die Emissionen bis Mitte des Jahrtausends auf Netto-Null zurückzuführen. Das bedeutet wiederum, dass jedem Vertragsstaat nur ein Anteil der innerhalb dieser Grenzen „erlaubten" THG-Emissionen zusteht. Das ist das etwas

413 § 3 Abs. 1 S. 2 und § 4 Abs. 1 S. 3 Bundes-Klimaschutzgesetz vom 12.12.2019 (BGBl. I S. 2513) in Verbindung mit Anlage 2; eigene Berechnung: übrig bleiben im Jahr 2030 insgesamt noch rund 66,789 % der Emissionen des Jahres 2020.

414 BVerfG, Beschluss vom 24.3.2021 – 1 BvR 2656/18 u. a., juris Rn. 251.

415 Zur Unumkehrbarkeit BVerfG, Beschluss vom 24.3.2021 – 1 BvR 2656/18 u. a., juris Rn. 119.

416 BVerfG, Beschluss vom 24.3.2021 – 1 BvR 2656/18 u. a., juris Rn. 266.

verkürzt bezeichnete CO_2-Budget. Für die Bundesrepublik Deutschland wären das auf der Grundlage der Bevölkerung und der Wirtschaftskraft Deutschlands ungefähr 3,465 Gigatonnen CO_2-Äquivalente.[417]

Wenn aber in den ersten zehn Jahren der Umsetzung des KSG nicht einmal 35 % der THG-Emissionen eingespart werden, ist es im Grunde nicht mehr möglich, in den verbleibenden 15 Jahren bis 2050 weitere 65 % einzusparen. Nimmt man mit dem BVerfG an, dass die Bundesrepublik Deutschland völkerrechtlich über das Pariser Abkommen, europarechtlich über entsprechende Beschlüsse des Rates und verfassungsrechtlich über Art. 20a GG verpflichtet ist, hinreichend wirksamen Klimaschutz zu betreiben, der sicherstellt, dass die Deutschland zuzurechnenden THG-Emissionen bis Mitte des Jahrtausends auf Netto-Null zurückgeführt werden, dann erscheint es als rechtfertigungsbedürftig, einen solchen Reduzierungspfad zu wählen.

Zur Begründung führen die Richter:innen aus, dass das Gesetz zwar keine Schutzpflichten zugunsten der Beschwerdeführer:innen verletze, die Verschiebung der Lasten auf die Zeit nach 2030 aber nicht dem Verhältnismäßigkeitsgrundsatz entspreche (Rn. 243). Die genaue Überlegung ist aber nicht leicht zu erkennen. Der zentrale Satz dürfte lauten:

> „§ 3 Abs. 1 Satz 2 KSG und § 4 Abs. 1 Satz 3 KSG in Verbindung mit Anlage 2 sind insoweit verfassungswidrig, als sie die derzeit nicht hinreichend eingedämmte Gefahr künftiger Grundrechtsbeeinträchtigungen begründen; damit verletzen sie die sich aus dem Gebot der Verhältnismäßigkeit ergebende Pflicht des Gesetzgebers, die nach Art. 20a GG verfassungsrechtlich notwendigen Reduktionen von CO_2-Emissionen bis hin zur Klimaneutralität vorausschauend in grundrechtsschonender Weise über die Zeit zu verteilen" (Rn. 243).

Das kann, wörtlich verstanden, so nicht richtig sein: aus dem Gebot der Verhältnismäßigkeit kann sich keine Pflicht des Gesetzgebers zur Reduktion von THG-Emissionen ergeben (Berkemann).[418] Die den Beschluss würdigenden Stimmen in der Literatur tun sich daher sehr schwer mit der Einordnung der Aussagen des Gerichts. Manche führen den Tenor des Beschlusses auf eine versteckte Anwendung des Untermaßgebots (Calliess) zurück,[419] andere sprechen davon, dogmatisch liege eine Koordination von grundrechtlichem

417 BVerfG, Beschluss vom 24.3.2021 – 1 BvR 2656/18 u. a., juris Rn. 266.
418 *J. Berkemann*, DÖV 2021, S. 701 (714).
419 *C. Calliess*, ZUR 2021, S. 355 (357).

Abwehrrecht und staatlicher Schutzpflicht auf Eingriffsebene vor,[420] wiederum andere erkennen den Maßstab für die verfassungsgerichtliche Prüfung in einer grundrechtsgebundenen Effektivität.[421] Wieder andere gehen der Frage aus dem Weg.[422]

Eine nachvollziehbare Rekonstruktion der Überlegungen des Gerichts muss an dem Ergebnis ansetzen, das KSG alter Fassung sei verfassungswidrig, weil es ganz entscheidende THG-Reduktionslasten auf die Zeit nach 2030 vertagt und damit die Wahrscheinlichkeit erheblich senkt, dass es gelingt, bis Mitte des Jahrtausends Klimaneutralität zu erreichen. Im Reduktionspfad des KSG a.F. sieht das Gericht mithin eine staatlich zu verantwortende Belastung von Grundrechtsträgern des Jahres 2031, denen eine eingriffsähnliche Vorwirkung schon heute zugemutet wird, da die Wirkungen der nach dem KSG a. F. zulässigen Emissionen bis zum Jahr 2031 nicht mehr rückgängig gemacht werden könnten und das CO_2-Budget bis dahin fast aufgebraucht sein würde. Begreift man aber die vom Gericht festgestellte „eingriffsähnliche Vorwirkung“ als rechtfertigungsbedürftige staatliche Belastung, so muss diese verfassungswidrig sein, will man das Ergebnis des Gerichts verstehen, der Staat sei verpflichtet, das KSG nachzuschärfen. Was also machte das KSG a.F. **verfassungswidrig**?

Das ist der Begründung des Beschlusses nicht unmittelbar zu entnehmen, und die Hervorhebung des Verhältnismäßigkeitsgrundsatzes als solchem scheint auch nicht recht weiterzuführen. Er könnte trotzdem den Schlüssel zur Überlegung des Gerichts enthalten:[423] Grundrechtseingriffe können nur vor der Verfassung bestehen, wenn sie sich als verhältnismäßig erweisen. Und hier setzt das Gericht an: das KSG a. F. schützt zwar das Klima, indem es den THG-Emissionen Grenzen setzt, tut das aber in einer Art und Weise, die eine kaum zu begründende Verschiebung der Reduzierungslasten auf das Jahr 2031 und die folgenden bewirkt. Diese Verschiebung bedeutet für die im Jahr 2031 und danach Lebenden, dass sie kaum noch wirtschaftliche Entfaltungsmöglichkeiten haben werden, solange diese mit der Verursachung von CO_2-Emissionen verbunden sind. Man kann das Gericht vielleicht so verstehen, dass es die nach dem KSG a.F. erforderliche wirtschaftliche „Vollbremsung“ nicht für erforderlich, da vermeidbar hält –

420 *S. Schlacke*, NVwZ 2021, S. 912 (916).
421 *J. Berkemann*, DÖV 2021, S. 701 (714)
422 *J. Kersten/E. Kaupp*, JuS 2022, S. 473 (476).
423 *E. Hofmann*, NVwZ 2021, S. 1587 (1589).

würde man so schnell wie möglich mit einem steileren Reduktionspfad die THG-Emissionen schon heute reduzieren. In dogmatischer Ausdrucksweise: der drohende Grundrechtseingriff des Jahres 2031 ist nicht erforderlich, da vermeidbar.

Weite Passagen der Begründung des Beschlusses lesen sich daher als Versuch des Gerichts, die **Vermeidbarkeit** der befürchteten katastrophalen Entwicklung zu begründen. Dass es dann auch noch Anstoß genommen hat an der Verordnungstechnik des § 4 Abs. 6 KSG a.F. hat den Gesetzgeber veranlasst, das KSG rasch nach Verkündung des Beschlusses zu überarbeiten. Die neuen Reduktionspfade bis 2030 sind deutlich ambitionierter und erscheinen im Jahre 2024 durchaus als erreichbar.[424]

2. Verwaltungsgerichte

Wie schon verschiedentlich angesprochen, ist der Rechtsschutz durch die Verwaltungsgerichte im Umweltrecht ein prekäres Thema, da es im Umweltrecht regelmäßig nicht für sich genommen um den Schutz individueller, subjektiv-öffentlicher Rechte im Sinne von § 113 Abs. 1 VwGO geht, sondern um die **Durchsetzung umweltbezogener Verfahrensstandards** oder materieller Vorschriften, die nicht ohne weiteres vom Individualrechtsschutz erfasst werden. Das gilt auch und gerade für das Klimarecht. Daher nimmt es nicht wunder, wenn sich die Verwaltungsgerichte in diesem Bereich – etwas überspitzt gesagt – in der Hauptsache damit auseinandersetzen, wer als Kläger:in zur Durchsetzung des **Kollektivgüterschutzes** in Frage kommt und welchen Inhalt die entsprechenden Ansprüche haben können. Das führt vielfach in verwaltungsprozessuale Feinheiten.

a. OVG Berlin Brandenburg vom 30. November 2023

> Ein Beispiel hierfür gibt das Urteil des OVG Berlin Brandenburg vom 30.11.2023, das darüber befinden musste, ob eine nach § 3 Abs. 1 UmwRG anerkannte Umweltvereinigung, der Bund für Umwelt- und Naturschutz Deutschland (BUND), ein Recht hat, von der Bundesregie-

424 Umweltbundesamt, https://www.umweltbundesamt.de/themen/klima-energie/klimaschutz-energiepolitik-in-deutschland/szenarien-projektionen/klimaschutzinstrumente-szenario-2030-kis-2030 (2.12.2025).

rung zu verlangen, ein **Sofortprogramm** nach § 8 Abs. 1 KSG a.F. zu erlassen, das bestimmten inhaltlichen Kriterien genügt.[425] Die Klagen richteten sich auf die drei betroffenen Sektoren Gebäude, Verkehr und Landwirtschaft.[426]

(1) Zulässigkeit

Solche Klagen sind schon hinsichtlich ihrer Zulässigkeit hoch voraussetzungsvoll. Bekanntlich kann nach deutschem Verwaltungsprozessrecht nicht jede Rechtspflicht eines Hoheitsträgers eingeklagt werden. Im Umweltbereich regelt das Umweltrechtsbehelfsgesetz, welche Entscheidungen oder Maßnahmen des Staates von Umweltverbänden zum Gegenstand einer Klage gemacht werden können, die entsprechende Klagebefugnis ergibt sich dann im Fall des Urteils des OVG Berlin-Brandenburg über die **Sofortprogramme aus § 2 Abs. 1 S. 1 Nr. 1 UmwRG**. Danach kann eine nach § 3 anerkannte inländische oder ausländische Vereinigung, ohne eine Verletzung in eigenen Rechten geltend machen zu müssen, Rechtsbehelfe nach Maßgabe der Verwaltungsgerichtsordnung gegen eine Entscheidung nach § 1 Abs. 1 S. 1 oder deren Unterlassen insbesondere dann einlegen, wenn die Vereinigung geltend macht, dass eine Entscheidung nach § 1 Abs. 1 S. 1 oder deren Unterlassen Rechtsvorschriften, die für die Entscheidung von Bedeutung sein können, widerspricht. Mit dem Verweis auf § 1 Abs. 1 S. 1 UmwRG ist man dann im Falle von Plänen und Programmen bei § 1 Abs. 1 S. 1 Nr. 4 UmwRG. Die Vorschrift bestimmt, dass das UmwRG Anwendung findet auf Entscheidungen über die Annahme von Plänen und Programmen im Sinne von § 2 Abs. 7 des Gesetzes über die Umweltverträglichkeitsprüfung und im Sinne der entsprechenden landesrechtlichen Vorschriften, für die nach Anlage 5 des Gesetzes über die Umweltverträglichkeitsprüfung oder landesrechtlichen Vorschriften eine Pflicht zur Durchführung einer Strategischen Umweltprüfung bestehen kann; ausgenommen hiervon sind Pläne und Programme, über deren Annahme durch formelles Gesetz entschieden wird.

Auf einen kurzen Nenner gebracht regelt die Vorschrift also, dass ein Plan oder Programm nur dann zum Gegenstand einer Umweltverbandsklage gemacht werden kann, wenn im Rahmen seiner Erstellung eine Pflicht zur

---

425 OVG Berlin Brandenburg, Urteil vom 30.11.2023 – OVG 11 A 1/23.

426 OVG Berlin Brandenburg, Urteil vom 30.11.2023 – OVG 11 A 11/22 (Gebäude); OVG Berlin Brandenburg, Urteil vom 30.11.2023 – OVG 11 A 27/22 (Verkehr).

Durchführung einer **Umweltverträglichkeitsprüfung** bestehen kann.[427] Zwar sind Pläne und Programme im Sinne des UVPG solche, die nach Bundesrecht oder Unionsrecht vorgesehen sind und von einer Behörde ausgearbeitet werden (§ 2 Abs. 1 Nr. 7 UVPG), was auf Sofortprogramme nach § 8 Abs. 1 KSG zutrifft. Auf die Außenwirksamkeit von Sofortprogrammen, wie die Bundesregierung meinte, kam es daher nicht entscheidend an. Für Beschlüsse über ihre Aufstellung besteht aber ausweislich des Wortlauts des § 35 Abs. 1 i. V. m. Anlage 5 UVPG gerade keine Pflicht zur Durchführung einer SUP, und eine entsprechende landesrechtliche ist ebenfalls nicht ersichtlich – weshalb die Klage schon an dieser Stelle als unzulässig hätte abgewiesen werden müssen. Das OVG hält dies jedoch für ein Versehen des Bundesgesetzgebers, dem bei der Änderung des UmwRG entgangen sei, dass auch solche Entscheidungen der Umsetzung von Art. 9 Abs. 3 Aarhus-Konvention (AK) unterfallen, und lässt die Norm hinsichtlich der Voraussetzung der UVP-Pflicht unangewendet.

> Damit legt das Gericht die Norm entgegen ihrem Wortlaut (*contra legem*) aus, was nur in Ausnahmefällen zulässig ist. Nach der Rechtsprechung des Bundesverwaltungsgericht ist eine „Auslegung gegen den Wortlaut einer Norm" unter der Voraussetzung nicht ausgeschlossen, dass andere Indizien deutlich belegen, dass ihr Sinn im Text unzureichend Ausdruck gefunden hat.[428]

Das OVG beruft sich hierfür auf die Entstehungsgeschichte der hier anwendbaren Vorschriften des UmwRG.[429] Anlass zu der Änderung des UmwRG hatte die 5. Vertragsstaatenkonferenz zur Aarhus-Konvention (vom 2.7.2014) und die damit bestätigte Entscheidung des Compliance Committee dieser Konvention vom 20.12.2013 (ACCC/C/2008/31) gegeben, die Bundesrepublik Deutschland habe Art. 9 Abs. 3 der Konvention nicht hinreichend umgesetzt. Ausweislich der Begründung des Gesetzentwurfs sei es Ziel der Bundesregierung gewesen, Art. 9 Abs. 3 AK „vollständig" und

---

427 Die UVP bezüglich von Plänen oder Programmen heißt „Strategische Umweltprüfung", §§ 33 ff. UVPG.

428 Das Gericht verweist an dieser Stelle auf BVerfG, Beschluss vom 27.1.1998 – 1 BvL 22/93, juris Rn. 93; Beschluss vom 19.7.1973 – 1 BvL 39/69, 1 BvL 14/72, juris Rn. 49; Beschluss vom 19.5.2023 – 2 BvR 78/22, juris Rn. 35.

429 BT-Drs. 18/9526.

„im Wege einer 1:1-Umsetzung der europa- und völkerrechtlichen Vorgaben im deutschen Recht“ umzusetzen.[430]

Die **Aarhus-Konvention** enthalte das Erfordernis, Rechtsbehelfsmöglichkeiten in Bezug auf Entscheidungen über umweltbezogene Pläne und Programme gemäß Art. 7 AK vorzusehen, die nicht nur einer Öffentlichkeitsbeteiligungspflicht nach Art. 7 AK unterliegen, sondern eben auch zumindest nach Art. 9 Abs. 3 AK zum Gegenstand gerichtlicher Verfahren gemacht werden müssen. Die Beschränkung des UmwRG auf Pläne und Programme, für die nach deutschem Recht eine UVP-Pflicht gegeben ist, sei daher irrtümlich erfolgt.[431]

Das Gericht begründet seine Auffassung, einem Umweltverband müsse ein justiziabler Anspruch auf Erlass eines Sofortprogramms zustehen, des Weiteren mit dem **Vorrang des Unionsrechts**:

> Die **Europäische Grundrechtecharta** garantiere nach Art. 47 GrCH den Zugang zu Gerichten und im Umweltbereich zumindest den von Art. 9 Abs. 3 AK gewährten Rechtsschutz.[432]

Die Grundrechtecharta sei heranzuziehen, da es sich bei § 8 KSG um eine Norm handele, die der Durchführung von Unionsrecht im Sinne von Art. 51 Grundrechtecharta diene.[433] Das KSG diene der Erfüllung der **europarechtlichen Klimaziele** und damit der Durchführung des Unionsrechts, nicht – jedenfalls nicht allein – nur nationalen. Die Vorschrift des § 4 Abs. 1 S. 10 KSG, nach der das KSG keine subjektiven Rechte und klagbare Rechtspositionen begründe, könne daher nicht zur Anwendung kommen.[434]

Die Anwendbarkeit des EU-Rechts lässt sich im Ergebnis in der Tat auf diese Weise begründen, da das KSG von seiner Hauptzielrichtung her sicher auf dasselbe Ziel wie Art. 2 Abs. 2 EU-Klimagesetz gerichtet ist. Ganz zwingend ist die Heranziehung von Art. 47 GrCH über Art. 51 GrCh aber nicht,

430 BT-Drs. 18/9526, 2, 32.

431 OVG Berlin-Brandenburg, Urteil vom 30.11.2023 – OVG 11 A 1/23, juris Rn. 60, 69.

432 Vgl. EuGH, Urteile vom 8.3.2011 – Rs. C-240/09 (Lesoochranárske zoskupenie ZLK/Ministerstvo zivotného prostredia Slovenskej republiky), Slg. 2011, I-01255, Rn. 45, 51; vom 20.12.2017 – Rs. C-664/15 (Protect/Bezirkshauptmannschaft Gmünd), juris, Rn. 45; vom 8.11.2022 – Rs. C-873/19 (Deutsche Umwelthilfe e. V./Bundesrepublik Deutschland), juris, Rn. 66, 77 ff.

433 OVG Berlin-Brandenburg, Urteil vom 30.11.2023 – OVG 11 A 1/23, juris Rn. 67.

434 OVG Berlin-Brandenburg, Urteil vom 30.11.2023 – OVG 11 A 1/23, juris Rn. 79; die Vorschrift sei ein reiner Papiertiger, *S. Schlacke*, NVwZ 2024, S. 564 (567).

da das EU-Recht keine Verpflichtung zum Erlass von Sofortprogrammen enthält und auch keine sektorielle Aufteilung der Zielpfade.[435]

Dem OVG ist auch im Übrigen in der Sache zu folgen, da mit der postulierten 1:1-Umsetzung völkerrechtlicher Verpflichtungen eine Beschränkung auf solche Entscheidungen, die nach deutschem Recht zu einem bestimmten Zeitpunkt einer UVP-Pflicht unterliegen, nicht vereinbar wäre. Das Urteil ist ein weiterer Beleg dafür, dass das UmwRG nur bedingt zur Umsetzung der Aarhus-Konvention taugt.[436] Es ist auch zu begrüßen, dass das Gericht richtigerweise einräumt, dass sein Verständnis des UmwRG in methodischer Hinsicht über Auslegung hinausgeht und **Rechtsfortbildung** darstellt.[437] Das kann man als richterliche Notkompetenz, legislative Unfälle zu beseitigen, begreifen.[438]

Schließlich ist auch bemerkenswert, dass das OVG einen Beschluss der Bundesregierung anders als noch das VG Berlin vor sechs Jahren (2019) nicht als justizfreien Hoheitsakt bewertet.[439] Der Fall illustriert damit, wie akribisch alleine schon die Zulässigkeit von Verbandsklagen geprüft wird.

(2) Begründetheit: Anspruch eines Umweltverbandes auf ein Sofortprogramm der Bundesregierung

Das Judikat ist aber auch materiell-rechtlich von Bedeutung, da es bei den Sofortprogrammen um ein zentrales Element des nach dem Klimaschutzbeschluss des Bundesverwaltungsgerichts geänderten Klimaschutzgesetz ging.[440] Das Bundesverwaltungsgericht hatte im Ergebnis gerügt, dass das KSG a.F. keine rasch wirksamen Maßnahmen enthielt, die erwarten ließen, die deutschen Treibhausgasemissionen auf einen plausiblen Pfad zur Klimaneutralität Mitte des Jahrtausends zu bringen.[441] Diese Forderung wollte der Gesetzgeber umsetzen, indem nicht nur anspruchsvolle Zielsetzungen

435 Ebenso *S. Schlacke*, NVwZ 2024, S. 564 (566).

436 *S. Schlacke*, NVwZ 2024, S. 564 (569).

437 OVG Berlin-Brandenburg, Urteil vom 30.11.2023 – OVG 11 A 1/23, juris Rn. 53; a.A. Erling, Anmerkung zu OVG Berlin-Brandenburg, Urteil vom 30.11.2023 – OVG 11 A 1/23, KlimaRZ 2024, S. 47, (53) (teleologische Auslegung). Zur begrifflichen Klärung s. *H.-J. Koch/H.Rüßmann*, Juristische Begründungslehre, 1982, S. 248.

438 *F. Kirchhof*, KlimaRZ 2024, S. 134 (137).

439 VG Berlin, Urteil vom 31.10.2019 – Az. 10 K 412/18; OVG Berlin-Brandenburg, Urteil vom 30.11.2023 – OVG 11 A 1/23, juris Rn. 78..

440 Zur Rolle des Verfassungsrechts in den Urteilen *N. Täuber*, Umweltverfassung in Aktion, 24.2.2024, https://verfassungsblog.de/umweltverfassung-in-aktion/ (2.2.2025).

441 BVerfG, Beschluss vom 24.3.2021 – 1 BvR 2656/18 u. a., Rn. 183, 195, 243.

hinsichtlich der Reduktion von Treibhausemissionen schon für die Jahre bis 2030 eingeführt wurden, sondern diese Ziele auch mit einem **Kontrollregime** abgesichert wurden, zu denen ein **Monitoring** der Jahresemissionen in den verschiedenen Sektoren (§ 5 KSG) genauso gehört wie die Pflicht, im Falle der Überschreitung mit Hilfe von Sofortprogrammen für die betroffenen Sektoren (hier Gebäude und Verkehr) auf den vorgesehenen Emissionsreduktionspfad zurückzukehren (§ 8 KSG a.F.).

Maßgeblich für die Pflicht zur Schaffung von **Sofortprogrammen** war § 8 Abs. 1 KSG a.F., wonach das nach § 4 Abs. 4 zuständige Bundesministerium der Bundesregierung innerhalb von drei Monaten nach der Vorlage der Bewertung der Emissionsdaten durch den Expertenrat für Klimafragen nach § 11 Abs. 1 ein Sofortprogramm für den jeweiligen Sektor vorlegt, das die Einhaltung der Jahresemissionsmengen des Sektors für die folgenden Jahre sicherstellt, wenn die Emissionsdaten nach § 5 Abs. 1 und 2 eine Überschreitung der zulässigen Jahresemissionsmenge für einen Sektor in einem Berichtsjahr ausweisen. Wesentlich ist also der **reaktive** Charakter der Sofortprogramme, mithin ihre Funktion als Instrument der Fehlerkorrektur, die **zeitnah** (Vorlage eines Entwurfs „innerhalb von drei Monaten", Beschluss der Bundesregierung „schnellstmöglich") erfolgen muss, **sektorbezogen** ist und für den oder die betroffenen Sektoren Maßnahmen enthält, die wieder zur Einhaltung der vorgesehenen Jahresemissionsmengen in den folgenden Jahren führen. Das **Klimaschutzprogramm** der Bundesregierung nach § KSG hat eine andere Funktion,[442] ist jedoch nach Auffassung des OVG Berlin Brandenburg ebenfalls defizitär.[443]

Mit der Auffassung des OVG Berlin Brandenburg zum Sofortprogramm heißt das entgegen dem Vortrag der Bundesregierung, dass es nicht genügt, die Überschreitung bis zum Jahr 2030 auszugleichen,[444] sondern es um die Rückkehr auf den Zielpfad für die Jahre geht, die unmittelbar auf das Jahr folgen, in dem der zulässige Emissionswert überschritten wurde („schnelle Nachsteuerung").[445] Zwar dürfe die Bundesregierung von den Spielräumen der EU-Klimaschutzverordnung Gebrauch machen, was sie bisher nicht getan habe. Ein reiner Ausgleich der Überschreitung bis zum Jahr 2030 erfülle jedoch nicht den Zweck, eine unmittelbare Rückkehr auf

442 OVG Berlin-Brandenburg, Urteil vom 30.11.2023 – OVG 11 A 1/23, juris Rn. 94 ff.
443 OVG Berlin-Brandenburg, Urteil vom 16.5.2024 – 11 A 22/21, ZUR 2024, 557 (560).
444 OVG Berlin-Brandenburg, Urteil vom 30.11.2023 – OVG 11 A 1/23, juris Rn. 127, 129.
445 OVG Berlin-Brandenburg, Urteil vom 30.11.2023 – OVG 11 A 1/23, juris Rn. 130.

den sektoriell ausgewiesenen Zielpfad zu erreichen, die für die Schaffung eines hinreichenden Maßes an Planungssicherheit und Entwicklungsdruck erforderlich sei.[446]

Was die Bestimmtheit der Anträge vor dem OVG angeht, die auf den Erlass eines Sofortprogramms gerichtet waren, so sind auch nach Auffassung des OVG Berlin-Brandenburg die Einzelheiten der politischen Gestaltung durch die Bundesregierung überlassen.[447] Allerdings habe der Gesetzgeber des KSG mit dem **Expertenrat für Klimafragen** (§§ 11 f. KSG) ein Gremium geschaffen, dessen Erkenntnisse die Bundesregierung nicht willkürlich außer Acht lassen dürfe. Vielmehr müsste die Bundesregierung die Berichte des Expertenrats angemessen berücksichtigen.[448]

(3) Änderungen durch das neue KSG und ihre Folgen für Ansprüche auf Sofortprogramme

Wohl auch um das strenge Regime des § 8 KSG a.F. zu lockern, wurde das KSG durch Gesetz vom 15.7.2024[449] geändert.[450] Nunmehr löst erst eine Überschreitung der zulässigen Jahresemissionsmengen in aggregierter Betrachtung aller Sektoren in zwei aufeinanderfolgenden Jahren die Pflicht der Bundesregierung aus, Maßnahmen zu beschließen, die die Einhaltung der Summe der Jahresemissionsgesamtmengen für diese Jahre sicherstellen (§ 8 Abs. 1 S. 1 KSG n.F.). Im Vergleich mit der früheren Fassung ist das in mehrfacher Hinsicht eine **Absenkung der Anforderungen**: Erstens ist eine Überschreitung des Zielwerts für einen Sektor unbeachtlich, solange die Jahresemissionsgesamtmenge aller Sektoren in aggregierter Betrachtung die zulässige Jahresemissionsgesamtmenge nicht überschreitet. Zweitens löst eine solche Gesamtüberschreitung erst dann die Pflicht zur Ergreifung von Maßnahmen aus, wenn sie in zwei aufeinanderfolgenden Jahren aufgetreten ist. Und drittens ist die Bundesregierung insgesamt in der Pflicht, Maßnahmen der genannten Art zu beschließen, nicht das jeweils betroffene Bundesministerium. Allerdings liegt die Vorbereitung der Beschlüsse bei den zuständigen Bundesministerien, insbesondere bei denjenigen, in deren

---

446 OVG Berlin-Brandenburg, Urteil vom 30.11.2023 24.3.2021 – OVG 11 A 1/23, juris Rn. 131; damit schließt sich das OVG Berlin-Brandenburg dem BVerfG an, s. BVerfG, Beschluss vom 24.3.2021 - BvR 2656/18 u. a., Rn. 248, 252.

447 OVG Berlin-Brandenburg, Urteil vom 30.11.2023 – OVG 11 A 1/23, juris Rn. 121, 134.

448 OVG Berlin-Brandenburg, Urteil vom 30.11.2023 – OVG 11 A 1/23, juris Rn. 134.

449 BGBl. 2024 I Nr. 235.

450 Zur Entstehungsgeschichte *S. Schlacke*, NVwZ 2024, S. 564 (565).

Zuständigkeitsbereich die Sektoren liegen, die zur Überschreitung beitragen (§ 8 Abs. 2 S. 1 KSG n.F.). Die Beschlussfassung über die Maßnahmen muss schnellstmöglich, spätestens innerhalb desselben Kalenderjahres erfolgen (§ 8 Abs. 2 S. 3 KSG n.F.). Die Bundesregierung kann dabei sektorübergreifende Maßnahmen beschließen (§ 8 Abs. 2 S. 2 KSG n.F.) und auch die Spielräume des EU-Klimagesetzes berücksichtigen (§ 8 Abs. 2 S. 4 KSG n.F.).

> Vom Standpunkt der im Ergebnis zu erzielenden THG-Einsparungen hat sich durch die Neuerungen nichts geändert; für den Klimaschutz ist es gleichgültig, aus welchem Sektor die Emissionen stammen, allein entscheidend ist die Summe. Auch europarechtlich ist dagegen nichts zu erinnern.[451] Die Änderungen verringern aber die Wahrscheinlichkeit, mit der diese Ziele erreicht werden, wenn und solange eine **Überkompensation** durch „erfolgreiche" Sektoren möglich ist. Jedenfalls gerät die Neukonzeption des KSG in gewisse Spannung mit den Anforderungen des Klimaschutzbeschlusses des BVerfG, wonach nicht nur hinreichende Ziele beschlossen, sondern auch Vorkehrungen getroffen werden müssen, um sicherzustellen, dass deren Erreichung hinreichend wahrscheinlich wird. Zu diesen **Umsetzungssicherungsmaßnahmen** gehörte auch das engmaschige Fehlerkorrektursystem des § 8 KSG a.F.[452]

Nach der Gesetzesnovelle vom Sommer 2024 wird die Bundesregierung vermutlich einer Verurteilung durch das Bundesverwaltungsgericht entgehen, da es zum maßgeblichen Zeitpunkt der letzten mündlichen Verhandlung keine Pflicht zur Verabschiedung eines Sofortprogramms mehr geben wird und auch keine Pflicht zur Verabschiedung einer Nachsteuerung im Sinne von § 8 Abs. 1 KSG n.F., da die Jahresemissionsmengen bei aggregierter Betrachtung unter den zulässigen Grenzwerten geblieben sind. Das könnte der Sinn der Revisionseinlegung gewesen sein.[453] Allerdings ist gegen das neue KSG Verfassungsbeschwerde erhoben worden, so dass das letzte

---

451 Ebenso (mit Blick auf den Gesetzentwurf) *S. Schlacke*, NVwZ 2024, S. 564 (569).

452 Zur Kritik an dem Gesetzgebungsvorhaben *E. Hofmann*, ZRP 2023, S. 201, passim, insbesondere 202 f.

453 *F. Heß/L.-M. Hörtzsch*, Pflicht der Bundesregierung zur Aufstellung von Sofortprogrammen nach § 8 Abs. 1 und 2 Klimaschutzgesetz durch OVG Berlin-Brandenburg konkretisiert. In: Baumann Rechtsanwälte, 2.2.2024 https://www.baumann-rechtsanwaelte.de/2024/02/02/pflicht-der-bundesregierung-zur-aufstellung-von-sofortprogrammen-nach

Wort in dem Fall noch nicht gesprochen ist.[454] Ein anderes Urteil des OVG Berlin-Brandenburg, mit dem die Bundesregierung zur Überarbeitung des Klimaschutzprogramms 2023 nach § 9 KSG auch unter Verweis auf Stellungnahmen des Expertenrats und des Umweltbundesamts verurteilt worden ist, ist dagegen rechtskräftig geworden.[455]

b. Bundesverwaltungsgericht vom 4. Mai 2022 – 9 A 7.21 (A14)

Ein weiteres Judikat mag jedoch verdeutlichen, welche Grenzen den Verwaltungsgerichten im Klimabereich bei **Infrastrukturprojekten** gesetzt sind. Das Urteil des BVerwG über die Zulässigkeit eines Autobahnprojekts vom 4.5.2022 betraf die **Autobahn A14,** die zwischen ihrem nördlichen Teil in Mecklenburg-Vorpommern (Gemeinde Karstädt) und ihrem südlichen Teil in Sachsen-Anhalt (Gemeinde Dahlenwarsleben) eine Lücke aufweist, die zum Ausweichen auf Straßen niedrigeren Niveaus oder zu Umwegen nötigt, benötigt man eine solche Straßenverbindung. Eine große Verkehrsbedeutung im Sinne eines Lückenschlusses hat das Projekt nicht – es wurde in den Bundesverkehrswegeplan in den vordringlichen Bedarf mit der Begründung aufgenommen, das Vorhaben habe raumordnerische Funktion, es diene der Verbesserung der Verkehrsinfrastruktur, Erreichbarkeit und Verbindungsqualitäten und somit zur Schaffung günstigerer Voraussetzungen für die Stabilisierung und die weitere Entwicklung der Wirtschaft. Der Bedarfsplan enthielt die Strecke schon im Jahr 2005[456] und wies den Autobahnabschnitt im Jahr 2016 in der Anlage zu § 1 Abs. 1 S. 2 FStrAbG[457] als Teilstrecke der laufenden Nr. 1197 („AS Dahlenwarsleben – Wittenberge“) aus.

Der Kläger, ein anerkannter Umweltverband, wandte sich gegen die Planfeststellung des Autobahnabschnitts insbesondere mit dem Argument, die Planfeststellung verstoße gegen das **Berücksichtigungsgebot aus § 13 KSG**.

-%c2%a7-8-abs-1-und-2-klimaschutzgesetz-durch-ovg-berlin-brandenburg-konkretisiert/ (2.2.2025).

454 Die Verfassungsbeschwerde hat das Aktenzeichen 1 BvR 2098/2024 und ist im Netz unter https://www.bund.net/fileadmin/user_upload_bund/publikationen/klimawandel/klimaklage-klageschrift.pdf (25.3.2024) zu finden.

455 OVG Berlin-Brandenburg, Urteil vom 16.5.2024 – OVG 11 A 31/22, BeckRS 2024, 20434.

456 Fünftes Gesetz zur Änderung des Fernstraßenausbaugesetz (FStrAbG) vom 4.10.2004 (Bekanntmachung vom 20.1.2005, BGBl. I S. 201).

457 FStrAbG in der Fassung vom 23.12.2016 (BGBl. I S. 3354).

Wissen | Die Vorschrift des § 13 Abs. 1 S. 1 KSG verlangt von den Trägern öffentlicher Aufgaben, bei ihren Planungen und Entscheidungen den Zweck dieses Gesetzes und die zu seiner Erfüllung festgelegten Ziele zu berücksichtigen.[458] „Berücksichtigen" fordert auch im Kontext des § 13 Abs. 1 KSG ein **Mindestmaß an dokumentierter Auseinandersetzung** mit einem zu berücksichtigenden Belang, nicht unbedingt aber die Einräumung eines entscheidungserheblichen Einflusses auf das Ergebnis.[459]

Wendet man das Gebot auf den A14-Fall an, so lässt sich der klägerische Vortrag ungefähr rekonstruieren, auch wenn das den Urteilsgründen nicht genau entnommen werden kann: Wenn in Zeiten des Klimawandels eine neue Autobahn gebaut werden soll, dann muss die Begründung der Verwaltung bei Erlass des **Planfeststellungsbeschlusses** erkennen lassen, wieso ein **verkehrsinduzierendes**, also mehr Verkehr erzeugendes Projekt zugelassen wird, obwohl gerade der Verkehrssektor die im KSG vorgesehenen Klimaziele kontinuierlich verfehlt, und nur wegen überkompensatorischer Erfolge in anderen Sektoren bislang keine Zielverfehlung in der Summe aller Sektoren festgestellt werden kann. „Berücksichtigen" müsste unter diesen Umständen regelmäßig so verstanden werden, dass nur unter bestimmten, **restriktiven Nebenbedingungen** überhaupt noch Autobahnneubauprojekte genehmigt werden dürften.[460]

Das BVerwG konnte demgegenüber keinen Verstoß gegen das **Berücksichtigungsgebot** aus § 13 Abs. 1 S. 1 KSG erkennen. Die mit der vorstehend umrissenen Überlegung in Frage gezogene **Planrechtfertigung**, also die Nachprüfung, ob für die geplante Autobahn ein Verkehrsbedarf vorhanden sei, sei mit dem Bedarfsplangesetz dem Gericht entzogen, wenn das Vorhaben in dem Gesetz aufgeführt ist, sich die Bedarfsfeststellung nicht nachträglich als Fehleinschätzung darstelle oder sich aus anderen Gründen als evident unsachlich erweise.[461] Das alles treffe bei der A14 nicht zu.

---

458 § 13 KSG hat damit die Funktion, bestehende Lücken in der Berücksichtigungspflicht zu schließen, *S. Klinski*, in: Hofmann/Heß (Hrsg.), BeckOK Klimarecht, § 13 KSG Rn. 14 ff.

459 *S. Klinski*, in: Hofmann/Heß (Hrsg.), BeckOK Klimarecht, § 13 KSG Rn. 59.

460 Zum Berücksichtigungsbegriff *E. Hofmann*, Klimaschutz und Nachhaltigkeit im Verkehr als neues Ziel des PBefG, in: Knauff (Hrsg.), Neuerungen im Rechtsrahmen für den ÖPNV, 7. Jenaer Gespräche zum Recht des ÖPNV, 2022, S. 49 (56 f.).

461 BBVerwG, Urteil vom 4.5.2022 – 9 A 7.21, Rn. 16 f., 22.

Ob das bei der Entscheidung des BVerwG in Rede stehende Verkehrsprojekt von einer materiell hinreichenden Begründung hinsichtlich seiner Notwendigkeit getragen wurde, kann für den vorliegenden Zusammenhang auf sich beruhen.

> Wichtig ist das Urteil, da es demonstriert, dass ein einfachgesetzliches Berücksichtigungsgebot gegen den ebenfalls einfachgesetzlich festgestellten Verkehrsbedarf eines Autobahnprojektes wenig ausrichten kann, auch wenn der im Einzelfall angesichts des gut ausgebauten Autobahnnetzes in Deutschland bezweifelt werden mag. Der Berücksichtigungspflicht aus § 13 Abs. 1 KSG ist schon Genüge getan, wenn sich der Hoheitsträger mit dem Klimaschutzbelang auseinandersetzt.

Soweit das den Gesetzgeber des Bedarfsplangesetzes betrifft, so galt zum Zeitpunkt seines Erlasses die Berücksichtigungspflicht aus § 13 KSG noch nicht. Vor allem aber findet sie auf legislative Hoheitsakte ohnehin keine Anwendung, da die Zulässigkeit einfacher Gesetze grundsätzlich nicht von anderen einfachen Gesetzen abhängt. Was die Verwaltung und damit die Planfeststellung angeht, so ist die für den Autobahnbau grundlegende Frage, ob ein Autobahnneubau überhaupt noch gerechtfertigt werden kann, mit dem BVerwG der gerichtlichen Nachprüfung wegen der gesetzlichen Vorgabe des Verkehrsbedarfs entzogen.

Mit dem Ansatz des Bundesverwaltungsgericht ließe sich allenfalls ins Felde führen, dass im Jahr 2021 durchaus bezweifelt hätte werden können, ob ein im Jahr 2005 oder 2016 festgestellter Verkehrsbedarf angesichts der zugespitzten Lage beim Klimawandel noch als **ausreichende Begründung** taugt – oder sich vielleicht doch als evident unsachlich erweist, auch weil sich das spezifische Verkehrsbedürfnis für eine Autobahnverbindung in strukturschwachen Regionen über mehr als ein Jahrzehnt nach der ursprünglichen Planung im Jahr 2005 nur als Ausdruck der schwachen verkehrspolitischen Hoffnung erweist, eine Verbesserung der verkehrlichen Erschließung helfe einer strukturschwachen Region, sich wirtschaftlich zu entwickeln. Das BVerwG räumt jedenfalls ein, dass sich das Projekt nicht über eine konkrete Verkehrserwartung habe begründen lassen.[462]

462 BVerwG, Urteil vom 4.5.2022 – 9 A 7.21, Rn. 46.

Die übrigen Einwände des Klägers, die sich auf Verletzungen von wasser- und naturschutzrechtlichen Vorschriften bezogen, griffen ebenfalls nicht durch.

c. Fazit: Verwaltungsgerichte und Klimaschutz

Damit lässt sich folgendes festhalten: Klagen vor den Verwaltungsgerichten setzen auch im Klimaschutzbereich zunächst voraus, dass die Kläger klagebefugt sind. Über diese Voraussetzung wird regelmäßig intensiv gestritten, da die Durchsetzung von **Kollektivinteressen** etwa über eine **Umweltverbandsklage** an strenge Voraussetzungen geknüpft ist, die nicht immer erfüllt werden können. Die höchstrichterliche Rechtsprechung folgt in Deutschland den im Laufe der vergangenen zwanzig Jahren entwickelten **Vorgaben des EuGH**, der die europarechtliche Umsetzung der Aarhus-Konvention **verbandsfreundlich auslegt** und daher vielen Klagen auch im Klimabereich den Weg geebnet hat.[463]
Wie die beiden vorstehend erläuterten Gerichtsentscheidungen belegen sollen, sind die vielfältigen materiellen Rechtsfragen vom jeweiligen Fachrecht abhängig – und können trotz der **Gestaltungsspielräume der Verwaltung** durchaus zu gerichtlich angeordneten **Verpflichtungen von Hoheitsorganen** führen, wirksame **Klimaschutzmaßnahmen** zu ergreifen. Allerdings ist damit noch nicht garantiert, dass die verwaltungsgerichtlichen Urteile auch implementiert werden.

3. Zivilgerichte

Weniger große Schwierigkeiten bei der Vollstreckung haben dagegen die Zivilgerichte, solange und soweit es nur um Zahlungspflichten oder die Unterlassung von Handlungen von Unternehmen geht: Wer besonders viele

463 Siehe insbesondere EuGH, Urteile vom 8.3.2011 – Rs. C-240/09 (Lesoochranárske zoskupenie ZLK/Ministerstvo zivotného prostredia Slovenskej republiky), Slg. 2011, I-01255, Rn. 45, 51; vom 20.12.2017 – Rs. C-664/15 (Protect/Bezirkshauptmannschaft Gmünd), juris, Rn. 45; vom 8.11.2022 – Rs. C-873/19 (Deutsche Umwelthilfe e. V./Bundesrepublik Deutschland), juris, Rn. 66, 77 ff.

fossile Brennstoffe verwendet, etwa Unternehmen in der Kohleverstromung oder Zementproduktion, trägt auch in hervorgehobener Weise zum Klimawandel bei. Dessen Folgen sind jedenfalls insgesamt global spürbar, so dass es auf den ersten Blick durchaus einleuchtet, wenn Betroffene auf dem Rechtsweg versuchen, diese Emittenten gerichtlich zu verpflichten, für die von ihnen verursachten Schäden in Form eines Schadensersatzes aufzukommen oder weitere Emissionen in der Zukunft zu unterlassen. Bei näherer Betrachtung derartiger Ansprüche, die sich aus Sicht der Unternehmen als Renditerisiko darstellen,[464] fallen jedoch auch die Schwierigkeiten ins Auge: selbst große Stromerzeuger sind nur für sehr geringe Anteile an Treibhausgasemissionen verantwortlich, was nicht nur die Frage der Höhe eines Schadensersatzanspruchs betrifft, sondern sogar die **Kausalität einzelner Verursachungsbeiträge** in Zweifel ziehen kann. Wären die Folgen des Klimawandels tatsächlich anders und würden sie sich tatsächlich anders entwickeln, hätte ein einzelner bestimmter Stromerzeuger keine Kohle verstromt oder würde er in Zukunft darauf verzichten?

a. Deliktische Haftung von Unternehmen

Wer versucht, das Vorliegen dieser Bedingungen nach den entsprechenden Vorgaben des deutschen **Deliktsrechts** zu klären, betritt Neuland. Unterschiedliche Auffassungen, auch im gleichen Verfahren, können da nicht verwundern. Gerade die Grundstruktur des zivilgerichtlichen Verfahrens als **kontradiktorische Verhandlung** zwischen Parteien – und nur abgeleitet auch der interessierten (Gerichts-)Öffentlichkeit ohne weitere Beteiligungsrechte – und deren Beschränkung auf die Parteiinteressen steht in Spannung zu den **Prinzipien der Normsetzung** im demokratischen Staat.[465]

Dafür mögen folgende Beispiele als Beleg dienen: während das **LG Essen** die Kausalität zwischen Treibhausgasemissionsverursachung durch einen deutschen Stromerzeuger (RWE) und dem bei einem peruanischen Bauern eingetretenen Schaden in Form hoher Kosten infolge der erforderlichen Klimaanpassungsmaßnahmen – Schutz vor Überschwemmungen seiner Grundstücke – im Zusammenhang mit Anträgen auf Erstattung von Aufwendungen nach §§ 683, 670, 677 sowie §§ 684, 812 Abs. 1 BGB verneinte, ist das OLG Hamm in seinem Urteil vom 28.5.2025 der Aufassung, dass Gross-

464 *R. Beermann/C. Arena*, KlimaRZ 2025, S. 3 f.
465 *F. Kirchhof*, KlimaRZ 2024, S. 134 (139).

emittenten durchaus unter bestimmten Voraussetzungen für Klimaschäden schadensersatzpflichtig sein können. Ein adäquat kausaler Zusammenhang zwischen den THG-Emissionen auch einzelner Unternehmen und bestimmten Schäden sei denkbar, selbst wenn sich die Emissionen im Rahmen öffentlich-rechtlicher Erlaubnisse bewegten. Im Falle des Klägers drohten aber nach Ansicht des OLG Hamm die behaupteten Gefahren für sein Eigentum nicht mit hinreichender Wahrscheinlichkeit.[466]

Das **Kausalitätsargument** steht nicht nur im gerade geschilderten Fall im Zentrum, sondern auch bei der Ablehnung der Klagen auf Unterlassung der Produktion von Verbrennungsmotoren durch **Mercedes-Benz** und **BMW**, die auf eine Vielzahl weiterer Anspruchsgrundlagen gestützt werden könnten. Gegen **Volkswagen** wurden ähnliche Verfahren erfolglos durchgeführt.[467] In der Entscheidung des LG Essen heißt es etwa, es fehle bei den Emissionen eines deutschen Kraftwerks schon an der **condicio sine qua non** für den Klimawandel; diese könnten hinweggedacht werden, und trotzdem trete der Klimawandel ein.[468] Das ist zu kurz gedacht, da es übersieht, dass jede zusätzliche Emission die Wahrscheinlichkeit von Klimafolgen und deren Intensität erhöht.

Allerdings ist es schwierig zu bestimmen, in welchem Grad diese Erhöhung zu erwarten ist, was sich auch als **Ungewissheit über die Verursachung** gerade durch das beklagte Unternehmen interpretieren lässt und damit die Vorhersehbarkeit der Schäden als **Adäquanzvoraussetzung** derartiger Ansprüche beeinträchtigen kann. Daran kann eine Haftung scheitern. Bestehen allerdings allgemeine staatliche Reduktionspflichten in Gestalt von THG-Minderungszielen, so ließe sich daraus unter Umständen durchaus eine Rechtfertigung für entsprechende individualisierte Pflichten ableiten. Das ist in den Niederlanden bei der bereits erwähnten Klage gegen Shell gelungen, mit der das Unternehmen gerichtlich verpflichtet worden ist, den Ausstoß von CO_2 im Jahr 2030 um netto 45 % im Vergleich mit dem Jahr 2019 zu verringern.[469]

---

466 OLG Hamm, Urteil vom 28.5.2025, Az. I-5 U 15/17; Friedrich Müller, Anmerkung zu OLG Hamm vom 28.5.2025, BB 2025, S. 1556; Huneke/Hörner, „The Climate Case" – ein peruanischer Bauer verliert, der Klimaschutz gewinnt, becklink 2034444.

467 LG Braunschweig, Urteil vom 14.02.2023 – 6 O 3931/21; LG Detmold, Urteil vom 24.02.2023 – 1 O 199/21.

468 LG Essen, Urteil vom 15.12.2016 – 2 O 285/15, ZUR 2017, 370 (372).

469 Milieudefensie et al. v. Royal Dutch Shell plc. https://climatecasechart.com/non-us-case/milieudefensie-et-al-v-royal-dutch-shell-plc/ (2.12.2025).

Auch wenn die Entscheidung auf Besonderheiten des niederländischen Haftungsrechts beruht und daher nicht ohne weiteres auf andere Rechtsordnungen übertragbar ist, erscheint die Logik der Argumentation auf den ersten Blick einleuchtend: wenn ein ganzer Staat flächendeckend zu bestimmten Reduzierungen verpflichtet ist, dann sind diese nur zu erreichen, wenn auch alle einzelnen Emittenten mit Sitz im Territorium dieses Staates ihre THG-Emissionen in entsprechender Höhe verringern.

b. Staatshaftungsrecht

Eine besondere Rolle kommt den Zivilgerichten bei der Klärung **staatshaftungsrechtlicher** Ansprüche zu, die gerade im Zusammenhang mit der **Klimaanpassung** eine zunehmende Rolle spielen, da die entsprechenden Schadensersatzansprüche aus der Staatskasse bezahlt werden müssen und zu zukünftig größeren Vermeidungsanstrengungen anregen können. Dafür seien drei Beispiele herausgegriffen:[470]

Hat eine Gemeinde eine Kanalisation unterdimensioniert und kommen dadurch Anwohner im Falle von Starkregenereignissen zu Schaden, begründet das nach Auffassung des Bundesgerichtshofs Ansprüche gegen den Staat nach Art. 34 GG, § 839 BGB.[471] Die Pflicht zum **Hochwasserschutz** entfalte **Schutzwirkung für Dritte** und begründe entsprechende Ansprüche. Legt eine Behörde bei der Planung der Kanalisation nur ein zehnjähriges Hochwasser zugrunde, hätte sie dagegen berücksichtigen müssen, wie es in hundertjähriger Betrachtung aussieht, so begründet das nach Auffassung des **BGH** einen Schadensersatzanspruch.

Aber nicht nur Wasserschäden können **Staatshaftungsansprüche** auslösen, auch **Hitzeschäden**. Wer als Motorradfahrer einen Unfall erleidet, weil die Straßenoberfläche bei andauernder Hitze rutschig wird – und die Straßenverkehrsbehörde nicht veranlasst, die Gefahrenstellen entsprechend zu kennzeichnen – hat nach dem Urteil des **OLG Hamm** vom 11.9.2015 ebenfalls einen Schadensersatzanspruch nach staatshaftungsrechtlichen Maßstäben.[472]

Sturmschäden, die dadurch entstehen, dass provisorische Verkehrsschilder umfallen und dabei Sachen beschädigen oder Personen verletzen, kön-

470 Instruktiver Überblick bei Püstow, ESGZ 11–12/2024, 25 (28).
471 BGH, Urteil vom 5.6.2008 – III ZR 137/07, ZfBR 2008, 678 (679f.).
472 OLG Hamm, Urteil vom 11.9.2015 – 11 U 86/13, juris Rn. 20 ff.

nen ebenfalls derartige Ansprüche begründen,[473] und belegen, dass das Staatshaftungsrecht eine immer größere Rolle bei der **Klimaanpassung** spielt.

III. Das Wichtigste im Überblick zur Climate Change Litigation

Überall auf der Welt, wo es funktionierende Rechtsstaaten gibt, werden auch die Gerichte in die Auseinandersetzungen um das Klimarecht einbezogen: die Materien reichen dabei von internationalen Schadensersatzansprüchen gegen große Treibhausgasemittenten über die Verurteilung von Staaten wegen Verletzung ihrer völkerrechtlichen Pflichten zum Ergreifen wirksamer Klimaschutzmaßnahmen bis hin zum Schadensersatz aus Gründen der Staatshaftung im Falle unterlassener oder nicht genügender Vorbeugung gegen Klimaschäden.

Wissen | Für diesen weiten Bereich hat sich der Begriff *Climate Change Litigation* eingebürgert, der aus deutscher Sicht ganz zentral durch den Klimaschutzbeschluss des BVerfG geprägt ist. Das Gericht hatte zu entscheiden, ob das KSG ursprünglicher Fassung gegen verfassungsrechtliche Gebote verstößt, effektiven Klimaschutz in Deutschland zu verwirklichen. Das bejahte das Gericht mit einer Argumentation, die zu heftigen Auseinandersetzungen in der wissenschaftlichen und politischen Debatte geführt hat. Weiterführend ist der Beschluss vor allem deshalb, weil er nicht nur die völkerrechtlichen Ziele der Begrenzung der Erderwärmung verfassungsrechtlich „aufgewertet“ hat, sondern auch, weil das Gericht nicht nur die Verabschiedung von anspruchsvollen Zielen, sondern auch deren **Umsetzung** mit hinreichender **Wahrscheinlichkeit** zum verfassungsrechtlichen Gebot erklärt hat.

Vor den **Verwaltungsgerichten** spielen sehr unterschiedliche Fragen im Zusammenhang mit dem Klimaschutz eine Rolle. Jede Auswahl muss lückenhaft bleiben. Die beiden im vorstehenden Kapitel erläuterten Entscheidungen des OVG Berlin-Brandenburg (Sofortprogramme)

473 LG Berlin, Urteil vom 21.12.1998 – 13 0 357/98.

und die des BVerwG (Autobahn A 14) sollen anschaulich machen, in welch vielfältigen Zusammenhängen Klimaschutzfragen mittlerweile eine Rolle spielen. Der Instanzenzug ist dabei ein zeitaufwendiges Element der deutschen Gerichtsorganisation, das schon vor mehr als drei Jahrzehnten Anlass zur Schaffung einer erst- (und letzt-) instanzlichen Zuständigkeit des BVerwG für bestimmte Verkehrsvorhaben gegeben hat (§ 50 VwGO).

Auch die **Zivilgerichte** sind mit Klimafragen befasst. Im Vordergrund stehen dabei zur Zeit **Schadensersatzklagen** gegen große THG-Emittenten. Diese werden mit Hilfe des klassischen Deliktsrechts in Haftung wegen ihrer Beiträge zum Klimawandel genommen, was regelmäßig in schwierige Kausalitätsfragen führt. Handfestere Ergebnisse erbringen **Staatshaftungsverfahren**, bei denen vermehrt der Staat zu Schadensersatzzahlungen wegen unterlassener oder nicht hinreichender Vorbeugung gegen Klimaanpassungsschäden verurteilt worden ist.

G. Transformation der Energieerzeugung: Kernkraft als Antwort auf den Klimaschutz?

Der Klimawandel nötigt die Weltgemeinschaft zu transformativen Anpassungsleistungen. Zu diesen zählt auch die Bewältigung von **Technologiewechseln**, die man im Kleinen bereits bei der Glühbirne beobachten konnte, und im Großen vor allem bei der Stromerzeugung. Das betrifft die Kohleverstromung genauso wie die Kernkraft. Der nun für die Braunkohle beschlossene **Kohleausstieg** spätestens bis zum Jahr 2038 wirft in erster Linie enorme wirtschaftliche Fragen auf, da die Kohleförderungsregionen teilweise erheblich von den Arbeitsplätzen der Kohlegewinnung und den Gewerbesteuern der Kohlekraftwerke profitiert haben. So ambitioniert ein nationaler Kohleausstieg erscheint, er führt nur dann zur tatsächlichen Reduzierung von Treibhausgasemissionen, wenn im Rahmen des EU ETS 1 Anpassungen hinsichtlich der Anzahl der Zertifikate vorgenommen werden.[474] Erfolgen diese nicht, verlagern sich die CO_2-Emissionen lediglich in andere europäische Länder, die von den dann infolge eines nationalen Kohleausstiegs billiger werdenden Zertifikaten profitieren.

Während der Kohleausstieg also einen massiven Schritt zur Beendigung einer klimaschädlichen Stromerzeugungsart darstellt, der unter bestimmten weiteren Voraussetzungen zu einer realen Verringerung von THG-Emissionen führen kann, ist er lediglich ein Beispiel für den durchgreifenden Wandel, zu dem der Klimawandel nötigt. Es wird in den nächsten Jahren und Jahrzehnten immer wieder zu **Paradigmenwechseln** kommen, die auch der rechtlichen Ausgestaltung bedürfen. Insbesondere müssen sie vor dem EU-Recht und der deutschen Verfassung bestehen können. Das beste Beispiel hierfür ist die Diskussion um die **Atomenergie**, der die nachstehenden Überlegungen gelten.

Nach einem zunächst im Jahre 2003 von einer rot-grünen Bundesregierung beschlossenen Ende der Kernkraft in Deutschland wurde von der nächsten Bundesregierung unter Führung der CDU der Ausstieg aus dem Ausstieg beschlossen, bis dann im Jahre 2011 mit der **Katastrophe von**

474 *I. Schrems/S.Meemken*, Emissionszertifikate von stillgelegten Kohlekraftwerken: Welche Folgen hat es, wenn Zertifikate nicht gelöscht werden?, S. 7 ff., https://foes.de/publikationen/2023/2023-12_GPE_Emissionszertifikate.pdf (17.3.2025).

Fukushima wieder der Ausstieg beschlossen wurde. Zurzeit wird verschiedentlich die Reaktivierung bereits abgeschalteter Reaktoren, zum Teil sogar der Neubau weiterer Kraftwerke gefordert, da die Stromerzeugung mit Hilfe der Kernkraft bei alleiniger Betrachtung der generativen Vorgänge vergleichsweise wenig Treibhausgase verursacht. Bei näherer Betrachtung dürfte jedoch die Hoffnung trügen, mit Hilfe der Kernkraft einen substantiellen Beitrag zur Bekämpfung des Klimawandels leisten zu können.

Das liegt vor allem daran, dass die Zeit zur Planung und zum Bau solcher Kraftwerke selbst unter idealen Bedingungen nicht unter 10 Jahren liegt – und diese Zeit steht der Weltgemeinschaft nicht mehr zur Verfügung, sollen die Treibhausgasemissionen bis Mitte des Jahrtausends auf Null zurückgeführt werden. Die Kernkraft ist darüber hinaus in ihrem Potential durch ihre hohen Kosten für Bau und Betrieb limitiert, was ihren Einsatz in ärmeren Regionen der Welt ausschließt oder erhebliche nachteilige politische Folgen nach sich ziehen würde.

Abgesehen von den **Zeitabläufen**, die die Kernkraft jedenfalls als Hauptelement einer Klimaschutzstrategie ausscheiden lassen, ist diese Form der Stromerzeugung mit ganz **erheblichen Risiken** bei ihrem Betrieb behaftet – man denke an Betriebsunfälle, von denen es in der Vergangenheit schon welche gegeben hat, die als Warnung ernstgenommen werden müssen (Harrisburg, Tschernobyl, Fukushima), aber auch an den laufenden Betrieb, der gegen **Sabotage**, **Diebstahl** von spaltbarem Material und **Terrorismus** gesichert werden muss, aber nicht vollständig gesichert werden kann. Schließlich entsteht bei der zivilen Nutzung der Kernkraft **radioaktiver Abfall**, dessen Entsorgung bislang weitestgehend ungeklärt ist.

Wissen | In Deutschland stellt sich die Rechtslage folgendermaßen dar: nach einigem Hin und Her in den ersten zwanzig Jahren dieses Jahrhunderts hat sich der Gesetzgeber nach der Katastrophe von Fukushima zum **Ausstieg aus der Stromerzeugung durch Kernkraftwerke** entschlossen, was zu Entschädigungsforderungen der betroffenen Industrie geführt hatte, über die das BVerfG entscheiden musste (→ G. II.). Damit sind aber nicht alle mit der Kernkraft zusammenhängenden Probleme gelöst. Die nun erforderliche Suche nach einem **atomaren Endlager** für abgebrannte Brennelemente ist eine Generationenaufgabe, die in Deutschland erst am Anfang steht (→ G. III.). Um beides einordnen zu können, ist zunächst ein Überblick über die Grundstrukturen des Atomgesetzes erforderlich (⟶ G. I.).

I. Regelungstechnik des Atomgesetzes

Das **Atomgesetz** war in der zweiten Hälfte des zwanzigsten Jahrhunderts aus dem Wunsch geboren worden, mit der Kernenergie eine nie versiegende Energiequelle erschließen zu können. Das Gesetz war daher von seiner ganzen Struktur her eine **Ermöglichungsregulierung**, die allerdings auch die Risiken der Technik berücksichtigte und sie so weit wie möglich minimieren wollte. Die dann vom BVerfG geforderten hohen Sicherheitsstandards führten zur verfassungsrechtlichen Billigung eines **Restrisikos**, das beim Bau, Betrieb von Kraftwerken und der Entsorgung abgebrannter Brennelemente nicht ausgeschlossen werden könne. Ein entscheidender Teil des Risikos – die mit dem Betrieb der Kraftwerke verbundenen Gefahren – lässt sich jedoch vermeiden, indem man sie nicht in Betrieb nimmt oder sie abschaltet. Letzteres ist mit dem **13. Änderungsgesetz zum AtG** vom 31.7.2011 in Stufen geschehen.[475]

Die Vorschrift des durch das genannte Gesetz eingeführten § 7 Abs. 1a AtG ließ die **Berechtigung zum Leistungsbetrieb** einer Anlage zur Spaltung von Kernbrennstoffen zur gewerblichen Erzeugung von Elektrizität erlöschen, wenn eine in einer Anlage zum Gesetz aufgeführte Elektrizitätsmenge oder die sich aufgrund von Übertragungen nach Abs. 1b ergebende Elektrizitätsmenge erzeugt ist, jedoch spätestens zu bestimmten Terminen. Damit hatte sich die Option, mit **Widerruf oder Rücknahme** die atomrechtlichen Genehmigungen aufzuheben, erledigt.[476]

Die ersten abzuschaltenden Kraftwerke waren die Kernkraftwerke Biblis A, Neckarwestheim 1, Biblis B, Brunsbüttel, Isar 1, Unterweser, Philippsburg 1 und Krümmel, die am 6.8.2011 außer Betrieb gesetzt werden mussten, die letzten mit Ablauf des 31.12.2022 die Kernkraftwerke Isar 2, Emsland und Neckarwestheim 2. Damit sind alle in

475 Dreizehntes Gesetz zur Änderung des Atomgesetzes (13. AtGÄndG) vom 31.7.2011 BGBl. I S. 1704 (Nr. 43); Geltung ab 6.8.2011.

476 Zu diesen Instrumenten *K. Borgmann*, Ausstieg aus der Kernenergie, 2021, § 5.

Deutschland betriebenen kommerziellen Atomkraftwerke vom Netz. Mittlerweile hat der **Rückbau** der Kraftwerke begonnen, was **Jahrzehnte** beanspruchen wird (→ S. 202, Abschnitt III. dieses Kapitels).

II. Entschädigungsfragen des Atomausstiegs

Die gerade schon erwähnte Regelung des § 7 Abs. 1a AtG benennt konkrete Daten, zu denen ganz bestimmte Kernkraftwerke abgeschaltet werden mussten. Ebenfalls sehr spezifisch waren die im Gesetz vorgesehenen Elektrizitätsmengen, deren Verbrauch dieselbe Rechtsfolge nach sich zog. Den Kraftwerksbetreibern wurde damit das Recht genommen, die Kraftwerke im Rahmen der ihnen erteilten Genehmigungen solange zu betreiben, wie sie das ursprünglich durften. Diese Reduzierung zunächst überlassener Befugnisse warf die Frage auf, ob die Norm mit dem Grundgesetz insbesondere hinsichtlich der **Eigentumsfreiheit** nach Art. 14 GG vereinbar ist.

Art. 14 GG schützt nach ständiger Rechtsprechung des BVerfG jedes vom Gesetzgeber gewährte **vermögenswerte Recht** gleich welcher Herkunft, die Berechtigten von der Rechtsordnung in der Weise zugeordnet sind, dass sie die damit verbundenen Befugnisse nach eigenverantwortlicher Entscheidung zum privaten Nutzen ausüben dürfen".[477] Dazu zählen öffentlich-rechtliche Gestattungsakte wie atomrechtliche Genehmigungen an sich nicht, aber mittelbar schon, wenn nämlich von ihnen Gebrauch gemacht worden ist und der dadurch geschaffene Bestand Schutz genießt. Fehlt es an dieser Voraussetzung, bleibt es bei der Rechtsprechung des BVerfG, nach der an öffentlich-rechtlichen Genehmigungen grundsätzlich kein Eigentum besteht.[478] Art. 14 GG schütze nicht die öffentliche Genehmigung als solche, sondern nur die aufgrund der Genehmigung geschaffenen privaten Vermögenspositionen.[479] Wird in den Bestand dieser Vermögenspositionen durch

---

477 BVerfGE 83, 201 (209); 95, 267 (300); 112, 93 (107); 115, 97 (110f.); 131, 66 (79); weitere Nachweise *H.-J.Papier/F.Shirvani*, in: Dürig/Herzog/Scholz (Hrsg.), GG-Kommentar, Art. 14 Rn. 160.

478 BVerfG, Urteil vom 6.12.2016 – 1 BvR 2821/11 u. a., LS 3a.

479 BVerfG, Urteil vom 6.12.2016 – 1 BvR 2821/11 u. a., Rn. 232.

staatlichen Akt eingegriffen, so muss sich der Eingriff an Art. 14 GG messen lassen.

Eingriffe in das Eigentum im Sinne von Art. 14 Abs. 1 GG sind nach der Rechtsprechung des BVerfG entweder **Eigentumsinhalts- und schrankenbestimmungen** (Art. 14 Abs. 1 GG) oder **Enteignungen** (Art. 14 Abs. 3 GG).

Nach der Nassauskiesungsentscheidung des BVerfG (BverfGE 58, 300) unterscheiden sich beide Eingriffsarten dadurch, dass die Eigentumsinhalts- und schrankenbestimmung generell und abstrakt die **Eigentumsordnung** – also für alle Eigentümer und für alle im Gesetz geregelten Fälle – ändert, während die Enteignung die Eigentumsordnung unberührt lässt, dagegen aber Einzelnen ihr Eigentum entzieht.

Letzteres bedarf der besonderen **Rechtfertigung**, weil es Einzelnen zugemutet wird, ihr Eigentum für eine staatliche Maßnahme aufzugeben. Die Rechtfertigung hierfür liegt nach Art. 14 Abs. 3 GG zunächst darin, dass die staatliche Handlung dem Wohl der Allgemeinheit dienen muss. Das schließt allerdings eine **privatnützige Enteignung** nicht vollkommen aus. Auf jeden Fall muss aber die Enteignung angemessen – also typischerweise nach dem Marktwert des Eigentums – entschädigt werden.

Wenn wie im Fall des § 7 Abs. 1a AtG einzelne Kraftwerke gesetzlich eindeutig namentlich identifiziert werden, so erweckt das auf den ersten Blick den Eindruck, als ob nicht die Eigentumsordnung an sich geändert worden sei, sondern ohne eine solch generell-abstrakte Änderung lediglich das Eigentum einzelner betroffen wäre. Das spräche für eine Enteignung. Das BVerfG sah in der Beendigungsnorm des § 7 Abs. 1a AtG aber keine Enteignung, weil der Staat kein Interesse an einer Zueignung der Kraftwerke gehabt habe und es damit an der für den Enteignungsbegriff zwingend erforderlichen **Güterbeschaffung** für den Staat oder eines anderen Enteignungsbegünstigten fehle.[480]

Nach diesem Judikat, das der Linie jüngeren Rechtsprechung des Bundesverfassungsgerichts entspricht, ist der Entzug eines vermögenswerten Rechts ohne Güterbeschaffung schon begrifflich keine Enteignung.

480 BVerfG, Urteil vom 6.12.2016 – 1 BvR 2821/11 u. a., Rn. 246.

Im Falle des § 7 Abs. 1a AtG meinte das Gericht, diese Entziehung vermögenswerter Rechte müsse dann eine Eigentumsinhalts- und -schrankenbestimmung darstellen.[481] Das trifft zwar zu, aber nicht wegen der fehlenden Güterbeschaffung. Wenn das BVerfG recht hätte, dann wäre eine konkret-individuelle Eigentumsbeeinträchtigung nie eine Enteignung, wenn sie nicht mit einer Güterbeschaffung verbunden ist. Es ist nicht leicht zu sehen, was der bloße Eigentumsentzug dann begrifflich sein könnte.

> Noch schwieriger wird es, will man andere Formen des Eigentumszugriffs wie die Sicherstellung oder die Beschlagnahme von der Enteignung abgrenzen, deren Sinn ebenfalls nicht in der Güterbeschaffung besteht.[482]

Der Hinweis des Gerichts darauf, dass das Institut der Enteignung vom Grundgesetz nicht nur aus der Sicht des betroffenen Eigentümers, sondern gerade auch mit Blick auf die Allgemeinheit konzipiert sei,[483] hilft nicht entscheidend weiter, da der Allgemeinwohlbezug von Art. 14 Abs. 3 GG als zweite Voraussetzung ebenfalls eine notwendige Bedingung für eine verfassungsmäßige Enteignung darstellt. Es spricht viel dafür, die **Wegnahme von Eigentum im Namen des Allgemeinwohls** regelmäßig unabhängig von der Frage, was der Staat mit dem enteigneten Eigentum nun macht, als entschädigungspflichtig zu akzeptieren, es sei denn, die Förderung des Allgemeinwohls besteht nun gerade darin, wie bei Sicherstellung und Beschlagnahme den rechtswidrigen Gebrauch des Eigentums durch den Eigentümer zu beenden oder andere Gefahren zu bekämpfen. Die Ratio der Entschädigungspflicht in Art. 14 Abs. 3 GG deutet jedenfalls sehr darauf hin, dass es den Enteigneten gleichgültig ist und auch sein darf, ob sich der Staat ihr Eigentum zum Zweck der Güterbeschaffung aneignet oder anderes damit im Sinn hat.[484]

Der Streit kann aber mit Blick auf den Zusammenhang mit dem Atomausstieg auf sich beruhen, da sich das Ergebnis der Überlegungen des BVerfG –

481 BVerfG, Urteil vom 6.12.2016 – 1 BvR 2821/11 u. a., Rn. 267 ff.

482 BVerfG, Urteil vom 6.12.2016 – 1 BvR 2821/11 u. a., Rn. 253.

483 BVerfG, Urteil vom 6.12.2016 – 1 BvR 2821/11 u. a., Rn. 256.

484 So früh schon *G. Dürig*, JZ 1954, S. 4 (9f.); später *K.-A. Schwarz*, DVBl 2013, S. 133 (138); kritisch *J. Froese*, NJW 2017, 444 (447); *I. Röcker*, in: F. Scheffczyk/K. Wolter (Hrsg.), Linien der Rechtsprechung des Bundesverfassungsgerichts erörtert von den wissenschaftlichen Mitarbeiterinnen und Mitarbeitern, Band 4, 2017, S. 291 (312).

§ 7 Abs. 1a AtG sei nach dem **Atomausstiegsurteil** eine Eigentumsinhalts- und schrankenbestimmung[485] – aus einem anderen Grund als richtig erweist: Ausgehend von der konzeptionellen Unterscheidung zwischen Enteignung und Inhalts- und schrankenbestimmung erscheint die Vorschrift als die endgültige und für alle Kraftwerksbetreiber geltende Beendigung der zivilen Nutzung der Kernkraft. Das ist eine weitgreifende Änderung der Eigentumsordnung – mit § 7 Abs. 1a AtG gibt es nach Ablauf der Fristen keine zulässige Nutzung der Kernenergie zum Zweck der industriellen Stromerzeugung – für niemanden mehr. Das ist generell-abstrakt und damit eine Inhalts- und Schrankenbestimmung.[486] Diesen Rechtscharakter behielte sie selbst dann, wären die Fristen anders gewählt, etwa im Sinne einer Sofortabschaltung. Eine Sofortabschaltung wäre aber möglicherweise unverhältnismäßig und damit verfassungswidrig. Die in § 7 Abs. 1a AtG vorgesehenen **Restlaufzeiten**, die zum Teil vom BVerfG beanstandet worden sind, sind also bei richtiger Betrachtung der Rücksichtnahme des Gesetzgebers auf das Alter und damit den Wert der Anlagen geschuldet. Sie entsprechen damit (weitestgehend) dem Grundsatz der **Verhältnismäßigkeit**, ändern aber nicht den Charakter der Vorschrift als abstrakt-generelle Inhalts- und Schrankenbestimmung.

Wissen | Für den Atomausstieg und die Entschädigungsflicht des Gesetzgebers bedeutet das nach dem Urteil des BVerfG, dass dann, wenn Einschränkungen der Nutzungs- und Verfügungsbefugnis am Eigentum als **Inhalts- und Schrankenbestimmungen** im Sinne von Art. 14 Abs. 1 S. 2 GG zu einem Entzug konkreter Eigentumspositionen führen, ohne der Güterbeschaffung zu dienen, gesteigerte Anforderungen an deren Verhältnismäßigkeit zu stellen sind.[487] Sie werfen nach Auffassung des Gerichts stets die Frage nach **Ausgleichsregelungen** auf. Das führt aber nicht notwendigerweise – auch nicht beim 13. Atomgesetzänderungsgesetz – zu einer Entschädigung wegen des Junktims in Art. 14 Abs. 3 GG. Auch eine Entschädigung zur Gewährleistung der Verhältnismäßigkeit der Regelungen war beim Atomausstieg nicht erforderlich. Als verfassungswidrig erachtete das Gericht lediglich, dass bestimmte

485 BVerfG, Urteil vom 6.12.2016 – 1 BvR 2821/11 u. a., Rn. 267.
486 *H. Jarass*, NJW 2000, S. 2841 ff.; *H.-J.Koch*, NJW 2000, S. 1529 ff.
487 BVerfG, Urteil v. 6.12.2016 – 1 BvR 2821/11 u. a., LS 5.

Reststrommengen nicht konzernintern genutzt werden konnten. Dafür musste der Gesetzgeber bis zum 30.6.2018 eine verfassungskonforme Neuregelung treffen. Mit dem 18. Änderungsgesetz im Jahre 2021 ist der Gesetzgeber der Anordnung des BVerfG gefolgt.[488]

III. Zwischen- und Endlagerung als Generationenaufgabe

Neben den wirtschaftlichen und rechtlichen Abwicklungsfragen, zu denen auch der eben dargestellte Streit um Entschädigungen der betroffenen Industrie zählt, ist mit dem Atomausstieg auch zu klären, wie mit den radioaktiven Abfällen verfahren werden soll. Dabei beziehen sich die brisantesten Fragen auf die **Endlagerung hochradioaktiver Abfälle** wie der der abgebrannten Brennelemente aus den Kernkraftwerken. Für schwach- und mittelradioaktive Abfälle etwa aus der Forschung oder der Medizin existieren mittlerweile sogar Endlager, die wie die Anlage **Morsleben** (Sachsen-Anhalt), in der 37.000 Kubikmeter dieser Abfälle lagern und dort auch verbleiben sollen.[489] Noch fehlt es an der Genehmigung für die Endlagerung. Ein weiteres geplantes Endlager für Abfälle dieser Art ist ein früheres Eisenerzbergwerk, **Schacht Konrad** in Salzgitter in Niedersachsen, das ab dem Jahr 2031 in Betrieb gehen soll.[490] Die bereits eingelagerten 47.000 Kubikmeter Abfall müssen aus der Schachtanlage **Asse II** in Niedersachsen wieder heraufgeholt werden, da sich die Anlage als nicht sicher erwiesen hat.

Für **abgebrannte Brennelemente,** die hochradioaktiv sind und von denen für Hunderttausende von Jahren Gefahren ausgehen werden,[491] ist dagegen noch kein Endlagerstandort bestimmt worden.[492] Ansätze, darü-

488 Achtzehntes Gesetz zur Änderung des Atomgesetzes (18. AtGÄndG), Gesetz vom 10.8.2021 (BGBl. I S. 3530).

489 *Bundesgesellschaft für Endlagerung*, Endlager Morsleben, https://www.bge.de/de/morsleben/ (18.03.25).

490 *Bundesgesellschaft für Endlagerung*, Endlager Konrad, https://www.bge.de/de/konrad/ (18.3.25).

491 *J. Pape*, Politik und Recht der Endlagerung radioaktiver Abfälle, 2016, S. 67 ff.

492 Zu den gestuften Verwaltungsverfahren unter Berücksichtigung des StandAG *A. von Weschpfennig*, in: Kahl/Ludwigs (Hrsg.), Handbuch des Verwaltungsrechts Band, Gestufte Verfahren und Öffentlichkeitsbeteiligung, 2023, Rn. 28.

ber eine politische Entscheidung zu treffen, waren in der Vergangenheit gescheitert, so dass nun ein mehrstufiger Suchvorgang von der **Bundesgesellschaft für Endlagerung** nach den Vorgaben des Standortauswahlgesetzes durchgeführt und am Ende von Bundestag durch Beschluss über die Standortwahl beendet wird.[493] Das Verfahren dauert mindestens bis zum Jahr 2031, möglicherweise noch viel länger. Auch andere Länder befinden sich auf der Suche nach geeigneten Standorten, in der Schweiz ist mittlerweile ein solcher gefunden worden.[494]

1. Organisation des Standortauswahlverfahrens

Das **Standortauswahlgesetz** enthält spezifische Vorgaben für die Aufgabenverteilung der Standortsuche, was die Besonderheit des Gegenstands unterstreicht.[495] Die Suche selbst wird durch die Bundesgesellschaft für Endlagerung durchgeführt, die das Standortauswahlgesetz als „Dritter" beschreibt, der in privater Rechtsform zu organisieren und dessen alleiniger Gesellschafter der Bund ist (§ 9a Abs. 3 S. 3 AtG). Der Bund überträgt diesem Dritten, also der Bundesgesellschaft für Endlagerung, im Wege der **Beleihung** die erforderlichen Hoheitsrechte (§ 9a Abs. 3 S. 4 AtG). Das führt dazu, dass das BMU gleichzeitig Beleihender, Gesellschafter und über das Bundesamt für die Sicherheit der nuklearen Entsorgung (BASE) Aufsichtsbehörde der BGE ist.[496] Überschneidungen der Kompetenzen und Interessenkonflikte zwischen den Akteuren sind zu erwarten.

Der Bund haftet für **Schäden**, für die die BGE nach § 25 aufkommen muss, in Höhe von 2,5 Mrd. Euro (§ 9a Abs. 3 S. 10 AtG), darüber hinaus muss die BGE eine Haftpflichtversicherung abschließen. Die BGE untersteht der Aufsicht durch das Bundesamt für die Sicherheit der nuklearen Entsorgung

493 Im Überblick *F. Emanuel*, Rechtliche Rahmenbedingungen für die Suche nach einem Endlager für hochradioaktiven Abfall (HAW), 2021, S. 214 ff.; vgl. https://www.base.bund.de/de/nukleare-sicherheit/kerntechnik/versorgung-entsorgung/versorgung-entsorgung_inhalt.html (18.3.25).

494 Zum Suchverfahren nach einem Endlager in der Schweiz *F. Emanuel*, Rechtliche Rahmenbedingungen für die Suche nach einem Endlager für hochradioaktiven Abfall (HAW), 2021, S. 345 ff.

495 Umfassend *L.-P. Hamacher*, Standortauswahl für ein Endlager für hochradioaktive Abfälle, 2022; im Überblick *T. Gierke/M. Paul* in: Theobald/Kühling (Hrsg.), Energierecht, AtG Vor § 1 Rn. 85–92.

496 BfS Aufsichtsbehörde gemäß § 23d S. 1 Nr. 2 iVm § 19 Abs. 5 AtG, *H. Näser*, in: Theobald/Kühling, Energierecht, AtG Vorbemerkung vor § 1, Rn. 137.

(BASE), sobald die Entscheidung über den Standort gefallen ist (§ 23d AtG), davor der des BMU.[497]

Die Entscheidungen im **Standortauswahlverfahren** setzen sich gegen andere Planungen nach **Landesplanungsrecht** und **Bauleitplanungsrecht** durch (§ 12 Abs. 2 StandAG). In einem ersten Schritt des Auswahlverfahrens wird nach Aktenlage – also nur unter Heranziehung bereits erhobener und bekannter Daten – entschieden, welche **Teilgebiete** der Bundesrepublik Deutschland günstige geologische Voraussetzungen für die sichere Endlagerung radioaktiver Abfälle erwarten lassen (§ 13 Abs. 1 StandAG). Diese Teilgebiete müssen den **Ausschlusskriterien** des § 22 StandAG und den **Mindestanforderungen** nach § 23 StandAG genügen. Der entsprechende Zwischenbericht über die Teilgebiete liegt seit dem 28.9.2020 vor und weist 90 Gebiete aus.[498] Er wird mit der Öffentlichkeit in Regionalkonferenzen erörtert (§ 10 StandAG).[499]

2. Materielle Kriterien der Standortsuche und gestuftes Verwaltungsverfahren

Die **Ausschlusskriterien** (§ 22 StandAG) beziehen sich insbesondere auf großräumige Vertikalbewegungen, auf seismische Aktivität oder bestimmte Einflüsse aus gegenwärtiger oder früherer bergbaulicher Tätigkeit. Die Mindestanforderungen ergeben sich aus § 24 StandAG, wonach die Wirtsgesteine Steinsalz, Tongestein und Kristallingestein für ein Endlager geeignet sind. Das eröffnet einen breiten Suchansatz, der aber auch zur Folge hat, dass eine große Zahl möglicher geeigneter Standorte untersucht werden muss. Eine Festlegung auf eine Gesteinsart hätte die Größe des Untersuchungsgebiets deutlich reduziert. So mussten 54 % der Fläche der Bundesrepublik Deutschland in den Blick genommen werden.[500]

---

497 Kritisch zur Aufgabenteilung bezüglich der Endlagerung *H. Näser*, in: Theobald/Kühling (Hrsg.), Energierecht, AtG Vorbemerkung vor § 1, Rn. 127 ff.

498 BGE, Zwischenbericht Teilgebiete nach § 13 StandAG, 28.9.2020.

499 Zur Bedeutung der Öffentlichkeitsbeteiligung beim StandAG *A. Frankewitsch*, Revitalisierung der Demokratie durch transparente Verwaltungsverfahren – das Spannungsfeld von Akzeptanz und Akzeptabilität, 2023, S. 397 ff.; *J. Suckow*, Neue Formen der Öffentlichkeitsbeteiligung bei der Suche eines Endlagers für hoch radioaktive Abfälle, 2024.

500 *Bundesgesellschaft für Endlagerung*, Wie aus 90 Teilgebieten die besten Standortregionen werden, https://www.bge.de/de/aktuelles/meldungen-und-pressemitteilungen/

Die **Mindestanforderungen** beziehen sich dann im Einzelnen auf eine Reihe von weiteren Voraussetzungen in § 24 Abs. 5 StandAG, so unter anderem die Gebirgsdurchlässigkeit, die Mächtigkeit des einschlusswirksamen Gebirgsbereichs und der Erhalt der Barrierewirkung. Unter Abwägung all dieser auf die geologische Sicherheit bezogenen Kriterien ermittelt der Vorhabenträger nach § 24 die **Teilgebiete**, die sich auf Basis der Abwägung als günstig erweisen (§ 13 Abs. 2 S. 2 StandAG).

Innerhalb der so bestimmten („günstigen“) Teilgebiete werden im nächsten Schritt **Standortregionen** für die **übertägige Erkundung** identifiziert (§ 14 StandAG). Zur weiteren Auswahl der Standortregionen kommen dann auch so genannte **planungswissenschaftliche Abwägungskriterien** zum Einsatz (§§ 14 Abs. 1 S. 4; 25 StandAG). Letztere wurden vom BGE bereits in der ersten Phase, der Ermittlung der Teilgebiete, herangezogen. Die Kriterien sind in Anlage 12 des Gesetzes abschließend aufgeführt und beziehen sich auf den Abstand zu vorhandener bebauter Fläche von Wohngebieten und Mischgebieten, auf Emissionen (zum Beispiel Lärm, Schadstoffe) und etwa auf Naturschutz- und Schutzgebiete nach §§ 23 und 32 Bundesnaturschutzgesetz. Die Kriterien sind drei **Gewichtungsgruppen** zugeordnet, von denen Gruppe 1 am stärksten, Gruppe 2 weniger stark und Gruppe 3 am geringsten gewichtet wird (§ 25 StandAG). Diese **ordinale** Reihung wird aller Voraussicht nach nicht genügen, um eine eindeutige Entscheidung über den besten Standort treffen zu können. Nach § 25 S. 4 erfolgt keine Abwägung der planungswissenschaftlichen Abwägungskriterien mit den geowissenschaftlichen Abwägungskriterien.

Nachdem durch Bundesgesetz die in Betracht zu ziehenden Standorte festgelegt worden sind, erfolgt deren **untertätige Erkundung** (§ 18 StandAG). Die Kriterien sind in derselben Art gegliedert wie die bei der Festlegung der Teilregionen: nach den geologischen Sicherheitskriterien wird anhand der planungswissenschaftlichen Abwägungskriterien weiter eingegrenzt, welche Standorte wie gut geeignet sind.

Erweisen sich bestimmte Standorte als aussichtsreich, aber klärungsbedürftig, können **Veränderungssperren** für höchstens 10 Jahre erlassen werden (§ 21 Abs. 5 StandAG). Allein mit Blick auf die Teilgebiete rechnete das BASE mit 240 solcher Anordnungen. Für Vermögensnachteile der betroffenen Eigentümer kann unter Umständen eine Entschädigung

---

meldung/news/2023/10/wie-aus-90-teilgebieten-die-besten-standortregionen-werden/ (18.3.25).

nach § 21 Abs. 6 StandAG gezahlt werden. Am Ende des Suchverfahrens steht der abschließende Standortvergleich und die Unterbreitung eines Standortvorschlags durch die Bundesgesellschaft für Endlagerung, dem der Bundesgesetzgeber im Sinne der Annahme des **Standortvorschlags** folgen kann, aber nicht muss (§ 20 Abs. 2 StandAG). **Rechtsschutz** ist gegen diese Entscheidung des Gesetzgebers nach dem Umweltrechtsbehelfsgesetz ausgeschlossen (§ 1 Abs. 1 S. 1 Nr. 4 Hs. 2 UmwRG).

IV. Das Wichtigste im Überblick zur Transformation der Energieerzeugung

Die Aufgabe der Überführung einer Industriegesellschaft in die Klimaneutralität ist von Umbrüchen gekennzeichnet, die rechtlich, politisch wie wirtschaftlich kaum größer sein könnten. Das gilt nicht nur für den Abschied von der Glühbirne, sondern auch für das Ende der Kohleverstromung und den **Atomausstieg**. Im Falle des Atomausstiegs muss man sich vor Augen halten, dass das Atomgesetz ein Techniknutzungsermöglichungskonzept darstellt, das die Toleranz für die mit der zivilen Nutzung der Kernenergie einhergehenden Gefahren als **Restrisiko** verbuchte. Der Atomausstieg ist nun nach Abschaltung der letzten Kernkraftwerke praktisch unumkehrbar, eine Renaissance der Atomkraft ist in Deutschland wegen der für den Bau solcher Kraftwerke erforderlichen Jahre weder eine Lösung für die klimafreundliche Erzeugung von Elektrizität noch wirtschaftlich darstellbar.

Es bleibt aber die Klärung der **Entschädigungsfrage** für die Betreiber der Kernkraftwerke, die die Dogmatik des Eigentumsgrundrechts ein weiteres Mal auf den Prüfstand gestellt hat. Das 13. AtÄndG erweist sich bei zutreffender Betrachtung nicht als Enteignung, sondern als Eigentumsinhalts- und Schrankenbestimmung, für die der Gesetzesvorbehalt gilt und die dem Verhältnismäßigkeitsgrundsatz unterliegt. Beide Voraussetzungen liegen nach der Rechtsprechung des BVerfG im Wesentlichen vor.

Mit dem Ende des Betriebs der Kraftwerke ist aber auch zu klären, wie mit dem **radioaktiven Abfall in** Form der abgebrannten Brennstäbe zu verfahren ist. Die Suche nach einem geeigneten Endlager in Deutschland wird aller Voraussicht nach Jahrzehnte dauern, da das **Standortauswahlgesetz** alle in Frage kommenden Gesteinsarten und das gesamte Bundesgebiet zum

Ausgangspunkt der Betrachtung gewählt hat. Der mehrstufige Suchprozess – übertägige Identifizierung geeigneter Regionen, die **übertägige** Untersuchung geeigneter Standorte und schließlich deren **untertägige** Erkundung – benötigen die Einbeziehung des wissenschaftlichen Sachverstands wie die Partizipation der Öffentlichkeit. Rechtlich ist die Zuordnung der verschiedenen Zuständigkeiten auf Bundesebene wie auch einzelne Instrumente – etwa der Veränderungssperre – umstritten. Am Ende des Suchprozesses wird eine Entscheidung des Bundestags über den Vorschlag für einen **Endlagerstandort** stehen.

H. Adaptation: Anpassung an den Klimawandel

Die Bemühungen um die Reduzierung der Treibhausgasemissionen sind in Deutschland, Europa und dem Rest der Welt durchaus nicht völlig erfolglos. Selbst wenn es aber gelingt, das 1,5-Grad-Ziel oder auch nur das 2-Grad-Ziel des Pariser Übereinkommens zu erreichen, werden damit Veränderungen verbunden sein, auf die sich die Welt einstellen muss, sollen die größten Schäden verhindert werden. Es häufen sich in den vergangenen Jahren Wetterereignisse wie **Starkregen**, **Überflutungen** und **Waldbrände** infolge lang andauernder Hitze, die schon zum Teil enorme Schäden verursacht haben. Seriösen Schätzungen zufolge wird die **globale Einkommensschmälerung** im Jahr 2045 gegenüber einer Entwicklung ohne Klimawandel rund 19 % betragen.[501] Schon jetzt schätzt die **EU-Kommission** in ihrer Anpassungsstrategie aus dem Jahr 2021 die Schäden pro Jahr in der EU im Schnitt auf 12 Mrd. Euro.[502] Zum Teil werden diese Schäden durch **Versicherungen** in finanzieller Hinsicht abgedeckt, zum Teil aber gehen Versicherungsunternehmen in Insolvenz oder ändern ihre Bedingungen mit der Folge, dass bestimmte Risiken gar nicht mehr versichert werden können (Brandgefahr für Häuser in Kalifornien infolge der Feuer im Jahr 2024).

Die **Vorsorge** gegen Klimafolgenschäden ist daher ein Gebot wirtschaftlicher Klugheit; die Kosten von Vorsorgemaßnahmen liegen im Prinzip ganz erheblich unter denen, die eingetretene Katastrophen zu ihrer Bewältigung erfordern. Der Bau von Deichen, Dämmen, die Schaffung von Grünflächen in Städten[503] oder Überschwemmungsflächen bei Flüssen ist regelmäßig wesentlich weniger kostspielig als die Reparatur eingetretener Schäden, so sie denn überhaupt möglich ist. Dass es trotzdem vielfach nicht zu Vorsorgemaßnahmen kommt, liegt an der **politischen Ökonomie** der **Klimafolgenvorsorge**: während Vorsorgemaßnahmen reale und gegenwärtige Kosten verursachen und infolgedessen die dafür aufgewendeten Mittel nicht für andere gegenwärtige Aufgaben verwendet werden können,

---

501 *M. Kotz/A. Levermann/L. Wenz*, The economic commitment of climate change, nature 628, S. 551–557 (2024).

502 *EU Kommission*, Ein klimaresilientes Europa aufbauen – die neue EU-Strategie für die Anpassung an den Klimawandel, COM (2021) 82 final, S. 2.

503 *J. Marschall*, ZfBR 2024, S. 6 ff.

sind die Einsparungen durch abgewendete Klimaschäden unsicher, liegen in der Zukunft und schlagen sich nicht unmittelbar – eben nur durch Einsparungen nicht notwendiger Kosten für die Beseitigung von Schäden – auf öffentliche Haushalte nieder.

Das ändert aber nichts daran, dass eine langfristige und durchdachte Klimafolgenvorsorge zum wirtschaftlich klügsten gehört, was Klimapolitik leisten kann. Dieser Einsicht folgend hat die EU eine **EU-Anpassungsstrategie** entwickelt. Sie enthält an erster Stelle die Zusammenführung, Sammlung und Bewertung der vorhandenen Wetterdaten und anderer Informationssysteme.[504] Darüber hinaus hält sie **Überwachung**, **Berichterstattung** und **Bewertung** der Daten für erforderlich, sollen die Informationen als verlässliche Vergleichsgrundlage für die Messung der Fortschritte bei der Anpassung dienen.[505] Einzelheiten über Struktur, das Format und die Verfahren für die Vorlage und die Überprüfung der von den Mitgliedstaaten gemeldeten Informationen sind in der **Durchführungsverordnung (EU) 2020/1208** geregelt. Der Austausch der Daten wird über ein Programm der **Europäischen Umweltagentur** durchgeführt.[506] Dort werden insbesondere die Erfolge (bzw. Misserfolge) der Mitgliedstaaten verzeichnet.[507] Die EU-Kommission will auch die **finanziellen Mittel** für die Anpassungsmaßnahmen über den Struktur- und Investitionsfonds, die Gemeinsame Agrarpolitik und das Programm *LIFE* bereitstellen.[508]

Dass auch nationaler Handlungsbedarf besteht, ist in **Deutschland** schon seit längerem bekannt – die „**Deutsche Anpassungsstrategie**“ (DAS) aus dem Jahr 2008 ist ein erster nachdrücklicher Beleg dafür, dass sich die zuständigen Ministerien mit der Thematik auseinandersetzen. Die DAS konnte aber keine große Durchschlagskraft entfalten, sie blieb als

---

504 *EU Kommission*, Ein klimaresilientes Europa aufbauen – die neue EU-Strategie für die Anpassung an den Klimawandel, COM (2021) 82 final, S. 8 (Waldinformationssystem für Europa, EU-Bodenbeobachtungsstelle, Europäisches Informationssystem für Biodiversität, Europäische Dürrebeobachtungsstelle, Wissenszentrum für biologische Vielfalt, „EU Science Hub“ für Erdbeobachtung.

505 *EU Kommission*, Ein klimaresilientes Europa aufbauen – die neue EU-Strategie für die Anpassung an den Klimawandel, COM (2021) 82 final, S. 10.

506 *EU Kommission*, Ein klimaresilientes Europa aufbauen – die neue EU-Strategie für die Anpassung an den Klimawandel, COM (2021) 82 final, S. 11; European Environment Agency, Climate Adapt, https://climate-adapt.eea.europa.eu/en (21.3.2025).

507 *EEA*, Adaptation and progress to targets, https://climate-energy.eea.europa.eu/topics/climate-change-adaptation/adaptation-progress-to-targets/intro (21.3.2025).

508 *EU Kommission*, Ein klimaresilientes Europa aufbauen – die neue EU-Strategie für die Anpassung an den Klimawandel, COM (2021) 82 final, S. 11.

verwaltungsinterne Strategie lange Zeit eher unbeachtet und folgenlos. Sie kann aber als Vorläuferin der entsprechenden Planungen nach dem Bundes-**Klimaanpassungsgesetz** aus dem Jahr 2023 betrachtet werden.

I. Pariser Abkommen und Klimaanpassung

Die Klimakrise ist allerdings von globaler Natur, so dass der internationale Rechtsrahmen auch hinsichtlich der Klimaanpassung in den Blick genommen werden muss. Das Pariser Abkommen (PA) enthält hier einige beachtliche Leitlinien. Mit dem Vertrag haben sich seine Unterzeichner ausweislich von Art. 7 Abs. 1 PA verpflichtet, die **Anpassungsfähigkeit** zu bessern, die **Widerstandsfähigkeit** zu stärken und die **Anfälligkeit** gegenüber Klimaänderungen zu verringern. Eine quantitative oder gar numerische Festlegung über das Maß der Erreichung dieser Ziele erfolgt nicht. Dabei erkennen die Vertragsparteien insbesondere an, die Bedürfnisse der Entwicklungsländer zu berücksichtigen (Art. 7 Abs. 6 PA). Der im Kern strategische Ansatz zur Bewältigung der Klimaanpassung zeigt sich in der Verpflichtung der Vertragsparteien, einschlägige Politiken, **Strategien** und **Anpassungspläne** zu entwickeln, die überwacht und bewertet werden müssen (Art. 7 Abs. 9 PA). Die Vertragsparteien teilen den Stand ihrer Bemühungen dem Sekretariat mit, das die **Anpassungsmitteilungen** veröffentlicht (Art. 7 Abs. 10–12 PA). Weitere **Sanktionen** zur Durchsetzung der Klimaanpassungspflichten enthält das PA nicht.

II. EU-Klimagesetz

Dem Pariser Übereinkommen folgend verpflichtet das EU-Klimagesetz die Union und ihre Mitgliedstaaten, kontinuierliche Fortschritte bei der Verbesserung der **Anpassungsfähigkeit**, der Stärkung der **Widerstandsfähigkeit** und der **Verringerung der Anfälligkeit gegenüber Klimaänderungen** gemäß Art. 7 des Übereinkommens von Paris zu gewährleisten.[509] Eine **numerische Festlegung** wie im Bereich des Klimaschutzes erfolgt

509 Art. 5 Abs. 1 Verordnung (EU) 2021/1119 des Europäischen Parlaments und des Rates v. 30.6.2021 zur Schaffung des Rahmens für die Verwirklichung der Klimaneutralität und zur Änderung der Verordnungen (EG) Nr. 401/2009 und (EU) 2018/1999 („Europäisches Klimagesetz"), ABl. EU L 243, S. 1 (EU-Klimagesetz).

nicht.[510] Die EU-Kommission muss die schon erwähnte **Klimaanpassungsstrategie** entwickeln und verabschieden (Art. 5 Abs. 2 EU-Klimagesetz). Eine Verpflichtung zur **Umsetzung der Strategie** enthält Art. 5 Abs. 2 EU-Klimagesetz nur mittelbar über die eben erwähnte umfängliche Pflicht in Art. 5 Abs. 1 EU-Klimagesetz.

Darüber hinaus müssen die zuständigen Organe der Union und die Mitgliedstaaten nach Art. 5 Abs. 3 S. 1 1. HS EU-Klimagesetz dafür sorgen, dass die Maßnahmen zur Anpassung an den Klimawandel in der Union und in den Mitgliedstaaten stimmig sind, einander befördern und positive Nebeneffekte für sektorspezifische politische Maßnahmen haben. Weiter arbeiten sie nach Art. 5 Abs. 3 S. 1 2. HS EU-Klimagesetz auf eine bessere und kohärente Einbeziehung der Anpassung an den Klimawandel **in alle Politikbereiche** hin, gegebenenfalls auch in die einschlägigen sozioökonomischen und ökologischen Strategien und Maßnahmen, sowie in das außenpolitische Handeln der Union.

Die Fortschritte im Bereich der Klimaanpassung müssen nach Art. 6 Abs. 1 lit. b) EU-Klimagesetz für alle Mitgliedstaaten der Union **bewertet** werden; sollte sich herausstellen, dass die Fortschritte den Zielen nicht genügen, so trifft die EU-Kommission die erforderlichen Maßnahmen (Art. 6 Abs. 3 EU-Klimagesetz). Damit soll keine Ermächtigung zum Erlass außenwirksamer Rechtsakte gemeint sein.[511]

III. Klimaanpassungsgesetz

1. Planung durch Bund und Länder

Wissen | Das Bundes-Klimaanpassungsgesetz ruht auf drei Säulen: der Klimaanpassung im **Bund**, der Klimaanpassung in den **Ländern** und dem **Berücksichtigungsgebot** in § 8 KAnG.

Die Klimaanpassung im Bund verlangt vom Bund die Vorlage einer vorsorgenden Klimaanpassungsstrategie bis zum Ablauf des 30.9.2025 (§ 3 Abs. 1 KAnG), deren Ziele und Maßnahmen auf der Grundlage einer **Klimarisikoanalyse** (§ 4 KAnG) bestimmt werden. Dass die **Klimaanpassungs-**

510 *J. Saurer*, EU-Klimagesetz, in: Hofmann/Heß (Hrsg.), BeckOK Klimarecht, Art. 5 Rn. 6.
511 *J. Saurer*, EU-Klimagesetz, in: Hofmann/Heß (Hrsg.), BeckOK Klimarecht, Art. 6 Rn. 8.

strategie auch auf die Identifizierung geeigneter **Maßnahmen** und deren **Umsetzung** gerichtet ist, lässt sich auch an § 3 Abs. 5 KAnG erkennen, der die Verantwortlichkeit für die Umsetzung mit dem fachlich überwiegend zuständigen Bundesministerium festlegt. Die vom EU-Klimagesetz verlangte **nationale Klimaanpassungsstrategie** ist von der Bundesregierung im Jahr 2024 verabschiedet worden („DAS 2024").[512]

Die **Klimaanpassungsstrategie** muss **hinreichend ambitionierte, messbare Ziele** festlegen, die jeweils innerhalb eines bestimmten in der Strategie festzulegenden zeitlichen Rahmens erreicht werden sollen (§ 3 Ziff. 1 KAnG). Sie muss auch für jedes Ziel einen oder mehrere Indikatoren definieren, mit denen gemessen wird, inwieweit das Ziel erreicht worden ist (§ 3 Ziff. 2 KAnG), geeignete Maßnahmen des Bundes benennen, die jeweils zur Erreichung eines oder mehrerer Ziele beitragen (§ 3 Ziff. 3 KAnG) und Vorschläge für Maßnahmen der Länder machen (§ 3 Ziff. 4 KAnG). Abgerundet wird dieses Bündel durch die Pflicht, einen Mechanismus zur Bewertung der Fortschritte in der Zielerreichung festzulegen. Überdies sieht § 4 Abs. 2 S. 2 KAnG vor, dass die zuständigen Ministerien zu einer Untersuchung der Wirksamkeit in Betracht kommender Maßnahmen mit Blick auf die Begrenzung von Klimawandelfolgen verpflichtet sind – allerdings nur im Rahmen der Risikoanalyse und ohne methodische oder institutionelle Anforderungen.

Trotz der darin liegenden Unschärfe entspricht die nationale Klimaanpassungsstrategie diesen Vorgaben nur zum Teil. So werden zwar **Indikatoren** etwa für die Klimaanpassung im Bereich des Grundwasserschutzes genannt, das Ziel bleibt jedoch im Ungefähren, wenn die Klimaanpassungsstrategie formuliert, die „Anzahl der Monate mit Unterschreitung des mittleren niedrigsten Grundwasserstandes/der mittleren niedrigsten Quellschüttung" sei zu „minimieren".[513] Unklar ist zunächst, ob der mittlere niedrigste Grundwasserstand oder die mittlere niedrigste Quellschüttung herangezogen werden soll oder beides. Darüber hinaus ist nicht genau bestimmt, was „minimieren" heißt. Indikatoren, die so vage formuliert sind und das Ausmaß der Zielerreichung nicht offenlegen, können hinsichtlich des Grads der **Fortschritte nicht sinnvoll evaluiert** werden. Eine ordentliche und

---

512 *BMUV*, Deutsche Anpassungsstrategie an den Klimawandel 2024, 11.12.2024, https://www.bmuv.de/download/deutsche-anpassungsstrategie-an-den-klimawandel-2024 (24.3.2025).

513 *BMUV*, Deutsche Anpassungsstrategie an den Klimawandel 2024, 2024, S. 84.

nach dem Jahr 2023 alle fünf Jahre durchzuführende **Evaluation** durch die EU-Kommission ist jedoch nach Art. 7 EU-Klimagesetz durchzuführen.

Die Vorschriften über die Klimaanpassung durch die Länder (§§ 9–12 KAnG) verpflichten die Bundesländer, eine **landeseigene vorsorgende Klimaanpassungsstrategie** bis spätestens zum 31.01.2027 vorzulegen (§ 9 Abs. 1, 6 KAnG). Die Strategien müssen auf Risikoanalysen beruhen (§ 10 Abs. 2 KAnG). Ähnlich wie die Klimaanpassungsstrategie des Bundes müssen die Landesstrategien auch einen Maßnahmenkatalog und einen Plan zu dessen Umsetzung enthalten (§ 10 Abs. 3 Nr. 4 KAnG).

2. Einbeziehung der Gemeinden?

Besonders umstritten war im Gesetzgebungsverfahren § 12 KAnG, mit dem die Länder diejenigen öffentlichen Stellen bestimmen, die für die Gebiete der Gemeinden und Kreise jeweils ein **Klimaanpassungskonzept** – soweit nicht bereits vorhanden – aufstellen. Wenn nicht Landesbehörden diese Aufgabe wahrnehmen, was deren erhebliche Unterstützung durch die Gemeinden erfordern würde, müssen das die Gemeinden sein.

Dieses Konzept wirft verfassungsrechtliche Fragen auf, da Art. 84 Abs. 1 S. 7 GG dem Bund verbietet, den Gemeinden und Gemeindeverbänden Aufgaben zu übertragen.[514] Die Regelung des KAnG läuft darauf hinaus, dass entweder die Gemeinden durch Landesgesetz verpflichtet werden, Klimaanpassungskonzepte vorzulegen, oder aber Landesbehörden mit dieser Aufgabe betraut werden, die auf die Mitwirkung der Gemeinden angewiesen sind, was zumindest im Ergebnis ebenfalls auf die Übertragung einer Aufgabe hinausläuft. Sachlich ist die Vorschrift überzeugend: ein Klimaanpassungskonzept benötigt für seine reale Wirksamkeit die Nähe zu lokalen Angelegenheiten. Etliche Städte hatten daher auch schon entsprechende Konzepte vor Inkrafttreten des KAnG erarbeitet, die ihre Gültigkeit unter dem KAnG behalten.[515] Ein instruktives Beispiel bietet das Klimaanpassungskonzept der Stadt Dortmund.[516]

514 *B. Gwiasda*, NVwZ 2025, S. 28 (32).

515 § 12 Abs. 1 S. 1 KAnG; *F. Heß*, in: Hofmann/Heß (Hrsg.), BeckOK Klimarecht, § 12 KAnG Rn. 12, unter Hinweis auf die Begründung des Gesetzentwurfs, BT-Drs. 20/8764, 22.

516 Stadt Dortmund, Umweltamt 2021, Masterplan integrierte Klimaanpassung Dortmund MiKaDo. Abrufbar unter https://www.dortmund.de/dortmund/projekte/rathaus/verwaltung/umweltamt/downloads/klimaschutz/klimafolgeanpassung/mikado_gesamtkonzept_bericht.pdf (2.12.2025).

Man könnte im Sinne der Verfassungskonformität der Vorschrift daher anführen, dass es dem Bund der Sache nach nur um die flächendeckende Erarbeitung von Klimaanpassungskonzepten gegangen sei, die von der Skalierung her auch lokale Gegebenheiten berücksichtigt – es also nicht darauf ankommt, wer die Aufgabe wahrnimmt und es daher auch keinen Konflikt mit Art. 84 Abs. 1 S. 7 GG gibt. Allerdings ist dann nicht zu erkennen, wie eine diesen Anforderungen genügende gesetzliche Konzeption verfassungskonform umzusetzen wäre. Es bleibt abzuwarten, wie das BVerfG das sehen wird. Sollte das Gericht die Regelung für verfassungswidrig erachten, würde das eine Verzögerung in der Klimaanpassung in Deutschland bedeuten.

Subjektive Rechte und **klagbare Rechtspositionen** werden nach § 13 Abs. 1 KAnG durch das KAnG nicht begründet. Damit unterstreicht der Gesetzgeber die Konzeption des KAnG als **verwaltungsinternes Planungsgesetz**. Soweit die Bestimmung greift, hat das zumindest den Vorzug, dass die Klimaanpassungsstrategie nicht zum Gegenstand gerichtlicher Verfahren wird. Wie aber auch schon im Zusammenhang mit der entsprechenden Regelung im KSG (§ 4 Abs. 1 S. 6 KSG) bedeutet das nicht, dass gegen Klimaanpassungsstrategien, Klimaanpassungskonzepte oder deren Umsetzungsmaßnahmen gerichtlich in keinem Fall vorgegangen werden könnte. Das verhindert schon Art. 9 Abs. 2 und 3 Aarhus-Konvention. So können manche dieser Elemente durchaus zum Gegenstand einer **Normenkontrolle** oder einer **Inzidentkontrolle** werden. Jedenfalls bejaht das BVerwG unter Zustimmung anderer Gerichte eine Klagebefugnis von Umweltverbänden gegen das KSG,[517] was möglicherweise auf das KAnG übertragbar sein könnte. Jedenfalls enthalten sowohl das KAnG als auch das KSG ein Berücksichtigungsgebot:

3. Berücksichtigungsgebot (§ 8 KAnG)

Nach § 8 Abs. 1 S. 1 KAnG haben die **Träger öffentlicher Aufgaben** bei ihren Planungen und Entscheidungen das Ziel der Klimaanpassung nach § 1 fachübergreifend und integriert zu **berücksichtigen**. Dieser Berücksichtigungspflicht ist schon dann Rechnung getragen, wenn Fachgesetze eine solche Berücksichtigung verlangen (§ 8 Abs. 2 KAnG) oder aber anerkannte

517 BVerwG, Urteil vom 4.5.2022 – 9 A 7.21, NVwZ 2022, 1549 Rn. 70; OVG Berlin-Brandenburg, Urteil vom 30.11.2023 – OVG 11 A 1/23, EnWZ 2024, 85 Rn. 79; *M. Püstow*, ESGZ 11–12/2024, S. 25 (28).

Regeln der Technik beachtet werden müssen, die der Zielsetzung von § 8 Abs. 1 KAnG entsprechen. Berücksichtigen heißt, wie stets und wie in dem Berücksichtigungsgebot des § 13 KSG[518], dass der Belang der Klimaanpassung in die Überlegungen einbezogen werden muss, aber nicht, dass er sich im Ergebnis auch immer durchsetzt. Für **Ermessensentscheidungen** gilt es also insoweit, die Entscheidungsspielräume entsprechend zu nutzen.[519] Bei **gebundenen** Entscheidungen kann sich das auf die Auslegung von Tatbeständen beziehen, die semantische **Vagheit** („unbestimmte Rechtsbegriffe") wie etwa den der Vorsorge in § 5 Abs. 1 Nr. 2 BImSchG enthalten.[520] Soweit **der Ausschluss subjektiver Rechte und klagbarer Rechtspositionen** nach § 13 Abs. 1 KAnG reicht, ist die Berücksichtigungspflicht ohnehin nur ein nicht gerichtlich durchsetzbarer Appell an die Entscheidungsträger.

Das gilt auch für die Vorschrift des § 8 Abs. 3 KAnG, nach dem Träger öffentlicher Aufgaben darauf hinwirken sollen, dass bereits versiegelte Böden, deren Versiegelung dauerhaft nicht mehr für die Nutzung der Böden notwendig ist, im Rahmen von Maßnahmen in ihrem Verantwortungsbereich in den natürlichen Funktionen des Bodens nach § 2 Abs. 2 Nr. 1 des **Bundes-Bodenschutzgesetzes**, soweit dies erforderlich und zumutbar ist, wiederhergestellt und **entsiegelt** werden. Wegen der Beschränkung auf ein „Hinwirken müssen" ist das wenig durchsetzungsstark.[521]

Zusätzliche Kompetenzen für die Träger öffentlicher Aufgaben sind mit der Berücksichtigungspflicht des § 8 Abs. 1 KAnG ohnehin nicht verbunden (§ 8 Abs. 4 KAnG). Gerade in der **länderübergreifenden** und **zwischenstaatlichen** Zusammenarbeit hätten hier Fortschritte erzielt werden können, denkt man etwa an Überflutungskatastrophen in Grenzregionen wie dem Ahrtal-Hochwasser im Jahr 2021.[522]

---

518 → D. II. und → H. III. 3.).

519 *E. Hofmann*, in Hofmann/Heß (Hrsg.), BeckOK Klimarecht, KAnG, § 8 Rn. 3.

520 *E. Hofmann*, in Hofmann/Heß (Hrsg.), BeckOK Klimarecht, KAnG, § 8 Rn. 4.

521 *E. Hofmann*, in Hofmann/Heß (Hrsg.), BeckOK Klimarecht, KAnG, § 8 Rn. 10.

522 Die Notwendigkeit einer verstärkten grenzüberschreitenden Zusammenarbeit wird nicht immer erkannt, so findet sie der rheinland-pfälzischen Enquete-Kommission 18/1 („Zukunftsstrategien zur Katastrophenvorsorge") nur in abweichenden Meinungen Erwähnung, Landtag Rheinland-Pfalz, Untersuchungsausschuss 18/1, LT-Drs. 18/8222, S. 319.

4. Städtebauliche Umsetzung

Besondere Bedeutung hat die Klimaanpassung für das Städtebaurecht; wollen Gemeinden **Grünflächen** erweitern, **Retentionsflächen** schaffen oder Vorgaben zur Art der Bodenbeschaffenheit und der **Begrünung** baulicher Anlagen machen, sind dafür rechtliche Instrumente erforderlich. Davon gibt es eine ganze Reihe.[523] Neben den städtebaulichen Bestimmungen des BauGB enthalten auch die Landesbauordnungen einschlägige Vorschriften. Nicht bebaute Flächen müssen **wasseraufnahmefähig** bleiben oder gemacht werden,[524] **Stellplatzpflichten** bei Neubauten können bis zum Ausschluss von Stellplätzen nach § 12 Abs. 6 BauNVO reduziert werden, **Anpflanzverpflichtungen** können nach § 9 Abs. 1 Nr. 25 BauGB in Bebauungspläne aufgenommen werden.[525]

Die Klimaanpassung kann auch Anlass zu städtebaulichen **Sanierungsmaßnahmen** geben (§ 136 Abs. 1, 3 Ziff. 2 lit. c BauGB). Gleiches gilt für **Stadtumbaumaßnahmen** nach § 171a Abs. 1; Abs. 2 S. 2; Abs. 3 Nr. 6 BauGB.

Wegen seiner engen Verzahnung mit dem Städtebaurecht ist auch in den Blick zu nehmen, ob das **Abwasser** überall in die städtische Kanalisation geleitet werden muss oder ob es nicht Möglichkeiten zur **geordneten Versickerung** gibt, die mit Hilfe von kommunalen Entwässerungssatzungen rechtlich ausgestaltet werden können.[526]

IV. Hochwasserschutz

Gerade der Schutz vor Hochwasser ist ein Feld, das schon vor Jahrzehnten politisch wie rechtlich Aufmerksamkeit bekommen hat, nun aber wegen zunehmender Häufigkeit und Schwere von Hochwasserereignissen in den Fokus der Klimaanpassung gerückt ist. Hier ist zwischen **Katastrophenschutz** und **Vorsorge** zu trennen.

Der **Katastrophenschutz** fällt in die Zuständigkeit der Länder, wobei der Bund nach Art. 35 Abs. 2 GG in Fällen eines **regionalen** Katastrophen-

---

523 Im Überblick bereits früh *M. Reese/S. Möckel/J. Bovet/W. Köck*, Rechtlicher Handlungsbedarf für die Anpassung an die Folgen des Klimawandels, UBA Schriften Climate Change 07/2016, 2016, S. 365 ff.

524 § 10 Abs. 4 LBauO Rh-Pf.

525 Im Überblick *J. Marschall*, ZfBR 2024, S. 6 (8 ff.).

526 *J. Marschall*, ZfBR 2024, S. 6 (13).

notstands Amtshilfe leisten kann und muss.[527] Der Bund kann sogar im Falle eines **überregionalen Katastrophennotstands** Ländern die Weisung erteilen, anderen Ländern Amtshilfe zu leisten, soweit es zur wirksamen Bekämpfung von Naturkatastrophen erforderlich ist (Art. 35 Abs. 3 S. 1 GG).[528] Die Aufarbeitung von Katastrophen dieser Art hat auch schon Landesparlamente gefordert.[529]

In den weiten Bereich der **Vorsorge** und damit der langfristigen Klimaanpassung fällt der **vorbeugende Hochwasserschutz** im Rahmen des Hochwasserrisikomanagements. Grundlegend hierfür war und ist die EG-Richtlinie 2007/60, die von den Mitgliedstaaten die Erarbeitung von Hochwassergefahrenkarten auf der Grundlage einer **vorläufigen Bewertung des Hochwasserrisikos** nach Art. 4 verlangt.[530] Das Ziel der vorläufigen Bewertung ist die Bestimmung der Gebiete, bei denen die Mitgliedstaaten davon ausgehen, dass ein potenzielles signifikantes Hochwasserrisiko besteht oder für wahrscheinlich gehalten werden kann (Art. 5 Abs. 1 RL 2007/60). Diese Gebiete sollen dann dargestellt werden in Hochwassergefahrenkarten und Hochwasserrisikokarten. Die Hochwassergefahrenkarten stellen dar, mit welcher **Wahrscheinlichkeit** in den betroffenen Gebieten mit Hochwasserereignissen zu rechnen ist (Art. 6 Abs. 3 RL 2007/60). Die Gefahrenkarten erfassen die Gebiete, die bei Hochwasserereignissen überflutet werden; von Hochwassern mit niedriger Wahrscheinlichkeit (voraussichtliches Wiederkehrintervall mindestens 200 Jahre) oder bei Extremereignissen, über Hochwasser mit mittlerer Wahrscheinlichkeit (voraussichtliches Wiederkehrintervall mindestens 100 Jahre) bis hin, soweit erforderlich, zu Hochwasser mit hoher Wahrscheinlichkeit (§ 74 Abs. 2 WHG). Die Umsetzung erfolgt dann durch Landesrechtsverordnungen, die **Überschwemmungsgebiete** als die Gebiete innerhalb der Risikogebiete festlegen, in denen ein Hochwasserereignis statistisch einmal in 100 Jahren zu erwarten ist (§ 76 Abs. 2 WHG). Die Überschwemmungsgebiete dienen zugleich als **Rückhalteflächen** (§ 77 WHG).

527 *H.-G. Dederer*, in: Dürig/Herzog/Scholz (Hrsg.), GG-Kommentar, 2025, Art. 35 Rn. 125 ff.

528 *H.-G. Dederer*, in: Dürig/Herzog/Scholz (Hrsg.), GG-Kommentar, 2025, Art. 35 Rn. 157 ff.

529 S. etwa den Untersuchungsausschuss des rheinland-pfälzischen Landtags zur Ahrtal-Katastrophe vom 21.7.2021, https://landtag-rlp.de/de/parlament/ausschuesse-und-gremien/sonstige-ausschuesse-kommis/untersuchungsausschuss-181-f.htm (20.2.2025).

530 Richtlinie 2007/60/EG d. Europäischen Parlaments und d. Rates vom 23.10.2007 über die Bewertung und das Management von Hochwasserrisiken, ABl. L 288/27.

Die Hochwasserrisikokarten verzeichnen dagegen potenzielle hochwasserbedingte nachteilige Auswirkungen, bilden also die möglichen Schäden von Hochwasserereignissen ab, indem sie die Anzahl der betroffenen Einwohner und die dort ansässige Wirtschaft darstellen. Diese Karten mussten bis zum 22.12.2013 erstellt werden.

Zwei Jahre später, bis zum 22.12.2015, mussten dann **Hochwasserrisikomanagementpläne** vorgelegt werden. Sie bilden den Kern des Instruments, indem sie die Mitgliedstaaten verpflichten, für die betroffenen Gebiete angemessene **Ziele** für das Hochwasserrisikomanagement und **Maßnahmen** zu ihrer Erreichung festzulegen (Art. 7 Abs. 2 und 3 RL 2007/60). Das ist in Deutschland insbesondere durch § 75 WHG umgesetzt worden, der die Wasserbehörden zur Erstellung von Risikomanagementplänen und damit zur Festlegung von Zielen und Maßnahmen des Hochwasserschutzes verpflichtet. Zu den Maßnahmen zählt dann wie schon erwähnt die Festlegung von **Überschwemmungsgebieten**, also Gebieten, in denen dann nicht oder nur unter besonderen Voraussetzungen noch gebaut werden darf (§§ 76, 78 WHG).

Wegen des überörtlichen Charakters der Hochwassergefahren hat der Bund des Weiteren den „Länderübergreifenden Raumordnungsplan für den Hochwasserschutz“ erlassen, der entsprechende Ziele und Grundsätze der Raumordnung festlegt.[531] Bedeutsam ist dabei vor allem das Ziel der Raumordnung, dass die Auswirkungen des Klimawandels im Hinblick auf Hochwasserereignisse durch oberirdische Gewässer, durch Starkregen oder durch in Küstengebiete eindringendes Meerwasser bei raumbedeutsamen Planungen und Maßnahmen einschließlich der Siedlungsentwicklung nach Maßgabe der bei öffentlichen Stellen verfügbaren Daten vorausschauend zu prüfen sind (Nr. 2 I.2.1).

Die EG-Hochwasserrichtlinie hat dann aber auch für die örtliche **Bauleitplanung** Konsequenzen, indem festgesetzte Überschwemmungsgebiete im Sinne des § 76 Abs. 2 des Wasserhaushaltsgesetzes, Risikogebiete außerhalb von Überschwemmungsgebieten im Sinne des § 78b Abs. 1 des Wasserhaushaltsgesetzes sowie Hochwasserentstehungsgebiete im Sinne des § 78d Abs. 1 des Wasserhaushaltsgesetzes nach § 4 Abs. 4a BauGB im **Flächennutzungsplan** und § 9 Abs. 6a BauGB im **Bebauungsplan nachrichtlich übernommen** werden sollen. Gemeinden haben dort dann ein

531 Anlage zur Verordnung über die Raumordnung im Bund für einen länderübergreifenden Hochwasserschutz vom 19.8.2021 (BGBl. I S. 3712).

Vorkaufsrecht nach § 24 Abs. 1 Nr. 7 BauGB.[532] Die wichtigste Konsequenz ist jedoch vermutlich die Ermächtigung der Länder, durch Rechtsverordnung **Wiederaufbaugebiete** zu bestimmen, in denen von §§ 29 bis 35 BauGB im Falle der Planung einer dringend benötigten baulichen Anlage oder Infrastruktureinrichtung abgewichen werden kann (§ 246c Abs. 2 Nr. 1 BauGB) oder aber zerstörte Gebäude an gleicher Stelle aber in angepasster Bauweise oder an geringfügig versetzter Stelle ohne Rücksicht auf §§ 29 bis 35 BauGB errichtet werden dürfen (§ 246c Abs. 2 Nr. 2 BauGB).[533]

V. Invasive gebietsfremde Arten

Durch den Klimawandel verschieben sich die Klimazonen und damit die Lebensbedingungen für Tiere und Pflanzen.[534] Fauna und Flora, die etwa bisher im Mittelmeerraum heimisch waren, finden zunehmend Bedingungen nördlich der Alpen vor, die ihnen gute Überlebenschancen geben.[535] Was an Land gilt, gilt auch im Meer: Arten, die bislang in wärmeren Gewässern heimisch waren, können nun auch im nördlichen Atlantik und der Nordsee leben. Zum Teil findet der Ortswechsel ohne menschliches Zutun statt, wenn insbesondere Tiere auf Wanderschaft gehen – oder diese unterlassen wie Zugvögel, die im Winter nicht nach Afrika fliegen. Zum Teil aber transportiert der Mensch Arten über große Entfernungen, so insbesondere bei Flugreisen, vor allem aber im Ballastwasser von Seeschiffen.[536]

---

532 Näheres zu den Vorkaufsrechten der Gemeinden *J. Marschall,* Planungs- und Rechtsinstrumente zur Klimaanpassung durch urbanes Grün, ZfBR 2024, S. 6 (10 f.).

533 S. etwa rheinland-pfälzische Landesverordnung zur Bestimmung von Wiederaufbaugebieten nach § 246c des Baugesetzbuchs (Wiederaufbaugebietsverordnung – WAufbGVO -) vom 18.7.2023, GVBl. Rh-Pf 2023, 206, zuletzt geändert durch Verordnung vom 19.6.2024 (GVBl. S. 280).

534 *Bundesamt für Naturschutz,* Klimawandel, https://neobiota.bfn.de/grundlagen/klimawandel.html (25.2.2025).

535 Zu den Begrifflichkeiten früh schon *E. Hofmann,* Invasive gebietsfremde Arten als rechtliches Mehrebenenproblem, in: Hendler/Marburger/Reiff/Schröder (Hrsg.), Jahrbuch des Umwelt- und Technikrechts 2008, S. 295–317.

536 *A. Zink,* Das Ballastwasser-Übereinkommen der internationalen Seeschifffahrts-Organisation von 2004, Anwendung in Nord- und Ostsee, 2016, S. 46; im Überblick *C. Mielke/E. Pache/R.Verheyen,* Umwelt und Verkehr, in: Koch/Hofmann/Reese (Hrsg.), Handbuch Umweltrecht, Rn. 32.

Wissen | Als **gebietsfremd** wird häufig eine wild lebende Tier- oder Pflanzenart bezeichnet, die in dem betreffenden Gebiet in freier Natur nicht oder seit mehr als 100 Jahren nicht mehr vorkommt (s. a. § 40 Abs. 1 BNatSchG). Beispiele in Deutschland für Arten, auf die das zutrifft, wären etwa die **Nilgans**, der **Bisam** oder der **Riesenbärenklau**.

Andere begriffliche Ansätze stellen auf die Überwindung einer geographischen Barriere,[537] auf die Überwindung einer Entfernung von mehr als 100 km oder darauf ab, ob sich die Art bereits im Zeitpunkt der Entdeckung Amerikas in Europa befunden hat.[538] Das geltende EU-Recht beantwortet die Frage nicht, sondern definiert als gebietsfremd nach Art. 3 Ziff. 1 Verordnung (EU) 1143/2014 (IAS-Verordnung) die Arten, die aus ihrem natürlichen Verbreitungsgebiet heraus **eingebracht** wurden, einschließlich Teilen, Gameten, Samen, Eiern oder Propagationsformen dieser Arten sowie Hybriden, Sorten oder Rassen, die überleben und sich anschließend fortpflanzen könnten. Das „Einbringen" als bewusster Akt der Einfuhr deckt nur einen Teil der Möglichkeiten ab, wie Arten an andere Orte gelangen können.

> Zentral ist dann das Folgende:
> Manche der gebietsfremden Arten passen sich an dem ursprünglich fremden Ort an und verdrängen die dortigen bislang heimischen Tiere und Pflanzen – sie werden damit zur Gefahr für die Ökosysteme.

Diese sogenannten **invasiven** gebietsfremden **Arten** definiert die EU-Verordnung 1143/2014 als gebietsfremde Arten, deren Einbringung oder Ausbreitung die Biodiversität und die damit verbundenen Ökosystemdienstleistungen **gefährdet oder nachteilig beeinflusst** (Art. 3 Ziff. 2 IAS-Verordnung).[539] Nach Art. 4 der Verordnung erstellt die Kommission

---

537 Das Konzept der Barrieren dürfte zurückgehen auf *A. P. de Candolle*, Essai élémentaire de géographie botanique, 1820, S. 45, und später *S. A. Cain*, Foundations of plant geography, 1944, S. 45.

538 *D. M. Richardson/P. Pyšek/M. Rejmánek/M. G. Barbour/F. D. Panetta/C. J. West*, Diversity and Distributions 6 (2000), S. 93 (98).

539 Verordnung (EU) 1143/2014 d. Europäischen Parlaments und d. Rates vom 22.10.2014 über die Prävention und das Management der Einbringung und Ausbreitung invasiver gebietsfremder Arten, ABl. EU L 317/35, zuletzt geändert durch Verordnung (EU)

eine Liste solcher invasiver gebietsfremder Arten von unionsweiter Bedeutung auf der Basis einer Risikobewertung nach Art. 5.[540]

Die **IAS-Verordnung** stellt die Umsetzung einer völkerrechtlichen Verpflichtung nach Art. 8 lit. h) **Convention on Biological Diversity (CBD)** dar. Der Vollzug der Verordnung liegt in Deutschland hauptsächlich bei den Ländern.[541] In der Substanz der Regelungen gilt zunächst nach Art. 7, dass invasive gebietsfremde Arten von unionsweiter Bedeutung grundsätzlich nicht in die EU eingebracht und gehalten werden dürfen. Nach Art. 7 Abs. 2 unternehmen die Mitgliedstaaten alle notwendigen Schritte, um die nicht vorsätzliche oder grob fahrlässige Einbringung oder Ausbreitung invasiver gebietsfremder Arten von unionsweiter Bedeutung zu verhindern. Das schließt **Tötungen zur Reduzierung der Anzahl** der Exemplare prinzipiell ein, wirft jedoch naturschutzrechtliche Fragen auf.

Die erste ist die der **Abgrenzung zu den nationalen Ermächtigungsgrundlagen**, etwa die des in § 40a BNatSchG. Die Vorschrift soll ausweislich von Abs. 1 S. 1 Nr. 1 im Wesentlichen sicherstellen, dass die Vorschriften der Verordnung (EU) Nr. 1143/2014 und der auf ihrer Grundlage erlassenen Rechtsvorschriften in Bezug auf invasive Arten eingehalten werden. Darüber hinaus dient sie nach Nr. 2 dazu, die **Einbringung oder Ausbreitung von invasiven Arten zu verhindern oder zu minimieren**. Dieser Tatbestand bezieht sich auf invasive Arten, die nicht von unionsweiter Bedeutung sind und daher nicht unter die IAS-Verordnung fallen.

Weitere Einzelheiten beziehen sich auf die Begrenzung der Vorschrift durch den **Verhältnismäßigkeitsgrundsatz** und die Regelung der **Kosten** von Bekämpfungsmaßnahmen. Der Entstehungsgeschichte der Norm kann man jedenfalls entnehmen, dass die ausdrückliche Verpflichtung auf den

---

2016/2031 d. Europäischen Parlaments und d. Rates vom 26.10.2016 über Maßnahmen zum Schutz vor Pflanzenschädlingen, zur Änderung der Verordnungen (EU) Nr. 228/2013, (EU) Nr. 652/2014 und (EU) Nr. 1143/2014 des Europäischen Parlaments und des Rates und zur Aufhebung der Richtlinien 69/464/EWG, 74/647/EWG, 93/85/EWG, 98/57/EG, 2000/29/EG, 2006/91/EG und 2007/33/EG des Rates, ABl. EU L 317, 4; s. a. Gesetz zur Durchführung der Verordnung (EU) 1143/2014 d. Europäischen Parlaments und d. Rates vom 22.10.2014 über die Prävention und das Management invasiver gebietsfremder Arten vom 8.9.2017, BGBl. 2017 I 3370.

540 Durchführungsverordnung (EU) 2016/1141 der Kommission vom 13.7.2016 zur Annahme einer Liste invasiver gebietsfremder Arten von unionsweiter Bedeutung gemäß der Verordnung (EU) Nr. 1143/2014 des Europäischen Parlaments und des Rates (EU ABl. L 189 vom 14.7.2016, S. 4. In Deutschland gibt das BfN einen guten Überblick auf https://neobiota.bfn.de/unionsliste.html (25.2.2025).

541 *S. Lütkes*, in: Lütkes/Ewer (Hrsg.), BNatSchG, Vorbemerkung § 40a ff., Rn. 13.

Verhältnismäßigkeitsgrundsatz (BT-Drs. 18/11942, 25) in der Regel so verstanden werden soll, dass es unverhältnismäßig sei, gegen invasive Arten durch Vernichtung von Transportmitteln wie PKW, LKW, Containern, Anhängern oder sonstigen zu Transportzwecken geeigneten Land-, Wasser- oder Luftfahrzeugen vorzugehen; gleiches gelte für andere Wirtschaftsgüter von vergleichbarem Wert.[542]

Was die **Kosten der Bekämpfungsmaßnahmen** angeht, kann jedenfalls derjenige, der die Ausbringung, die Ausbreitung oder das Entkommen von invasiven Arten verursacht hat, mit ihnen belastet werden (§ 40a Abs. 3 S. 1 BNatSchG). Diese Bestimmung zu den Lasten der **Verhaltensstörer** wird durch Satz 2 ergänzt, der eine Duldungspflicht der **Zustandsstörer** enthält, denen aber keine Kosten auferlegt werden können.[543] Kann nicht auf Verhaltens- oder Zustandsstörer zurückgegriffen werden, so stellt § 40a Abs. 4 BNatSchG eine Ermächtigungsgrundlage für eine **Ersatzvornahme** bereit. Für Seeschiffe und damit das Ballastwasser gilt nach § 40a Abs. 6 BNatSchG das Seeaufgabengesetz. Völkerrechtlich gilt darüber hinaus das **Ballastwasserübereinkommen**.[544]

VI. Das Wichtigste im Überblick zur Klimaanpassung (Adaptation)

Allen Anstrengungen zum Trotz, die THG-Emissionen bis Mitte des Jahrtausends global so zu begrenzen, dass die Erderwärmung in Grenzen gehalten wird, ist abzusehen, dass der Klimawandel nicht völlig aufzuhalten ist: bereits jetzt sind Folgen in Wetterereignissen – zunehmende Stürme und Starkregenereignisse, langanhaltende Dürren – zu beobachten, die mit einiger Sicherheit Vorboten der Entwicklung sind, auf die sich die Welt einstellen muss. Dieser Bereich der **Klimaanpassung** fordert große Anpassungsleistungen, die jahrzehntelang in Deutschland nicht wirklich ernst genommen wurden.

Das Pariser Abkommen setzt einen völkerrechtlichen Rahmen zur Entwicklung, Verabschiedung und Umsetzung von Klimaanpassungsstrategien.

---

542 BR-Drs. 184/17, 9.

543 *S. Lütkes*, in: Lütkes/Ewer (Hrsg.), BNatSchG, § 40a Rn. 10 f.

544 Erste Verordnung über Änderungen zu dem Internationalen Übereinkommen von 2004 zur Kontrolle und Behandlung von Ballastwasser und Sedimenten von Schiffen v. 15.6.2020, BGBl. 2020 II Nr. 9, 401.

Quantitative oder gar numerische Ziele enthält das PA nicht. Eine Sanktionierung im Falle der Nichterfüllung oder nicht hinreichenden Erfüllung dieser Pflicht über die Vorlage der Strategiepapiere hinaus ist nicht vorgesehen. Diesem Ansatz folgt die EU. Erst vor ein paar Jahren wurde mit dem **EU-Klimagesetz** eine Norm verabschiedet, die zur **strategischen Bewältigung der Klimaanpassung** verpflichtet (Art. 5 EU-Klimagesetz). Die entsprechenden Strategien sind mittlerweile verabschiedet. Eine unmittelbare Verpflichtung zu ihrer Umsetzung enthält das EU-Klimagesetz nicht. Allerdings müssen nach Art. 6 die **europäische Klimaanpassungsstrategie** und nach Art. 7 EU-Klimagesetz die **nationalen Klimaanpassungsstrategien** einer **Evaluation** und gegebenenfalls **Anpassung** unterzogen werden.

Die **Deutsche Anpassungsstrategie (DAS)** aus dem Jahre 2008 als eine frühe Vorläuferin der vom EU-Klimagesetz geforderten nationalen Klimaanpassungsstrategien dürfte jedenfalls kaum die Aufmerksamkeit bekommen haben, der sie in der jetzigen Betrachtung im Nachhinein wert gewesen wäre. Immerhin ist sie, den europarechtlichen Vorgaben folgend, im Jahr 2024 aktualisiert worden („DAS 2024"). Auch die ursprünglich im Jahr 2013 entwickelte und im Jahr 2021 überarbeitete **EU-Anpassungsstrategie** tritt in der Öffentlichkeit wenig in Erscheinung, ist aber als Grundlage für die Bewältigung der Querschnittsaufgabe der Klimaanpassung unverzichtbar. Sie stellt zurecht den **Informationsaustausch** in der EU und die Berücksichtigung der Klimaanpassung in allen Politikbereichen in den Mittelpunkt. Davon profitiert gerade ein Mitgliedstaat wie die Bundesrepublik Deutschland, der zu allen Seiten hin von europäischen Partnern umgeben ist – man denke nur an die grenzüberschreitenden Ursachen und Folgen von Hochwasserkatastrophen.

In Deutschland ist mit dem **Klimaanpassungsgesetz** ein gesetzlicher Rahmen für die Erarbeitung einer nationalen Strategie auf wissenschaftlicher Grundlage geschaffen worden. Dabei werden alle staatlichen Ebenen – Bund, Länder, Gemeinden – einbezogen. Gerade der lokale Bezug vieler Maßnahmen macht verfassungsrechtliche Schwierigkeiten, da der Bund daran gehindert ist, die Gemeinden direkt zur Wahrnehmung bestimmter Aufgaben zu verpflichten. Das **Berücksichtigungsgebot** des § 8 KAnG ist ähnlich schwach wie die Parallelvorschrift im KSG. Das **Bauplanungsrecht** enthält vielfältige Rechtsgrundlagen zur Umsetzung von Klimaanpassungsmaßnahmen, etwa im Bereich der städtebaulichen Sanierung oder bei Stadtumbaumaßnahmen.

Ganz praktische Bedeutung hat die Klimaanpassung bereits jetzt im **Hochwasserschutz**, der auf der Grundlage der Wasserrahmenrichtlinie mittlerweile im WHG und in den Landeswassergesetzen „angekommen“ ist. Vor allem die Festsetzung von **Überschwemmungsgebieten** und die aus ihnen folgenden **Bauverbote** treffen in der Praxis vielfach auf Widerstand der betroffenen Grundstückseigentümer.

Der Klimawandel bewirkt eine **Verschiebung von Klimazonen** und damit eine Veränderung der Lebensbedingungen von Fauna und Flora in kontinentalem Ausmaß. Das führt zu einer zunehmenden Bedrohung europäischer Biotope und der Agrarwirtschaft durch invasive gebietsfremde Arten (invasive alien species, IAS). Auch gesundheitliche Risiken können sich als Folge des Vorkommens invasiver gebietsfremder Arten ergeben. Die **EU-IAS-Verordnung** gebietet die Bekämpfung solcher Arten und gestattet hierfür auch den **Einsatz tödlicher Mittel**.

Literaturverzeichnis

Abel, Patrick, Klimaklagen gegen Staaten. Ein systematischer Überblick, Nachhaltigkeitsrecht 2023, S. 13 ff.

Adigbli, Patrick, Direktvermarktung der erneuerbaren Energien an der Europäischen Strombörse, Ein Erfahrungsbericht zur deutschen und französischen Energiewende, 2015

Agora Energiewende/Agora Verkehrswende (Hrsg.), Die Kosten unterlassenen Klimaschutzes für den Bundeshaushalt. Die Klimaschutzverpflichtungen Deutschlands bei Verkehr, Gebäuden und Landwirtschaft nach der EU-Effort-Sharing-Entscheidung und der EU-Climate-Action-Verordnung, 2018

Antoni, Johannes/Borger, Julia/Kalis, Michael/Schäfer-Stradowsky, Simon/Selinger, Joschka/Rodi, Michael, Verfassungsmäßigkeit des Entwurfs zum Brennstoffemissionshandelsgesetzes (BEHG-E), Rechtswissenschaftliches Kurzgutachten und Stellungnahme, 2019

Arrhenius, Svante, On the influence of carbonic acid in the air upon the temperature of the ground, Philosophical Magazine 1896, S. 237 ff.

Backes, Christoph Wilhelm/van der Veen, Gerrit, Urgenda: The Final Judgment of the Dutch Supreme Court, JEEPL 2020, S. 307 ff.

Banz, Eva, Perspektiven des Verbandsklagerechts, 2024

Batros, Ben/Khan, Tessa, Thinking Strategically about Climate Litigation, in: Rodríguez-Garavito, Litigating the Climate Emergency, 2022, S. 97 ff.

Battefeld, Klaus-Ulrich, Anmerkung zum Urteil des VG Gießen vom 22.1.2020 – 1 K 6019/18.GI – Ausnahme vom Tötungsverbot zugunsten Windenergieanlagen, ZUR 2020, S. 436 ff.

Baumeister, Cosima/Ramsauer, Stefanie, Reform der Erneuerbare-Energien-Richtlinie – Der Durchbruch für die Windenergie an Land?, ZUR 2024, 664 ff.

Baumol, William J./Oates, Wallace E., The Theory of Environmental Policy, 2. Auflage 1988

Beermann, Raphaël/Arena, Chiara, Klimaklagen als gesellschaftliches Korrektiv: Wie Unternehmen das finanzielle Risiko von Klimaklagen unterschätzen, KlimaRZ 2025, S. 3 f.

Berkemann, Jörg, „Freiheitschancen über die Generationen" (Art. 20a GG) – Intertemporaler Klimaschutz im Paradigmenwechsel – Zugleich Besprechung von BVerfG, Beschl. v. 24.3.2021, 1 BvR 2656/18, DÖV 2021, S. 701 ff.

Blandfort, Fabian, Investitionsschutz im Mehrebenensystem – Eine rechtsvergleichende Untersuchung des Investitionsschutzes im Energiesektor durch den Energy Charter Treaty, das Grundgesetz, die EMRK und das Unionsrecht, 2020
Bönker, Christian, Windenergieanlagen auf hoher See – Rechtssicherheit für Umwelt und Investoren?, NVwZ 2004, S. 537 ff.
Borgmann, Klaus, Rechtliche Möglichkeiten und Grenzen des Ausstiegs aus der Kernenergie, 2021
Borwieck, Karoline, Der Missbrauch der Umweltverbandsklage – Eine Betrachtung der Umweltverbandsklage unter dem besonderen Aspekt ihrer missbräuchlichen Geltendmachung, 2024
Brasseur, Guy/Jacob, Daniela/Schuck-Zöller, Susanne (Hrsg.), Klimawandel in Deutschland – Entwicklung, Folgen, Risiken und Perspektiven, 2. Auflage 2023, S. 8 ff. (zitiert als: *Bearbeiter*, in: Klimawandel in Deutschland)
Broemel, Ronald, Netzanbindung von Offshore-Windkraftanlagen, ZUR 2013, S. 408 ff.
Brönnimann, Stefan, Klimatologie, 2018
Büllesfeld, Dirk/Koch, Nina/Stackelberg, Felix von, Das neue Zulassungsregime für Offshore-Windenergieanlagen in der ausschließlichen Wirtschaftszone (AWZ), ZUR 2012, S. 274 ff.
Bundesministerium für Wirtschaft und Klimaschutz (BMWK), Langfriststrategie Negativ-Emissionen zum Umgang mit unvermeidbaren Restemissionen (LNe), 2024
Butler, Janet/Heinickel, Caroline/Hinderer, Hermann Ali, Der Rechtsrahmen für Investitionen in Offshore-Windparks und Anbindungsleitungen, NVwZ 2013, S. 1377 ff.
Cain, Stanley Adair, Foundations of plant geography, 1944
Calliess, Christian, Das „Klimaurteil" des Bundesverfassungsgerichts: „Versubjektivierung" des Art. 20 a GG?, ZUR 2021, S. 355 ff.
Cholewa, Werne/Dyong, Hartmut/von der Heide, Hans Jürgen (Hrsg.), Raumordnungsgesetz: ROG, 6. Auflage, 2021 (zitiert als: *Bearbeiter*, in: Cholewa/Dyong/von der Heide, ROG)
Conrad, Christoph, Kommunale Wärmeplanung – eine Herausforderung für die Kommunen, NJW-Spezial 2025, S. 44 ff.
Cook, John/Oreskes, Naomi/Doran, Peter/u. a., Consensus on consensus: a synthesis of consensus estimates on human-caused global warming, Environmental Research Letters 2016, S. 48002 ff.
Czech, Philip, Anmerkung zum Urteil des EGMR vom 23.04.2024 – 71008/16 – Recht auf effektive Maßnahmen zur Eindämmung des Klimawandels, NLMR 2024, S. 106 ff.

De Candolle, Augustin Pyramus, Essai élémentaire de géographie botanique, Dictionnaire des Sciences Naturelles, 1820, S. 45 ff.

Deutsches Institut für Wirtschaftsforschung, CO_2-Bepreisung im Wärme- und Verkehrssektor: Diskussion von Wirkungen und alternativen Entlastungsoptionen, 2019

Doppelhammer, Martina, Richtlinienvorschlag der Europäischen Kommission zur geologischen Speicherung von Kohlendioxid, ZUR 2008, S. 250 ff.

Dürig, Günter, Zurück zum klassischen Enteignungsbegriff, JZ 1954, S. 4–12

Dürig, Günter/Herzog, Roman/Scholz, Rupert, Grundgesetz Kommentar, 105. Auflage 2025 (zitiert als: *Bearbeiter*, in: Dürig/Herzog/Scholz, GG-Kommentar)

Emanuel, Florian, Rechtliche Rahmenbedingungen für die Suche nach einem Endlager für hochradioaktiven Abfall (HAW) – Ein internationaler (Rechts)Vergleich zwischen Deutschland, Kanada, Schweiz und Finnland, 2021

Enseling, Andreas/Hinz, Eberhard, Wirtschaftlichkeit energiesparender Maßnahmen im Bestand vor dem Hintergrund der novellierten EnEV, 2008

Epping, Volker/Hillgruber, Christian, BeckOK Grundgesetz, 42. Auflage 2019 (zitiert als: *Bearbeiter*, in: BeckOK-GG)

Erbguth, Wilfried, Beschleunigung im Zeichen von Klima- und Energiekrise: materiell-rechtlich, verfahrensrechtlich?, NuR 2023, S. 242 ff.

Erbguth, Wilfried, Rechtsschutz gegen Raumordnungspläne unter besonderer Berücksichtigung des § 48 UVPG, in: Fassbender, Kurt/Köck, Wolfgang (Hrsg.), Querschnittsprobleme des Umwelt- und Planungsrechts – Rechtsschutz und Umweltprüfungen, 2019, S. 59 ff.

Erbguth, Wilfried, Transformation im Gebäudebereich: Fernwärme und Grundrechte, NVwZ 2024, S. 1066 ff.

Erling, Uwe, Anmerkung zum Urteil OVG Berlin-Brandenburg v. 30.11.2023 -11 A 1/23-, Klimaklage des BUND e. V. gegen die Bundesrepublik Deutschland – Erlass eines Sofortprogramms nach Klimaschutzgesetz, KlimaRZ 2024, S. 47 ff.

Ernst, Werner/Zinkahn, Willy/Bielenberg, Walter/Krautzberger, Michael, Baugesetzbuch: BauGB, 156. Aufage, Leipzig 2024 (zitiert als: *Bearbeiter*, in: Ernst/Zinkahn/Bielenberg/Krautzberger, BauGB)

Fellenberg, Frank/Guckelberger, Annette, Klimaschutzrecht – KSG – TEHG –BEHG, 2022 (zitiert als: *Bearbeiter*, in: Fellenberg/Guckelberger, Kommentar KSG/TEHG/BEHG)

Fietz, Niklas, Die EU-Notfallverordnung zur Beschleunigung des Ausbaus erneuerbarer Energien und ihre Umsetzung in deutsches Recht, jurisPR-UmwR 6/2023 Anm. 1

Foote, Eunice Newton, Circumstances affecting the Heat of the Sun's Rays, The American Journal of Science and Art. 1856, S. 383

Fourier, Jean Baptiste Joseph, Théorie analytique de la chaleur, 1822

Frankewitsch, Annegret, Revitalisierung der Demokratie durch transparente Verwaltungsverfahren – das Spannungsfeld von Akzeptanz und Akzeptabilität, 2023

Franzen, Martin/Gallner, Inken/Oetker, Hartmut, Kommentar zum europäischen Arbeitsrecht, 2024 (zitiert als: *Bearbeiter*, in: Franzen/Gallner/Oetker (Hrsg.), EuArbRK)

Fremuth, Michael Lysander, Anmerkung zum Urteil des EGMR v. 9.4.2024 – 53600/20 – Der Klimawandel vor dem EGMR und die Grenzen der Menschenrechtskonvention, EuZW 2024, S. 697 ff.

Frenz, Walter, Das GEG für effizienten, wirtschafts- und sozialverträglichen Klimaschutz, EnWZ 2023, S. 435 ff.

Frenz, Walter, EU-Klimaschutzpflichten, EWS 2023, S. 18 ff.

Frenz, Walter, Klimaschutz und EU-Grundrechte, EuR 2022, S. 3 ff.

Froese, Judith, Der Eigentumsentzug ohne Güterbeschaffung als Enteignung „light"? NJW 2017, 444 ff.

Fründ, Frederike/Schnittker, Daniel, Der bundeseinheitliche Rechtsrahmen der Wärmeplanung-Systematik und Wirkungsweise des Gesetzes für die Wärmeplanung und zur Dekarbonisierung der Wärmenetze, NVwZ 2024, S. 289 ff.

Gaentzsch, Günter, Aktuelle Fragen zur Planerhaltung bei Bauleitplänen und Planfeststellungen in der Rechtsprechung des Bundesverwaltungsgerichts, UPR 2001, S. 201 ff.

Giesberts, Ludger/Reinhardt, Michael (Hrsg.), Umweltrecht, 71. Auflage 2024 (zitiert als: *Bearbeiter*, in: Giesberts/Reinhardt, Umweltrecht)

Groß, Thomas, Ausbau der Legalplanung? Das Beispiel des Maßnahmengesetzvorbereitungsgesetzes, ZUR 2024, S. 210 ff.

Gwiasda, Benjamin, Indirekt verpflichtet: § 12 I KAnG und das verfassungsrechtliche Durchgriffsverbot des Art. 84 I 7 GG, NVwZ 2025, S. 28 ff.

Hamacher, Lisa Pauline, Standortauswahl für ein Endlager für hochradioaktive Abfälle – Intergenerationelle Gerechtigkeit, Wissensgenerierung und Akzeptanz durch Organisation und Verfahren, 2022

Hanschel, Dirk/Schultze, Morgane, Menschenrechtliche Aspekte des Klimaschutzes, KlimR 2022, S. 166 ff.

Hartman, Timo, Die Mindestkraftfahrzeug-Besteuerung nach der Eurovignetten-Richtlinie-Unionsrechtliche Grenzen möglicher Reformbestrebungen für die deutsche Kraftfahrzeugsteuer, EuZW 2012, S. 413 ff.

Hartmann, Moritz, Emissionshandel in der vierten Zuteilungsperiode (2021–2030) – Die Vorschläge der Europäischen Kommission, NVwZ 2016, S. 189 ff.

Heinicke, Thomas, Auf dem Weg zur Wärmewende? Die Novelle des Gebäudeenergiegesetzes und die Wärmeplanung, ZUR 2024, S. 451 ff.

Heinicke, Thomas, Das „Heizungsgesetz" – Die Novelle des Gebäudeenergiegesetzes unter dem Blickwinkel von Art. 14 GG, KlimaRZ 2024, S. 3 ff.

Hendricksche, Oliver, Bewältigung naturschutzrechtlicher Konflikte beim Ausbau erneuerbarer Energien, NVwZ 2023, S. 965 ff.

Herrfurth, Alexander, Planung im Untergrund- Bewältigung von Nutzungskonflikten, 2021

Hofmann, Ekkehard, Anmerkung zum Urteil des BVerfG vom 24.3.2021 – 1 BvR 2656/18, 1 BvR 78/20, 1 BvR 96/20, 1 BvR 288/20 – Der Klimaschutzbeschluss des BVerfG – Rezeption, Dogmatik, Kritik, NVwZ 2021, S. 1587 ff.

Hofmann, Ekkehard, Anmerkung zum Urteil des EGMR vom 9. April 2024 – Application no. 53600/20, ZfU 2024, S. 336 ff.

Hofmann, Ekkehard, Anmerkung zum Urteil des EuGH Pkw-Maut, Rs. C-591/17 – Die gescheiterte Infrastrukturabgabe – Ende eines Irrwegs?, NVwZ 2019, S. 1257 ff.

Hofmann, Ekkehard, Artenschutz und Europarecht im Kontext der Windenergie –Der Klimaschutz und die Auslegung der Ausnahmeregelungen der Vogelschutzrichtlinie, NuR 2021, S. 217 ff.

Hofmann, Ekkehard, Der Schutz vor Immissionen des Verkehrs – Ökonomische Anforderungen an Maßnahmen des Verkehrsimmissionsschutzes am Beispiel der Luftreinhaltung und ihre Zulässigkeit nach deutschem und europäischem Recht, 1997

Hofmann, Ekkehard, Die Grenzen des Wachstums als Rechtsfrage. Von „Zero Waste"zur „Circular Economy", EurUP 2022, S. 280 ff.

Hofmann, Ekkehard, Die Reform der Kfz-Steuer – europarechtliche Anforderungen, UPR 1992, S. 331 ff

Hofmann, Ekkehard, Die Reform der Mineralölsteuer: Umweltökonomische Anforderungen und rechtliche Zulässigkeit, Zeitschrift für angewandte Umweltforschung 1996, S. 468 ff.

Hofmann, Ekkehard, Infrastrukturabgaben als Instrument des Klimaschutzes? Zur möglichen Zukunft der Pkw-Maut, in: Hebeler, Timo/Hofmann, Ekkehard/Proelß, Alexander/Reiff, Peter (Hrsg.), Jahrbuch des Instituts für Umwelt- und Technikrecht der Universität Trier (IUTR), 2016, S. 279 ff.

Hofmann, Ekkehard, Invasive gebietsfremde Arten als rechtliches Mehrebenenproblem, in: Hendler, Reinhard/Marburger, Peter/Reiff, Peter/Schröder, Meinhard (Hrsg.), Jahrbuch des Umwelt- und Technikrechts 2008, 2008, S. 295 ff.

Hofmann, Ekkehard, Klimaschutz und Nachhaltigkeit im Verkehr als neues Ziel des PBefG, in: Knauff (Hrsg.), Neuerungen im Rechtsrahmen für den ÖPNV – 7. Jenaer Gespräche zum Recht des ÖPNV, 2022, S. 49 ff.

Hofmann, Ekkehard, KSG-Novelle 2023 – Verschleierungsversuch einer Verschleppungstaktik, ZRP 2023, S. 201 f.

Hofmann, Ekkehard, Steuerung ohne Rechtsschutz: Ausweg, Umweg oder Sackgasse?, ZUR 2024, S. 201 ff.

Hofmann, Ekkehard/Heß, Franziska (Hrsg.), BeckOK Klimarecht, 1. Auflage, 2024, (zitiert als: *Bearbeiter*, in: Hofmann/Heß, BeckOK Klimarecht)

Hofmann, Ekkehard/Wehrt, Klaus, Die Reform der Kfz-Steuer – wirtschaftspolitisch betrachtet, Zeitschrift für Verkehrswissenschaft 1992, S. 263 ff.

Hofmann, Holger, Aktuelle Entwicklungen auf dem Stromerzeugungsmarkt im Jahr 2013, EnWZ 2014, S. 51 ff.

Hoppe, Werner, Der Rechtsgrundsatz der Planerhaltung als Struktur- und Abwägungsprinzip, Ein Vorschlag der Expertenkommission zur Novellierung des Baugesetzbuchs zur Planerhaltung, DVBl 1996, S. 12 ff.

Huneke, Maike/Hörner, Isabelle, „The Climate Case“ - ein peruanischer Bauer verliert, der Klimaschutz gewinnt, becklink 2034444.

Hupfer, Peter/Kuttler, Wilhelm, Witterung und Klima: eine Einführung in die Meteorologie und Klimatologie, 12. Auflage, 2006

Infras (Hrsg.), Externe Kosten des Verkehrs in Deutschland Straßen-, Schienen-, Luft- und Binnenschiffverkehr 2017, 2019

IPCC, Climate Change 2013: The Physical Science Basis. Contribution of Working Group I to the Fifth Assessment Report of the Intergovernmental Panel on Climate Change, Stocker/Qin, Plattner/Tignor/Allen/Boschung/Nauels/Xia/Bex/Midgley (Hrsg.), 2013

IPCC, Global Warming of 1.5°C.An IPCC Special Report on the impacts of global warming of 1.5°C above pre-industrial levels and related global greenhouse gas emission pathways, in the context of strengthening the global response to the threat of climate change, sustainable development, and efforts to eradicate poverty, Masson-Delmotte/P. Zhai/H.-O. Pörtner/D. Roberts/J. Skea/P.R. Shukla/A. Pirani/W. Moufouma-Okia/C. Péan/R. Pidcock/S. Connors/J.B.R. Matthews/Y. Chen/X. Zhou/M.I. Gomis/E. Lonnoy/T. Maycock/M. Tignor/T. Waterfield (Hrsg.), 2018

IPCC, Climate Change 2023: Synthesis Report. Contribution of Working Groups I, II and III to the Sixth Assessment Report of the Intergovernmental Panel on Climate Change, H. Lee, Hoesung/Romero, José (Hrsg.), 2023

Jaenicke, Matthias, Aktuelle Rechtsfragen der bauplanungsrechtlichen Zulässigkeit von Windenergieanlagen an Land, ZUR 2023, S. 291 ff.

Jarass, Hans D., Inhalts- und Schrankenbestimmung oder Enteignung? – Grundfragen der Struktur der Eigentumsgarantie, NJW 2000, S. 2841 ff.

Kahl Wolfgang/Ludwigs Markus (Hrsg.), Handbuch des Verwaltungsrechts, Band IV: Status des Einzelnen und Verfahren, 2022 (zitiert als: *Bearbeiter*, in: Kahl Wolfgang/Ludwigs Markus (Hrsg.), Handbuch des Verwaltungsrechts)

Kahl, Wolfgang/Gärditz, Klaus Ferdinand (Hrsg.), Umweltrecht, 13. Auflage, 2023 (zitiert als: *Bearbeiter*, in: Kahl, Wolfgang/Gärditz, Klaus Ferdinand (Hrsg.), Umweltrecht)

Karpenstein, Hans/Engel, Stephan, Anmerkung zum Urteil des VG Gießen vom 22.1.2020 – 1 K 6019/18.GI, ZUR 2020, S. 437 ff.

Kersten, Jens/Kaupp, Elisabeth, Die Verfassung einer prospektiven Gesellschaft, JuS 2022, S. 473 ff.

Kirch, Thorsten, Ausschreibung zentral voruntersuchter Flächen über qualitative Kriterien – Praxiserfahrungen und Hinweise zum „Beauty Contest" der Offshore-Windenergie, EnWZ 2023, S. 351 ff.

Kirchhof, Ferdinand, Klimaschutz durch die Gerichte, KlimaRZ 2024, S. 134 ff.

Klinski, Stefan/Keimeyer, Friedhelm, Zur finanzverfassungsrechtlichen Zulässigkeit der CO_2-Bepreisung nach dem Brennstoffemissionshandelsgesetz (BEHG), ZUR 2020, S. 342 ff.

Kluth, Winfried/Smeddinck, Ulrich, Umweltrecht, 2020 (zitiert als: *Bearbeiter*, in: Kluth/Smeddinck (Hrsg.), Umweltrecht)

Kment, Martin, Eine neue Ära beim Ausbau von Windenergieanlagen, NVwZ 2022, S. 1153 ff.

Kment, Martin, Eine neue Ära beim Ausbau von Windenergieanlagen-Das aktuelle Wind-an-Land-Gesetzespaket in der Analyse, NVwZ 2022, S. 1153 ff.

Kment, Martin, Raumordnungsgesetz: ROG, Augsburg 2019 (zitiert als: *Bearbeiter*, in: Kment, ROG)

Knauff, Matthias, Gebäudeenergiegesetz (GEG)-Gebäude-Elektromobilitätsinfrastruktur-Gesetz (GEIG), 2. Auflage 2024, (zitiert als: *Bearbeiter*, in: Knauff, GEG)

Kobes, Stefan/Engel, Gernot-Rüdiger, Der Emissionshandel im Lichte der Rechtsprechung (Teil 1), NVwZ 2011, S. 207 ff.

Koch, Hans Joachim/Hofmann, Ekkehard/Reese, Moritz (Hrsg.), Handbuch Umweltrecht, 6. Auflage 2024 (zitiert als: *Bearbeiter*, in: Koch/Hofmann/Reese (Hrsg.), Handbuch Umweltrecht)

Koch, Hans-Joachim, Der Atomausstieg und der verfassungsrechtliche Schutz des Eigentums, NJW 2000, S. 1529 ff.

Koch, Hans-Joachim/Rüßmann, Helmut, Juristische Begründungslehre, 1982
Köck, Wolfgang, Beschleunigung durch Rechtsvereinfachung, ZUR 2023, S. 470 ff.
Köck, Wolfgang, Natur als Rechtssubjekt? Perspektiven für eine Transformation des Naturschutzrechts, ZUR 2024, S. 658 ff.
Kohls, Malte/Boerstra, Bente, Aktuelle Beschleunigungsgesetzgebung zum Netzausbau – Energiewirtschaftsrecht-Novelle 2023 (Teil 2), EnWZ 2024, S. 160 ff.
Kotz, Maximilian/Levermann, Anders/Wenz, Leonie, The economic commitment of climate change, Nature 628, 2024, S. 551 ff.
Kreuter-Kirchhof, Charlotte, Der neue europäische Emissionshandel II, ZUR 2025, S. 72 ff.
Kreuter-Kirchhof, Charlotte, Kohärenz der Klimaschutzziele, KlimR 2022, S. 43 ff.
Kümper, Boas, Neues zur Abweichung von den Zielen der Raumordnung – Teil 2: aktuelle Rechtsprechung zur Zielabweichung, ZfBR 2023, S. 633 ff.
Landmann, Robert/Rohmer, Gustav (Hrsg.), Umweltrecht, 105. Auflage 2024 (zitiert als: *Bearbeiter,* in: Landmann/Rohmer (Hrsg.), Umweltrecht)
Langstädtler, Sarah, Effektiver Umweltrechtsschutz in Planungskaskaden- Untersucht für die Planungsverfahren des FStrG, NABEG und StandAG, 2021
Lenton, Timothy/Armstrong McKay, Davis/Loriani, Sina/Abrams, Jesse/Donges, Jonathan/u. a., The Global Tipping Points Report 2023, 2023
Lütkes, Stefan/Ewer, Wolfgang (Hrsg.), Bundesnaturschutzgesetz: BNatSchG, 2. Auflage 2018, (zitiert als: *Bearbeiter,* in: Lütkes/Ewer, BNatSchG)
Markell, David/Ruhl, J.B., An Empirical Assessment of Climate Change In The Courts: A New Jurisprudence Or Business As Usual?, Florida Law Review 2012, S. 27 ff.
Markus, Till, Zur Rechtsvergleichung im nationalen und internationalen Umweltrecht, ZaöRV 2020, S. 649 ff.
Markus, Till/Otto, Danny/Thrän, Daniela, Die Carbon Management Strategie und CCS im Lichte klima- und energierechtlicher Weichenstellungen, ZUR 2024, S. 387 ff.
Marschall, Jonas, Die Verknüpfung der kommunalen Wärmeplanung mit der Bauleitplanung, UPR 2024, S. 461 ff.
Marschall, Jonas, Planungs- und Rechtsinstrumente zur Klimaanpassung durch urbanes Grün, ZfBR 2024, S. 6 ff.
Meadows, Dennis/Meadows, Donella/Zahn, Erich, Die Grenzen des Wachstums. Bericht des Club of Rome Zur Lage Der Menschheit, 1972
Meadows, Donella/Meadows, Dennis/Randers, Jorgen/Behrens, William, Limits to Growth. A Report for the Club of Rome's Project on the Predicament of Mankind, 1972

Metya, Abirlal/Datye, Amey/Chakraborty, Supriyo/Tiwari K., Yogesh/Sarma, Dipankar/Bora, Abhijit/Gogoi, Nirmali, Diurnal and seasonal variability of CO2 and CH4 concentration in a semi-urban environment of western India, Nature Scientific Reports 2021, S. 2931

Much, Susanna, Die Behandlung von Risiken in der Gesetzgebung am Beispiel der Carbon-Capture-and-Storage-Technologie, in: Scharrer, Jörg/Dalibor, Marcel/Fröhlich, Katja/Schächterle, Paul/Rodi, Katja (Hrsg.), Risiko im Recht – Recht im Risiko, 2011, S. 85 ff.

Müller, Christian, Klimaschutz durch Versagung von Genehmigungen für Windenergieanlagen in der Ausschließlichen Wirtschaftszone (AWZ), ZUR 2008, S. 584 ff.

Müller, Hans- Friedrich, Anmerkung zu OLG Hamm vom 28.5.2025, BB 2025, S. 1556

Müller, Moritz/Klostermeier, Lara, Europarechtskonformität der artenschutzrechtlichen Ausnahme vom Tötungsverbot zugunsten von Windenergieanlagen, NVwZ 2020, S. 774 ff.

Murswiek, Dietrich, Ein Schritt in Richtung auf ein ökologisches Recht – Zum "Wasserpfennig"-Beschluß des BVerfG, NVwZ 1996, S. 417 ff.

Otto, Jonas/Wegner, Nils, Hofnahe Agri-PV-Anlagen nach § 35 Abs. 1 Nr. 9 BauGB: Privilegierte Mehrfachnutzung für weniger Flächenkonkurrenz und mehr Akzeptanz?, ZUR 2024, S. 154 ff.

Pape, Jens, Politik und Recht der Endlagerung radioaktiver Abfälle, 2016

Payandeh, Mehrdad, Konventionsrechtliche Implikationen des Klimawandels, JuS 2024, S. 896 ff.

Püstow, Moritz, Klimaresilienz. Individuelle Schutzansprüche und Staatshaftung, ESGZ 2024, S. 25 ff.

Radimeczky-Krekel, Laura/Hentschel, Samira/von Schack, Katharina: Das Wärmeplanungsgesetz – ein zentraler Baustein der Wärmewende, ZUR 2024, S. 269 ff.

Raschke, Marcel/Roscher, Marianna, Laues Lüftchen oder starke Brise? Zur Reform des Planungsrechts für Windenergieanlagen an Land, ZfBR 2022, S. 531 ff.

Reese, Moritz/Möckel, Stefan/Bovet, Jana/Köck, Wolfgang, Rechtlicher Handlungsbedarf für die Anpassung an die Folgen des Klimawandels. Analyse, Weiter- und Neuentwicklung rechtlicher Instrumente, 2. Auflage, 2016

Richardson, David/Pyšek, Petr/Rejmánek, Marcel/Barbour, Michael/Panetta, Dane/West, Carol, Naturalization and invasion of alien plants: concepts and definitions, Diversity and Distributions 2000, S. 93 ff.

Richardson, Katherine/Steffen, Will/Lucht, Wolfgang/u. a., Earth beyond six of nine planetary boundaries, Science Advances 2023

Rieger, Wolfgang, Der neu gefasste § 2 EEG und das System des § 35 BauGB, UPR 2023, S. 161 ff.

Rodi, Michael (Hrsg.), Handbuch Klimaschutzrecht, 2022 (zitiert als: *Bearbeiter*, in: Rodi, Michael (Hrsg.), Handbuch Klimaschutzrecht

Rodríguez-Garavito, César (Hrsg.) Litigating the Climate Emergency: How Human Rights, Courts, and Legal Mobilization Can Bolster Climate Action, 2022, (zitiert als: Bearbeiter, in: Rodríguez-Garavito, Litigating the Climate Emergency)

Röcker, Isabell, Enteignung = Aneignung? Zum Verständnis der Enteignung als Mittel hoheitlicher Güterbeschaffung, in: F. Scheffczyk/K. Wolter (Hrsg.), Linien der Rechtsprechung des Bundesverfassungsgerichts erörtert von den wissenschaftlichen Mitarbeiterinnen und Mitarbeitern, Band 4, 2017, 291 ff. 312.

Ross, Lisa-Marie/Asschenfeldt, Kathrin, Strategic Climate Change Litigation: A Global Movement? Developments in Southeast Asia in the Context of Recent Global Trends, ZfU 2024, S. 44 ff.

Saunois, Marielle/Stavert, Ann R./Poulter, Ben/u. a., The global methane budget 2000–2017. Earth System Science Data 2020, S. 1561 ff.

Scheidler, Alfred, Entfall der Umweltverträglichkeits- und Artenschutzprüfung für Windenergieanlagen nach dem neu gefassten § 6 WindBG, NuR 2023, S. 453 ff.

Schlacke, Sabine, Erfolgreiche Verbandsklagen für den Klimaschutz: Bundesregierung muss Sofortprogramme beschließen, NVwZ 2024, S. 564 ff.

Schlacke, Sabine, Klimaschutzrecht im Mehrebenensystem-Internationale Klimaschutzpolitik und aktuelle Entwicklungen in der Europäischen Union und in Deutschland, EnWZ 2020, S. 355 ff.

Schlacke, Sabine, Klimaschutzrecht – Ein Grundrecht auf intertemporale Freiheitssicherung, NVwZ 2021, S. 912 ff.

Schlacke, Sabine, Umweltrecht, 9. Auflage 2023

Schmidt-Ahrendts, Nils/Schneider, Victoria, Gerichtsverfahren zum Klimaschutz, NJW 2022, S. 3456 ff.

Schmidt-Eichstaedt, Gerd, Die Festlegung von Windenergieflächen -Terminkalender und Pflichtenheft, ZfBR 2023, S. 10 ff.

Schoch, Friedrich/Schneider, Jens-Peter, Verwaltungsrecht. Verwaltungsverfahrensgesetz: VwVfG, 5. Auflage, München 2024 (zitiert als: *Bearbeiter*, in: Schoch/Schneider, VwVfG)

Schönwiese, Christian-Dietrich, Klimatologie, 6. Auflage, 2024

Schröder, Meinhard, Der Schutz der Menschenrechte im Klimawandel vor dem internationalen Gerichtshof, EurUP 2023, S. 330 ff.

Schumacher, Jochen/Fischer-Hüftle, Peter (Hrsg.), Bundesnaturschutzgesetz, 3. Auflage 2021, (zitiert als: *Bearbeiter*, in: Schumacher/Fischer-Hüftle, BNatSchG)

Schüppel, Katrin, Klimawandel, 2020

Schwarz, Kyrill-Alexander, Güterbeschaffung als notwendiges Element des Enteignungsbegriffes? DVBl. 2013, S. 133 ff.

Setzer, Joana/Higham, Catherine, Global trends in climate change litigation: 2022 snapshot, 2022

Simon, Caroline, Das Umwelt-Rechtsbehelfsgesetz im Spannungsfeld zwischen Artenschutz und Klimaschutz, 2025

Soyapi, Brewsters Caiphas, The courts and the constitutional right to a clean and healthy environment in Uganda, RECIEL 2019, S. 152 ff.

Spannowsky, Willy/Runkel, Peter/Goppel, Konrad, Raumordnungsgesetz (ROG), 2. Auflage, Kaiserslautern 2018 (zitiert als: *Bearbeiter*, in: Spannowsky/Runkel/Goppel, ROG)

Sachverständigenrat für Umweltfragen, Klimaschutz braucht Rückenwind: Für einen konsequenten Ausbau der Windenergie an Land, 2022

Stäsche, Uta, Entwicklungen des Klimaschutzrechts und der Klimaschutzpolitik 2018/19-Internationale und europäische Ebene, EnWZ 2019, S. 248 ff.

Steffen, Will/Richardson, Katherine/Rockström, Johan/u. a., Planetary boundaries: Guiding human development on a changing Planet, Science 2015, S. 736 ff.

Steinbach, Matthias/Valta, Steinbach, Ein CO_2-Preis für Energieträger, JZ 2019, S. 1139 ff.

Steingruber, Yves, Die geförderte ausschreibungsbasierte Direktvermarktung nach dem EEG 2021-Grenzlinien des Europa- und Verfassungsrechts, Kartell- und Regulierungsrecht 39, 2021

Stelkens, Paul/Bonk, Heinz Joachim/Sachs, Michael, Verwaltungsverfahrengesetz: VwVfG, Berlin/Speyer 2023 (zitiert als: *Bearbeiter*, in: *Stelkens/Bonk/Sachs*, VwVfG)

Stürmlinger, Marie-Christin, Klimaschutz durch Grundrechte – gerichtliche Kontrolle staatlicher Klimaschutzmaßnahmen, EurUP 2020, S. 169 ff.

Suckow, Jorina, Neue Formen der Öffentlichkeitsbeteiligung bei der Suche eines Endlagers für hoch radioaktive Abfälle-Eine Untersuchung der §§ 5–11 des Standortauswahlgesetzes (StandAG), 2024.

Theobald, Christian/Kühling, Jürgen, Energierecht, 127. Auflage 2025 (zitiert als: *Bearbeiter*, in: Theobald/Kühling, Energierecht)

Tyndall, John, On the absorption and radiation of heat by gases and vapours and on the physical connexion of radiation, absorption and conduction, Philosophical Magazine and Journal of Science 1861, S. 169 ff.

von Ungern-Sternberg, Antje, Völkerrechtsquellen im Wandel Teil 1, Jura 2010, S. 841 ff.

Umweltbundesamt (Hrsg.), Kipp-Punkte im Klimasystem-Welche Gefahren drohen?, 2008

Vollmer, Miriam, Das Brennstoff-Emissionshandelsgesetz (BEHG), NuR 2020, S. 237 ff.

Vornholt, Cedric/Kümmel, Dennis, Nachhaltige Windenergie. Wie gestaltet sich ein naturverträglicher Ausbau der Windenergie an Land?, ESGz 2023, S. 12 ff.

Wagner, Jörg, Die Pflicht zur kommunalen Wärmeplanung, UPR 2024, S. 88 ff.

Walter, Frenz/Müggenborg, Hans-Jürgen (Hrsg.), Bundesnaturschutzgesetz, 4. Auflage 2024, (zitiert als: *Bearbeiter*, in: Walter/Müggenborg, BNatSchG)

Wegener, Bernhard, Menschenrecht auf Klimaschutz? Grenzen grundrechtsgestützter Klimaklagen gegen Staat und Private, NJW 2022, S. 425 ff.

Wegener, Bernhard, Urgenda – Weltrettung per Gerichtsbeschluss?, ZUR 2019, S. 10 ff.

Wernsmann, Rainer/Bering, Simon, Verfassungsrechtliche Anforderungen an Vorteilsabschöpfungsabgaben- Am Beispiel der CO_2-Bepreisung nach dem Brennstoffemissionshandelsgesetz (BEHG), NVwZ 2020, S. 497 ff.

Wickel, Martin, Die Abscheidung und Speicherung von Kohlendioxid (Carbon Capture and Storage) – Eine neue Technik als Herausforderung für das Umweltrecht, ZUR 2011, S. 115 ff.

Wulfert, Katrin/Köstermeyer, Heiko/Lau, Marcus, Vögel und Windenergienutzung, 2022

Wulff, Julia, Beschleunigungsgesetzgebung: Ein Paradigmenwechsel für die Energiewende, EurUP 2023, S. 320 ff

Wustlich, Guido, Das Recht der Windenergie im Wandel, ZUR 2007, S. 122 ff.

van Zeben, Josephine, The Role of the EU Charter of Fundamental Rights in Climate Litigation, GLJ 2021, S. 1499 ff.

Zenke, Ines/Telschow, Carsten, CO_2-Bepreisung durch nationalen Emissionshandel – Das Brennstoffemissionshandelsgesetz (BEHG), EnWZ 2020, S. 157 ff.

Zink, Andreas, Das Ballastwasser-Übereinkommen der internationalen Seeschifffahrts-Organisation von 2004, 2016

Internetquellen

Die in diesem Buch genannten Links waren am 30.04.2025 aktiv.

Abboud, Monica, U.S. share of electric and hybrid vehicle sales reached a record in the third quarter | https://www.eia.gov/todayinenergy/detail.php?id=63904

Agora Energiewende: Making the most of offshore wind. Re-evaluating the potential of offshore wind in the German North Sea | https://www.agora-energiewende.org/publications/making-the-most-of-offshore-wind

Agora Energiewende: Meer-Wind für Klimaneutralität. Herausforderungen und notwendige Maßnahmen beim Ausbau der Windenergie auf See in Deutschland und Europa | https://www.agora-energiewende.de/publikationen/meer-wind-fuer-klimaneutralitaet

Akoto, Philip, Europas Offshore-Windkraftausbau gewinnt an Tempo, energate messenger | https://www.energate-messenger.ch/news/240328/europas-offshore-windkraftausbau-gewinnt-an-tempo

BASE: Anlagen der Kernbrennstoffversorgung und -entsorgung | https://www.base.bund.de/de/nukleare-sicherheit/kerntechnik/versorgung-entsorgung/versorgung-entsorgung_inhalt.html

Beigel, Laura, Welche Fortschritte China, die USA und andere Länder beim Klimaschutz machen | https://www.rnd.de/wissen/klimapolitik-im-fokus-china-usa-und-andere-laender-auf-dem-weg-zum-wandel-GGCVQYAMHZEH5P6VT6PTRQYKII

BGE: Endlager Konrad | https://www.bge.de/de/konrad/

BGE: Wie aus 90 Teilgebieten die besten Standortregionen werden | https://www.bge.de/de/aktuelles/meldungen-und-pressemitteilungen/meldung/news/2023/10/wie-aus-90-teilgebieten-die-besten-standortregionen-werden/

BMDV: Mobilitätswende in Stadt und Land – Klimaschutz und räumliche Gerechtigkeit als Transformationsziele des Verkehrs | https://www.bmdv.bund.de/SharedDocs/DE/Anlage/G/wissenschaftlicher-beirat-gutachten-mobilitaetswende.pdf?__blob=publicationFile

BMDV: Überblick: Klimaschutz im Verkehr | https://bmdv.bund.de/DE/Themen/Mobilitaet/Klimaschutz-im-Verkehr/Ueberblick/ueberblick.html?t

BMU Österreich: Emissionshandel | https://www.bmk.gv.at/themen/klima_umwelt/klimaschutz/eu_emissionshandel/aktuelle_entwicklung

BMUV, Deutsche Anpassungsstrategie an den Klimawandel 2024 | https://www.bmuv.de/download/deutsche-anpassungsstrategie-an-den-klimawandel-2024

BMUV: Effizienz und Kosten: Lohnt sich der Betrieb eines Elektroautos? | https://www.bmuv.de/themen/verkehr/elektromobilitaet/effizienz-und-kosten

BMUV: Welche Vorgaben macht die Verordnung über CO_2-Flottengrenzwerte? | https://www.bmuv.de/faq/welche-vorgaben-macht-die-verordnung-ueber-co2-flottengrenzwerte

BMWK, BMWSB, Leitfaden Wärmeplanung | https://www.bmwsb.bund.de/SharedDocs/downloads/Webs/BMWSB/DE/veroeffentlichungen/wohnen/leitfaden-waermeplanunglang.pdf?__blob=publicationFile&v=2

BMWK: Beschleunigter Ausbau. Mehr Windenergie auf See | https://www.bundesregierung.de/breg-de/aktuelles/windenergie-auf-see-gesetz-2022968

BMWK: Mehr Windenergie auf See | https://www.bmwk.de/Redaktion/DE/Downloads/neue-offshore-realisierungsvereinbarung-30-gw-bis-2030pdf.pdf?__blob=publicationFile&v=1

BMWSB: Ein Plan für das Meer | https://www.bmwsb.bund.de/SharedDocs/topthemen/Webs/BMWSB/DE/topthema-raumordnung-awz/topthema-raumordnung-awz.html

BNP Paribas Real Estate: Bauen Ohne Abfall: Cradle To Cradle In Der Immobilienbranche | https://www.realestate.bnpparibas.de/blog/esg/cradle-to-cradle-in-der-immobilienbranche

BSH: Offshore | https://www.bsh.de/DE/THEMEN/Offshore/offshore_node.html

Bundesamt für Naturschutz (BAN): Klimawandel | https://neobiota.bfn.de/grundlagen/klimawandel.html

Bundesamt für Seeschiffahrt und Hydrographie (BSH): Flächenentwicklungsplan 2020 für Nord- und Ostsee | https://www.bsh.de/DE/THEMEN/Offshore/Meeresfachplanung/Flaechenentwicklungsplan/flaechenentwicklungsplan_node.html

Bundesgesellschaft für Endlagerung (BGE): Endlager Morsleben | https://www.bge.de/de/morsleben/

Bundesregierung: Langfristige Renovierungsstrategie Gebäude | https://energy.ec.europa.eu/document/download/f5284d9f-e80b-44f5-b9c4-376eb96bec1f_en?filename=de_ltrs_2020.pdf

CAT: Rating method of governmental targets and action for gas emissions | https://climateactiontracker.org/methodology/cat-rating-methodology

Climate and Energy in the EU: Adaption and progress to targets | https://climate-energy.eea.europa.eu/topics/climate-change-adaptation/adaptation-progress-to-targets/intro

DEHST: Nationalen Emissionshandel verstehen | https://www.dehst.de/DE/Themen/nEHS/nEHS-verstehen/nehs-verstehen_node.html#Start
DESTATIS: Europa. Neuzulassungen: Anteil von Elektroautos bleibt gering | https://www.destatis.de/Europa/DE/Thema/Verkehr/E_PKW_Neuzulassungen.html
DESTATIS: Strukturwandel in der Landwirtschaft hält an Umstellung auf den Ökolandbau hält an: Anteil der Ökofläche steigt auf 9,6 % | https://www.destatis.de/DE/Presse/Pressemitteilungen/2021/01/PD21_028_412.html
Deutsche Emissionshandelsstelle | www.dehst.de
Deutsche Emissionshandelsstelle: CBAM verstehen | https://www.dehst.de/DE/Themen/CBAM/CBAM-verstehen/cbam-verstehen_node.html
DGNB: Wegweiser positiver Gebäudebestand | https://www.dgnb.de/de/nachhaltiges-bauen/klimaschutz/wegweiser-klimapositiver-gebaeudebestand
Elektromobilität: Sind die Ziele bis 2030 noch erreichbar? | https://www.adac.de/news/e-monitoring/#
EU: Emissions Trading System | https://climate.ec.europa.eu/eu-action/eu-emissions-trading-system-eu-ets/ets2-buildings-road-transport-and-additional-sectors_en
EU: ETS2: buildings, road transport and additional sectors | https://climate.ec.europa.eu/eu-action/eu-emissions-trading-system-eu-ets/ets2-buildings-road-transport-and-additional-sectors_en
EU: GHG emissions | https://climate-energy.eea.europa.eu/topics/climate-change-mitigation/greenhouse-gas-emissions-inventory/intro
Europäische Kommission: Effort sharing 2021–2030: targets and flexibilities for the reduction of greenhouse gas emission | https://climate.ec.europa.eu/eu-action/effort-sharing-member-states-emission-targets/effort-sharing-2021-2030-targets-and-flexibilities_de
Europäisches Parlament Pressemitteilung: Die Europäische Union, Island und Norwegen vereinbaren Vertiefung ihrer Zusammenarbeit im Bereich des Klimaschutzes | https://ec.europa.eu/commission/presscorner/api/files/document/print/de/ip_19_6160/IP_19_6160_DE
Europäisches Parlament Pressemitteilung: Klimaschutz: Einigung über ehrgeizigeren EU-Emissionshandel (ETS) | https://www.europarl.europa.eu/news/de/press-room/20221212IPR64527/klimaschutz-einigung-uber-ehrgeizigeren-eu-emissionshandel-ets
Europäisches Parlament: CO_2-Emissionen des Luft- und Schiffsverkehrs: Zahlen und Fakten | https://www.europarl.europa.eu/topics/de/article/20191129STO67756/co2-emissionen-des-luft-und-schiffsverkehrs-zahlen-und-fakten-infografik

Europäisches Parlament: Reduktion von CO_2-Emissionen: Ziele und Maßnahmen der EU https://www.europarl.europa.eu/topics/de/article/20180305STO99003/reduktion-von-co2-emissionen-ziele-und-massnahmen-der-eu

European Environment Agency: Climate Adapt | https://climate-adapt.eea.europa.eu/en

Fahr mit dem Strom: Wenn schon ein neues Auto, dann ein energieeffizientes | https://www.energieschweiz.ch/programme/fahr-mit-dem-strom/energieeffizienz/

FES, Klima Allianz Deutschland: Die CO_2-Bepreisung im Umbruch | https://library.fes.de/pdf-files/a-p-b/21122.pdf

Gimbert, Yoann, How clean are electric cars? | https://www.transportenvironment.org/articles/how-clean-are-electric-cars

Global Energy Monitor: A race to the top China 2023: China's quest for energy security drives wind and solar development | https://globalenergymonitor.org/report/a-race-to-the-top-china-2023-chinas-quest-for-energy-security-drives-wind-and-solar-development/

Global Methane Pledge | https://www.globalmethanepledge.org/#about

Götz, Sören, Wie eine Steuer den Klimawandel aufhalten könnte | https://www.zeit.de/wirtschaft/2017-08/co2-steuer-klimawandel-abgas-skandal/seite-3

Heß, Franziska/Hörtzsch, Lisa-Marie, Pflicht der Bundesregierung zur Aufstellung von Sofortprogrammen nach § 8 Abs. 1 und 2 Klimaschutzgesetz durch OVG Berlin-Brandenburg konkretisiert | https://www.baumann-rechtsanwaelte.de/2024/02/02/pflicht-der-bundesregierung-zur-aufstellung-von-sofortprogrammen-nach-%c2%a7-8-abs-1-und-2-klimaschutzgesetz-durch-ovg-berlin-brandenburg-konkretisiert/

Huneke, Maike/Hörner,Isabelle, „The Climate Case" – Ein peruanischer Bauer verliert, der Klimaschutz gewinnt, becklink 2034444

IHK, Elbe-Weser, Klimaschutz: Nationaler Emissionshandel | https://www.ihk.de/elbeweser/innovation-umwelt-energie/umweltschutz/klimaschutz/co2-5656996

Kardish, Christopher/Duan, Maosheng/Tao, Yujie/Li, Lina/Hellmich, Mary, The EU carbon border adjustment mechanism (CBAM) and China: unpacking options on policy design, potential responses, and possible impacts, 2021 | https://adelphi.de/system/files/mediathek/bilder/20210610%20PolicyPaperCBAM%20China_Final.pdf

KBA: CoC-Daten und Fahrzeugtypdaten | https://www.kba.de/DE/Themen/Typgenehmigung/CoC_Daten_Fahrzeugtypdaten/Veroeffentlichungen/SV2.html

Copernicus, Klimawandel, https://www.copernicus.eu/de/dienste/klimawandel

Matthes, Ina, EU-Rekord beim Ausbau der Windenergie, neue energie | https://www.neueenergie.net/artikel/wissen/energie/eu-rekord-beim-ausbau-der-windenergie

Neubäumer, Renate, Klimaschutzverträge: Und noch eine Subvention, die dem Klima nichts bringt | https://www.wiwo.de/politik/deutschland/klimaschutzvertraege-und-noch-eine-subvention-die-dem-klima-nichts-bringt-/29830026.html

Pkw-Neuzulassungen im Februar 2025: E-Autos deutlich erholt | https://www.adac.de/news/neuzulassungen-kba

Rosenkranz, Alexander, Aufwindkraftwerk: Strom durch Konvektion | https://www.heizung.de/ratgeber/diverses/aufwindkraftwerk-strom-durch-konvektion.html

Schrems, Isabel/Meemken, Simon, Emissionszertifikate von stillgelegten Kohlekraftwerken: Welche Folgen hat es, wenn Zertifikate nicht gelöscht werden? | https://foes.de/publikationen/2023/2023-12_GPE_Emissionszertifikate.pdf

Scientists for future Deutschland: KWK: Alte Energietechnologie findet neue Rolle in der Wärmewende | https://de.scientists4future.org/alte-energietechnologie-findet-neue-rolle-in-der-waermewende/

Seiwert, Martin, Warum VW seine E-Auto-Verkäufe selbst ausbremst | https://www.wiwo.de/unternehmen/auto/volkswagen-sparkurs-warum-vw-seine-e-auto-verkaeufe-selbst-ausbremst/29963552.html

Slowik, Peter/Isenstadt, Aaron, U.S. electric vehicle sales soar into '24 | https://theicct.org/us-ev-sales-soar-into-24-jan24/

Solarserver: Ausschreibung von Offshore-Windenergie: Einnahmen von fast 13 Mrd. Euro | https://www.solarserver.de/2023/07/13/ausschreibung-fuer-offshore-windenergie-einnahmen-von-fast-13-milliarden-euro/

Solarserver: Ausschreibung von Offshore-Windenergie: Mehrere Null-Cent-Gebote | https://www.solarserver.de/2023/06/16/ausschreibung-von-offshore-windenergie-mehrere-null-cent-gebote/

SPD, Die Grünen und FDP, Koalitionsvertrag 2021–2025: Mehr Fortschritt wagen. Bündnis für Freiheit, Gerechtigkeit und Nachhaltigkeit, https://www.spd.de/fileadmin/Dokumente/Koalitionsvertrag/Koalitionsvertrag_2021-2025.pdf

Stadt Dortmund, Umweltamt 2021: Masterplan integrierte Klimafolgenanpassung | https://www.dortmund.de/themen/umwelt-nachhaltigkeit-und-klimaschutz/klimaschutz-und-klimafolgenanpassung/klimafolgeanpassung/masterplan-integrierte-klimafolgenanpassung/

Statista: Anzahl der Neuzulassungen von Elektroautos in Deutschland von 2003 bis Februar 2025 | https://de.statista.com/statistik/daten/studie/244000/umfrage/neuzulassungen-von-elektroautos-in-deutschland/

Statista: Entwicklung der Treibhausgas-Emissionen des Gebäudesektors in Deutschland von 1990 bis 2023 | https://de.statista.com/statistik/daten/studie/1411542/umfrage/treibhausgas-emissionen-von-gebaeuden-in-deutschland/

Statista: Nettowärmeerzeugung aus Kraft-Wärme-Kopplung in Deutschland nach Energieträger im Jahresvergleich 2010 und 2023 | https://de.statista.com/statistik/daten/studie/308318/umfrage/kwk-waermeerzeugung-in-deutschland-nach-energietraeger/

Sustainable Energy in America 2023 Factbook, The Business Council for Sustainable Energy | https://bcse.org/market-trends

Täuber, Niklas, Umweltverfassung in Aktion- Das OVG Berlin-Brandenburg zu Klimasofortprogrammen: Zwischen innovativer Auslegung, vertanen Chancen und einer unsicheren Zukunft | https://verfassungsblog.de/umweltverfassung-in-aktion

Trianel Windkraftwerk Borkum: Unser gemeinschaftlicher Beitrag für eine nachhaltige Energiegewinnung | https://www.trianel-borkum.de/windpark/historie/

TÜV NORD: Wirkungsgrad – Die Nutzbarkeit der Energie | https://www.tuev-nord.de/de/privatkunden/verkehr/auto-motorrad-caravan/elektromobilitaet/wirkungsgrad

UBA, DEHSt, nEHS: Verkauf nationaler Emissionszertifikate | https://www.dehst.de/SharedDocs/downloads/DE/nehs/verkaufsberichte-nehs/2024/2024-7-verkaufsbericht.pdf?__blob=publicationFile&v=2#:~:text=Für%20jede%20Tonne%20CO2%2C%20die,Umweltbundesamt%20(UBA)%20abgegeben%20werden

UBA, DEHSt: Berichtsphase EU-ETS 2 (2024–2026) | https://www.dehst.de/DE/Themen/nEHS/EU-ETS-2/eu-ets-2_node.html#:~:text=Dies%20bedeutet%2C%20dass%20der%20Großteil,und%20die%20Betreiber%20von%20Abfallverbrennungsanlagen

UBA: Der Europäische Emissionshandel | https://www.umweltbundesamt.de/daten/klima/der-europaeische-emissionshandel#vergleich-von-emissionen-und-emissionsobergrenzen-cap-im-stationaren-eu-ets-1

UBA: die THG-Emissionen in der EU | https://www.umweltbundesamt.de/daten/klima/treibhausgas-emissionen-in-der-europaeischen-union#hauptverursacher

UBA: Energieeffiziente Produkte | https://www.umweltbundesamt.de/daten/private-haushalte-konsum/konsum-produkte/energieeffiziente-produkte#massnahmen-der-politik-okodesign

UBA: Energiesparende Gebäude | https://www.umweltbundesamt.de/themen/klima-energie/energiesparen/energiesparende-gebaeude#gebaude-wichtig-fur-den-klimaschutz

UBA: Klimaschutz im Verkehr | https://www.umweltbundesamt.de/themen/verkehr/klimaschutz-im-verkehr#rolle

UBA: Klimaschutzinstrumente-Szenario 2030 (KIS-2030) | https://www.umweltbundesamt.de/themen/klima-energie/klimaschutz-energiepolitik-in-deutschland/szenarien-projektionen/klimaschutzinstrumente-szenario-2030-kis-2030

UBA: Kraft-Wärme-Kopplung (KWK) | https://www.umweltbundesamt.de/daten/energie/kraft-waerme-kopplung-kwk#kwk-stromerzeugung

UBA: Rechtsgutachte, Zur Verfassungsmäßigkeit des BEHG | https://www.umweltbundesamt.de/sites/default/files/medien/479/publikationen/texte_04-2022_zur_verfassungsmaessigkeit_des_brennstoffemissionshandelsgesetzes.pdf

UBA: THG-Projektionen 2024 | https://www.umweltbundesamt.de/sites/default/files/medien/11850/publikationen/thg-projektionen_2024_ergebnisse_kompakt.pdf

United Nation Framework Convention on Climate Change, First Global Stocktake | https://unfccc.int/sites/default/files/resource/cma2023_L17_adv.pdf

United Nation Framework Convention on Climate Change: World Leaders Kick Start Accelerated Climate Action at COP26 | https://unfccc.int/news/world-leaders-kick-start-accelerated-climate-action-at-cop26

United Nations Climate Change: The Katowice climate package: Making the Paris Agreement Work for All | https://unfccc.int/process-and-meetings/the-paris-agreement/katowice-climate-package

United Nations Climate Change: Nationally Determined Contributions Registry | https://unfccc.int/NDCREG

Verschiedene Fassungen des Stromeinspeisungsgesetzes dokumentiert | https://www.clearingstelle-eeg-kwkg.de/gesetz/294

Wissenschaftliche Dienste des Deutschen Bundestages: Neuer EU-Emissionshandel für Gebäude und Straßenverkehr – Zum geplanten EU-ETS II und den Auswirkungen auf das nationale Emissionshandelssystem | https://www.bundestag.de/resource/blob/935752/11ab46422ea31a5a3195319d5fa05f4d/WD-8-001-23-pdf-data.pdf

World Bank Group: Carbon Pricing 2018 | http://www.worldbank.org/en/programs/pricing-carbon

WPKS, Auf dem Weg zur Klimaneutralität: Umsetzung des European Green Deal und Reform der Klimapolitik in Deutschland | https://wissenschaftsplattform-klimaschutz.de/veroeffentlichungen/22-02-18_jahresgutachten-wpks-2021.pdf

Abbildungsebelegverzeichnis

Beleg 1 (Abb. 1): Quelle: https://ourworldindata.org/greenhouse-gas-emissions#how-are-greenhouse-gases-measured (03.03.2025)
Beleg 2 (Abb. 2): Quelle: IPCC, AR6, S. 43
Beleg 3 (Abb. 3): Quelle: IPCC, AR6, S. 43
Beleg 4 (Abb. 4): Quelle: https://ourworldindata.org/ghg-emissions-by-sector (03.03.2025)
Beleg 5 (Abb. 5): Quelle: IPCC, AR6, S. 45
Beleg 6 (Abb. 6): Quelle: https://ourworldindata.org/greenhouse-gas-emissions (03.03.2025)
Beleg 7 (Abb. 7): Quelle: https://climateactiontracker.org/global/emissions-pathways/ (03.03.2025)
Beleg 8 (Abb. 8): in Anhenung an Global Carbon Project, Briefing des Global Carbon Budget 2024 Quelle: https://globalcarbonbudget.org/gcb-2024/ (03.03.2025)
Beleg 9 (Abb. 9): Quelle: https://science.nasa.gov/climate-change/evidence/ (03.03.2025)
Beleg 10 (Abb. 10): Quelle: https://www.pik-potsdam.de/de/produkte/infothek/planetare-grenzen/bilder (07.03.2025) [NEUE?]
Beleg 11 (Abb. 11): Quelle: https://climateactiontracker.org/countries/ (03.03.2025)
Beleg 12 (Abb. 12): Quelle: https://www.umweltbundesamt.de/daten/klima/der-europaeische-emissionshandel#vergleich-von-emissionen-und-emissionsobergrenzen-cap-im-stationaren-eu-ets-1 (03.03.2025)
Beleg 13 (Abb 13): Quelle: https://www.umweltbundesamt.de/daten/klima/der-europaeische-emissionshandel#teilnehmer-prinzip-und-umsetzung-des-europaischen-emissionshandels (09.05.25)
Beleg 14 (Abb. 14): Quelle: https://www.umweltbundesamt.de/daten/klima/der-europaeische-emissionshandel#entwicklung-der-treibhausgas-emissionen-im-stationaren-eu-ets-1-eu-weit (03.03.2025)
Beleg 15 (Abb. 15): Quelle: https://www.umweltbundesamt.de/daten/private-haushalte-konsum/konsum-produkte/energieeffiziente-produkte#effizientere-produkte (03.03.2025)
Beleg 16 (Abb. 16): Quelle: Freie und Hansestadt Hamburg, Verkehrsentwicklungsplanung: Leitlinien und Handlungskonzept für eine an Arbeit und Umwelt orientierte Verkehrspolitik in Hamburg, Entwurf, 1995.

Register